陆游

江 山 万 里 看 无 穷

郭宏文 杨帆 著

团结出版社

图书在版编目（ＣＩＰ）数据

陆游：江山万里看无穷 / 郭宏文，杨帆著. -- 北
京：团结出版社，2020.11
ISBN 978-7-5126-7970-2

Ⅰ．①陆… Ⅱ．①郭… ②杨… Ⅲ．①陆游（1125-
1210）一传记 Ⅳ．①K825.6

中国版本图书馆 CIP 数据核字(2020)第 095735 号

出　版：团结出版社
　　　　（北京市东城区东皇城根南街 84 号　邮编：100006）
电　话：(010) 65228880　65244790　（出版社）
　　　　(010) 65238766　85113874　65133603（发行部）
　　　　(010) 65133603（邮购）
网　址：http://www.tjpress.com
E-mail：zb65244790@vip.163.com
　　　　fx65133603@163.com（发行部邮购）
经　销：全国新华书店
印　装：三河市东方印刷有限公司

开　本：163mm×240mm　　　16 开
印　张：23.25
字　数：380 千字
版　次：2020 年 11 月　　第 1 版
印　次：2020 年 11 月　　第 1 次印刷

书　号：978-7-5126-7970-2
定　价：68.00 元

前言

死去元知万事空，但悲不见九州同。

王师北定中原日，家祭无忘告乃翁。

这首千古流芳、家喻户晓的《示儿》，是伟大的爱国主义诗人陆游的一首名篇。这首诗的大意是，原本知道死去之后就什么也没有了，只是感到悲伤的是，没能见到国家统一。在大宋军队收复了中原失地的那一天，你们举行家祭时，千万不要忘了告诉我。

陆游一生致力于抗金斗争的伟大事业，一直期望南宋大军能够早日收复中原。虽然他在仕途上频频遭遇挫折，但完成大宋统一大业的初衷始终未改。从《示儿》这首爱国诗中，可以充分地领会到诗人的爱国激情是何等地执着、深沉、热烈和真挚。诗人的一生，始终坚定光复中原大地的信念，对抗金事业一直抱有必胜的信心。这首《示儿》篇幅虽短，只有区区28个字，但诗人披肝沥胆地嘱咐儿子，非常地光明磊落，激动人心，其浓浓的爱国之情，更是跃然纸上，成为中华诗词宝库中的不朽名篇之一。

陆游，字务观，号放翁，越州山阴（今浙江省绍兴市）人。

宋徽宗宣和七年（1125年），陆游出生在江南的一个藏书之家，自幼跟随父亲陆宰读书识字。他本应好好读书，一心向学，可他偏偏生活在一个多事之秋，整个少年时代，都笼罩在北宋即将灭亡的阴影中，社会极度动荡不安。民族矛盾、国家不幸和家庭流离，无不在他幼小的心灵上，留下了不可磨灭的印记。尽管陆家是官宦之家，但覆巢之下，安有完卵？陆游饱尝忧患，在父亲爱国思想的熏陶之下，从小便立下了收复中原的宏伟志向，而且这一志向一直坚守在他的心中，伴随他一生，同时，也淋漓尽致地体现在他的诗文中。南宋著名诗人叶绍翁在《陆游字务观，名游，山阴人》一文中，是这样评价陆游的："天资慷慨，喜任侠，常以踔鞅草檄自任，且好结中原豪杰以灭敌。自商贾、仙释、诗人、剑客，无不偏交游。宦剑南，作为歌诗，皆寄意恢复。"意思是说："陆游天资聪颖，性情慷慨，喜欢锄强扶弱，见义勇为，常常把骑马、书写檄文等引为己任，而且好结交中原豪杰义士，以便抵抗、消灭金国的敌人。商人、道人、和尚到诗人、剑客，没有不结交的。在剑南做官的时候，他所作的诗歌，意境都是要恢复国家统一。"

陆游满腹诗书，胸怀壮志。他还没有走上仕途的时候，就不断地用铿锵有力的诗文，来表达对民族英雄岳飞的敬仰、痛惜，并暗讽南宋朝廷在秦桧的掌控下，宗泽和岳飞这样的抗金大将，无端受到排挤和迫害，致使北伐中原失去了最佳时机。可当时的陆游并不知道，他的这些言论，已经惹恼了以秦桧为首的主和派群臣，严重影响了他的殿试及第和仕途前程。

青年时期的陆游，就展现了卓尔不群的才华，被人们冠以"小李白"的美名。他不满20岁时所写的《司马温公布被铭》一文，一度被认为是秦观的作品：

公孙丞相布被，人曰"诈"；司马丞相亦布被，人曰"俭"。布被，可能也，使人曰"俭"不曰"诈"，不能也。

意思是说，公孙丞相穿布衣，人们都说他是沽名钓誉；司马丞相穿布衣，人们却说他是真正的勤俭节约。穿布衣，是一件很容易的事，但让人们都说他是勤俭节约，而不说他是沽名钓誉，却是一件不容易的事。

秦观被尊为"婉约派一代词宗"，是苏轼的得意弟子，与黄庭坚、晁补之、张耒并称为"苏门四学士"，与黄庭坚、晁补之、张耒、陈师道、李廌并称"苏门六君子"。陆游的作品能被文人雅士当成秦观的作品，可见他的作品在当时已经达到了一个非常高的境界。

陆游虽然才华横溢，可人生却屡遭磨难。他不仅仕途不畅，而且爱情也是千古悲歌，甚至成为他一生难以慰藉的心伤。

陆游与表妹唐婉青梅竹马，两情相悦。二人成婚后，吟诗作赋，伉俪情深。时光悠悠，陆游与唐婉虽然历经三年的恩恩爱爱，但唐婉却始终没有生育。最终，这对恩爱夫妻难抵"不孝有三，无后为大"的指摘，被陆游的母亲无情地棒打鸳鸯，各奔东西。

一盆断肠红，两个伤心人。不久的男婚女嫁，也难掩各自的悲伤，一个郁郁寡欢，一个悲伤欲绝。命运这双魔手，曾经放过谁？又曾经成全谁？十年后，陆游与唐婉在沈园意外重逢。那一刻，四目相对，爱情、怨恨、思念、怜惜相互交织在彼此眼中，千般心事，万般情怀，两个人竟不知该从何说起。望着唐婉远去的背影，陆游心碎了，眼泪簌簌而下。就在赵士程差人送来酒菜后，陆游含泪一饮而下。在一处粉墙上，他奋笔写下了这首著名的传世佳作《钗头凤·红酥手》：

红酥手，黄縢酒，满城春色宫墙柳。东风恶，欢情薄。一怀愁绪，几年离索。错，错，错！

春如旧，人空瘦，泪痕红浥鲛绡透。桃花落，闲池阁。山盟虽在，锦书难托。莫，莫，莫！

这首词，陆游充分地抒发了爱情遭受摧残后的伤感之情，以及对唐婉的内疚、眷恋和爱慕之情。同时，也表达了他对自己的母亲棒打鸳鸯的不满情绪。

《钗头凤·红酥手》是陆游存世的一百四十余首词中，最为出名的一首。陆游一生偏爱作诗，对作词始终心存鄙视。可生活偏偏给了他源源不绝的创作源泉，总能让他灵感大发。作为"辛派词人"的中流砥柱，陆游创造出了辛弃疾词所没能达到的另一种艺术境界：或清丽缠绵，或真挚动人，或慷慨雄浑，或寓意深刻，词作的风格多种多样。

《钗头凤·红酥手》完成后，几乎在一夜之间就火遍大江南北，被人们广为传诵，一时间甚至出现"洛阳纸贵"的现象。不久，这首词也传到了唐婉手里。

与陆游的不期而遇，再度打开了唐婉封闭已久的旧日柔情，千般委屈，万般幽怨，一下子喷薄而出。她手捧着《钗头凤·红酥手》，往昔历历在目，只是无论她如何叹息，都是世事无奈，"人成各，今非昨"。哀伤中，她以同调和了一首《钗头凤·世情薄》：

世情薄，人情恶，雨送黄昏花易落。晓风干，泪痕残。欲笺心事，独语斜阑。难，难，难！

人成各，今非昨，病魂常似秋千索。角声寒，夜阑珊。怕人寻问，咽泪装欢。瞒，瞒，瞒！

据说，唐婉在作了这首词后不久，就在悲伤中死去。这不免让人感到，唐婉改嫁给赵士程，虽然赵士程已经精心守护她整整十年，终没能抵过陆游一首词的强大震撼力。对此，后人在诗中写道："留诗剑南歌放翁，沈园遗恨误相逢。香消玉殒魂何在，千古伤心赵士程。"唐婉的离去，不仅给陆游留下了50年的温馨旧梦，也给他造成极大的心灵创伤。陆游伤心的眼泪，如同沈园小桥下潺潺的流水，一直流淌，无尽无休。

爱情装点了陆游的生活，让他欢喜，也让他悲伤，但他更多的还是"位卑未敢忘忧国，事定犹须待阖棺""一闻战鼓意气生，犹能为国平燕赵"。除了爱情，陆游还有"战死士所有，耻复守妻孥"的豪情壮志。

直到秦桧死了以后，在自己的恩师曾几的举荐之下，陆游33岁时才开启了仕途生涯。但他的仕途很不顺畅，期间是五起五落，可谓是成也报国志，败也报国志。

宋孝宗乾道八年（1172年），陆游被主战派人物四川宣抚使王炎聘为干办公事，在南郑幕府襄理军务。也就是从这个时候起，陆游的生活发生了比较大的变化。他穿上戎装，并佩剑驰骋在南郑前线，襟抱为之一开。

铁马秋风、豪雄飞纵的军旅生活，赋予了陆游不一样的激情。有了这样的军旅体验，他接连不断地创作出许多感情激昂、气概宏肆的诗篇，"飞霜掠面寒压指，一寸丹心唯报国"便成为那个时代的最强音，像黄钟大吕一样激荡人心。对此，中国近代思想家、政治家、教育家、史学家、文学家梁启超是这样评价陆游的："诗界千年靡靡风，兵魂销尽国魂空。集中十九从军乐，亘古男儿一放翁。"

理想总是很丰满，现实总是很骨感。陆游虽然有经略中原、积粟练兵的报国赤忱，可一直是"报国欲死无战场"，自己也只能"悲歌仰天泪如雨"，任收复中原的希望如水而逝。这一时期，陆游在官场几近处处碰壁，经历了太多的人情变故、世事冷暖。于是，他终于明白了，如果没有政治智慧，他只能是空怀满腔热血，很难有所作为。他也懂得了老师曾几所提出的曲线救国策略的用心良苦。

就这样，陆游的思想发生了从量变到质变、从渐悟到顿悟的根本性变化。在诗歌创作上，陆游一改原来的文字形式，提出了"工夫在诗外"的诗歌创作理论。此时，陆游的诗歌语言平易晓畅、章法整饬谨严，既有李白的雄奇奔放，也有杜甫的沉郁悲凉，一举奠定了自己独特的诗歌创作风格。

就在这一时期，陆游整理、删选了早年的诗歌作品，把精挑细选出的2500多首诗歌，刊刻成20卷的《剑南诗稿》。这套诗集一经问世，随即就轰动了当时的文坛。

晚年时期，陆游回到山阴镜湖（今浙江省绍兴市境内），不仅以坐拥书城为乐，进入了"万卷古今消永日，一窗昏晓送流年"的境界，还将自己的书室命名为"老学庵"，醉心耕读。他的诗风，也逐渐过渡到以自然流畅、质朴沉实为主要特色，作品具有清旷淡雅的田园风味。他的一些诗，直接将诗情和哲理非常艺术地交融在了一起。如：《游山西村》中的"山重水复疑无路，柳暗花明又一村"，《春晓》中的"花经风雨人方惜，士在江湖道益尊"，等等。尤其是《冬夜读书示子聿》，是陆游所有诗歌中最经典的一首哲理诗：

古人学问无遗力，少壮工夫老始成。
纸上得来终觉浅，绝知此事要躬行。

这首诗，是陆游晚年写给儿子子聿的。整首诗不仅反映了陆游做学问的智慧，以及对子女的殷切希望，也饱含了他深邃的教育理念。他告诉子聿，做人不要死读书，应该在实践中不断夯实和升华自己。虽然这首诗是诗人写给儿子的教育诗，但其所蕴含的人生哲理，千百年来激励了一代又一代人，值得人们一读再读，而且百读不厌。

宋宁宗嘉定元年（1208 年）春天，84 岁的陆游再游沈园，写下《春游》这首诗。之后，他又不时出游自解，并广交农民，在一年之内创作了 593 首诗，成为他一生中作诗最多的年份。尤其是他提出的"汝果欲学诗，工夫在诗外"，被奉为诗歌创作之圭臬。

宋宁宗嘉定二年（1210 年）腊月，85 岁的陆游用《示儿》这首诗，诠释了自己坚守一生的爱国精神，然后溘然长逝。陆游的一生，为后人留下了《剑南诗稿》85 卷、《渭南文集》50 卷、《入蜀记》6 卷、《老学庵笔记》10 卷、《放翁词》1 卷等中华诗词文化的瑰宝。

陆游一生创作的近万首诗歌，风格清新豪迈，唱响了忧国忧民的主旋律。周恩来在评价陆游时说："宋诗陆游第一，不是苏东坡第一。陆游的爱国性很突出。陆游不是为个人而忧伤，他忧的是国家、民族，他是个有骨气的爱国诗人。"

陆游不仅诗词了得，散文创作也是构思奇巧，文笔精纯。他的《入蜀记》，开创了我国长篇游记的先河，内容丰富翔实，极具史料价值。艺术是相通的，陆游的史学成就也足以彪炳青史。他独自编撰的《南唐书》，辨前史之误，补前史之失，借古鉴今，为南宋王朝树了一面历史镜子，也为后人留下了"简核有法"的史料。

另外，陆游的书法也是登峰造极，尤其在行、草书上独辟蹊径，形成了自己清新流丽的风格，卓然超群，令人瞩目。其中，《成都感怀诗贴》《自书诗卷》疏放飘逸，气格雄健，被人们所景仰。明代著名书法家程郇在《自书诗卷》上题跋："诗甚清丽，字亦清劲。"

陆游的一生虽然抑郁而不得志，但无论在文学思想上，还是创作艺术上，都取得了很高的成就，就像清代文学家、史学家、诗人赵翼所评价的那样："无意不搜而不落纤巧，无语不新而不事涂泽，实古来诗家所未见。"

一代宗师，必将名垂千古！

目录

目 录

目录

目录

第一章

浩歌陌上君无怪

世谱推原自楚狂

01 名人之都，诗人祖居

一方水土，润育一方文化，养育一方人民。说到浙江绍兴，人们总是把它与轻快的乌篷船、咸香的茴香豆、破旧的老毡帽，以及锣鼓喧天却又十分低调的社戏联系在一起。而这些，正是著名文学家、中国现代文学的奠基人之一鲁迅娓娓道来的。或许，鲁迅所讲述的故事，已经成为绍兴的历史名片，给人以无限遐想。

鲁迅是地地道道的绍兴人，但他却总不愿意说自己是绍兴人。这是为什么呢？原因之一，是鲁迅与著名散文家、文学批评家梁实秋打嘴仗时，被梁实秋用籍贯攻击，说了一些"他是绍兴人""也许先天的有一点'刀笔吏'的素质""单有一腹牢骚，一腔怨气"等之类的话，让鲁迅愤懑不已。原因之二，是几乎所有的绍兴人都不喜欢"绍兴"这个名字，觉得它不够古雅。的确，绍兴这一名字，到了南宋时才有，而且还是小康王赵构南渡偷安，用吉祥字作的年号，总让绍兴人感觉挺不起脊梁做人。

实际上，绍兴历史悠久，底蕴深厚。夏朝时，称"於越"，亦称"百越"，简称"越"。大禹治水成功后，在此大会诸侯，计功行赏，当地的苗山也因此而改名为会稽山。至今，在城南会稽山北麓还耸立着巍峨雄壮的大禹陵。而会稽山西麓则是绝代美女西施的故乡，那里的浣纱溪、浣纱石、西施亭、西施殿等景点，又无一不诠释着这位爱国女子深明大义、以身报国的动人故事。春秋战国时期，於越民族以今绍兴一带为中心建国，称"越国"。越王勾践更是卧薪尝胆 10 年，终报辱国之仇，谱写了越国人民发奋图强、反抗吴国侵略的壮丽篇章。秦始皇嬴政统一中国后，吴越之地称为会稽郡。汉顺帝永建四年（129 年），分割会稽郡置吴郡，而今钱塘江以南仍为会稽郡，治山阴，时辖山阴、诸暨、上虞、始宁、剡、余姚、大、鄞、句章、章安、永宁、乌伤、太末、东冶等十五县。隋文帝开皇九年（589 年），改置吴州总管府，治会稽县。隋炀帝大业元年（605 年）起，称越州。此后，越州便与会稽郡名称交替使用。到了南宋，高宗赵构取"绍奕世之宏休，兴百年之丕绪"之意，于宋高宗建炎五年（1131 年）改元绍兴，升越州为绍兴府。"绍"是继承，"奕世"是累世、一代接一代，"宏休"是宏大的事业；"兴"是中兴、振兴，"丕绪"是皇统。"绍兴"就是要使赵宋统治继往开来的意思。这就是绍兴名称的真正由来，并沿用至今。

自古以来，绍兴都是著名的水乡、桥乡、酒乡、书法之乡、名士之乡、文物之乡、鱼米之乡。厚重的历史，孕育伟大的人民。绍兴名人辈出，代代有人杰，素有"名人之都"之称。铸剑鼻祖欧冶子、疏浚鉴湖的马臻、政治家蔡元培、鉴湖女侠秋瑾、革命家周恩来、散文家朱自清、物理学家钱三强等等，这些名人雅士都是绍兴人。绍兴，既有东晋书法家王羲之和《兰亭序》的万古流芳，也有明代哲学家王阳明与《王阳明书法集》的名垂青史，更有宋代著名诗人陆游"位卑未敢忘忧国"的家国情怀。

1961 年 9 月 25 日，中国人民的伟大领袖毛泽东在鲁迅诞辰八十周年纪念日当天，写下了《七绝二首·纪念鲁迅八十寿辰》：

其一

博大胆识铁石坚，刀光剑影任翔旋。

龙华喋血不眠夜，犹制小诗赋管弦。

其二

鉴湖越台名士乡，忧忡为国痛断肠。

剑南歌接秋风吟，一例氤氲入诗囊。

两首诗的其二，显然是赞扬绍兴的，从精神文化渊源上，阐释了鲁迅与他家乡历史上的爱国诗人陆游、秋瑾是一脉相承的关系，赞颂中华民族博大精深的文化底蕴，使鲁迅精神得以升华。诗中的"剑南"两字，则出自于陆游的诗词集《剑南诗稿》，指的就是爱国诗人陆游。毫无疑问，陆游是绍兴厚重历史文化长卷中最浓墨重彩的一笔。

陆游，字务观，号放翁，是我国历史上一位伟大的爱国诗人。

大凡历史上的名人，成就他的因素总是多方面的。而就传统文化观念来看，家世是成就一个人的重要因素，陆游也不例外。陆游在自己所著的《渭南文集》中的《右朝散大夫陆公墓志铭》一文中写道：

陆氏自汉以来，为天下名族，文武忠孝，史不绝书。比唐亡，恶五代之乱，乃去不仕。然孝弟行于家，仁义修于身，独有古遗法，世世守之，不以显晦易也。宋兴，历三朝数十年，秀杰之士毕出。太傅始以进士起家，楚公继之，陆氏衣冠之盛，寝复如晋唐时，往往各以所长见于世。

不难想象，陆游落笔时，是带着多么强烈的自豪感。在绍兴，山阴陆氏是一个名门望族，一直被人们所敬仰。但陆氏家族并不是山阴的老户，而是从山东平原郡（今山东省平原县）搬迁过来的。陆游的始祖叫陆通，字接舆，号季达。陆通一生极具传奇色彩。陆游的一生，一直以始祖陆通为自豪和骄傲。他在《广都道中呈季长》中写道：

天上石渠郎，能来伴楚狂。
风雪朝并辔，灯火夜连床。
江水不胜绿，梅花无赖香。
剧谈那得住，出处要平章。

他还在《遣兴（学废文章传世少）》一诗中写道：

学废文章传世少，身闲车马过门疏。
壮心易尽危肩酒，义气肯贪熊掌鱼？
列圣仁恩深雨露，两京宫阙尚丘墟。

素怀华渭嗟谁问，且作狂歌楚接舆。

《广都道中呈季长》中"楚狂"和《遣兴（学废文章传世少）》中"接舆"，都是陆游的一种自喻，而暗指始祖，意在表达对始祖的敬仰与怀念。西晋著名史学家皇甫谧在《高士传·陆通》中记载：

陆通，字接舆，楚人也。好养性，躬耕以为食。楚昭王时，通见楚政无常，乃佯狂不仕，故时人谓之楚狂。

意思是说：陆通平时躬耕以食，因对当时社会不满，剪去头发，佯狂不仕，所以，也被人们称为楚狂接舆。

陆游在这两首诗中，还借用"接舆歌凤"这个典故，来怀念始祖陆通。这个典故来自于《论语·微子》记载陆通拜访孔子的一段文字：

楚狂接舆歌而过孔子，曰："凤兮，凤兮，何德之衰？往者不可谏，来者犹可追。已而已而，今之从政者殆而！"孔子下，欲与之言。趋而避之，不得与之言。

意思是说："楚国的狂人接舆唱着歌从孔子车前走过，他唱道：'凤鸟啊凤鸟啊！你的德行为什么衰退了呢？过去的事情已经不能挽回了，未来的事情还来得及。算了吧，算了吧！如今，那些从政的人都危险啊！'孔子下车，想和他交谈。接舆赶快走开了，孔子无法和他交谈。"

陆通原本姓田，父亲是战国时的齐宣王田辟疆，母后是来自民间的钟离春。当年，齐宣王当政以后，沉迷于酒色。他筑雪宫，围围苑，供自己享乐，民怨极大，滥竽充数的故事，就发生在那个时期。后来，齐宣王杀了自己的王后，在民间也造成了极大的影响。这时，中国古代四大丑女之一的齐国无盐邑女子钟离春出现了。

钟离春原名钟无艳，外貌极丑，到 40 岁时还没有出嫁。虽然世界为她关了一扇门，但也为她打开了另一扇窗。她冰雪聪明，得到鬼谷子和骊山老母的亲传，更是孙膑和庞涓的师妹、苏秦和范雎的师姐。当时，齐国奸佞当道，政治腐败，国家昏暗。而且齐宣王性情暴躁，喜欢吹捧，还一直在选美。钟无艳从无盐邑来到临淄，求见齐王，自荐为后。她从容不迫，历陈齐国危难四点，并指出齐宣王若不悬崖勒马、励精图治，将会城破国亡。钟无艳的一席话，醍醐灌顶，让齐宣王大为感动，并开始悔改。他立钟无艳为王后，把她当成自己的一面镜子。他命人拆掉雪宫，遣散女乐，远离了那些谄媚小人，广开直言以谏之门，亲近贤臣，招兵买马，充实国库。从此，齐国大治。尤其值得一提的是，钟无艳把孟子推荐给齐宣王，并被奉为上宾，一举开创了先秦"百家争鸣"的先河。而中国也留下了"丑胜无艳""自荐枕席"两句成语。

后来，钟无艳生下齐宣王最小的儿子陆通。陆通遗传了母亲的聪明才智，从小聪慧过人。更难能可贵的是，陆通虽然生在帝王家，却有一身傲骨。在春秋末期的混乱时代，陆通洁身自好，不仅不愿意给楚王做官，更不屑与其同流合污。表面看来陆通很狂妄，其实他头脑清醒，是乱世中少有的睿智之人。陆游不仅以陆通为傲，而且还常常有意学习陆通的狂态，并以此自诩，《狂吟》就尽现了陆游的这种感情：

> 浮世何须宇宙名，一狂自足了平生。
> 秋风湘浦纫兰佩，夜月缑山听玉笙。
> 学剑惯曾游紫阁，结巢终欲隐青城。
> 年来自笑弥耽酒，百斛葡萄未解醒。

陆通被赐封地后，最终成了隐士，终老于平原陆乡，这也是陆姓的由来。陆通子孙相承，人丁兴旺，文武不绝，代代出贤人，丰碑鳞次，史牒蝉联，历经几个朝代。

到了唐昭宗时代，陆通的四十二世孙、陆游的九世祖陆谊，将陆家的家风更加发扬光大。陆谊字克公，官为国子博士，是国子监的教授，皇太子的老师。当时，有着"海龙王"之称的吴越王钱镠割据东南，势力不断扩张，一时风光无限，隐约成为吴越的最高地位者。而陆谊身居高位，家族又是吴郡的名门望族，为人清正忠贞，视效忠唐王朝为己任，不愿攀附钱氏势力。

而有些人却恰恰相反，他们想方设法找机会攀附于钱镠，以求仕途的腾达。当时，在钱镠那里很是得宠的贵臣陆仕璋有些坐不住了。他看中了陆谊显赫的家世，而自己却出身平平，就琢磨着如果自己能进入陆氏的族谱，那无疑能够提高他的地位，攀附钱镠也就有了资本。

于是，陆仕璋就找到了陆谊说："你我都是陆家人，现在钱镠的势力发展这么好，你可要好好把握啊！如果你能把我的名字写到吴郡陆氏的家谱里，那么，之后我们就是宗亲了，一切都好说。"而陆谊听了，毫不犹豫地拒绝说："我们陆氏没有让外人进族谱的规矩，恕我做不到！"

陆谊的态度，虽然为他带来了"拒贵通谱"的美名，却也给他招来了杀身之祸。

陆仕璋被陆谊拒绝后，当场放下狠话，说陆谊是自讨苦吃，不识抬举。陆谊了解陆仕璋的歹毒，自知此地不宜久留，便率领一百多口族人举家迁徙，东渡钱塘。在牛头山休息了两日后，继续前行，一直到东浦才安居下来，避地山阴，从此世居在这里，这就是山阴陆氏由来。从这一迁徙史实看，陆谊无疑是今天在绍兴的陆氏始祖。直到今天，东浦还有"陆家溇"的地名存在，并有"余庆堂"和"永思堂"两个堂号的后人仍居在东浦镇。

陆谊在山阴安居后，深感仕途的种种黑暗，认为出仕而背弃忠烈气节，不如隐世立志，于是立下家训，坚持耕读，告诫陆氏子孙从此不得出仕为官。

一直以来，陆游非常敬仰陆谊的人格和气节，因此，他在《宋会稽陆氏重修宗谱序》中还特意作了说明：

有陆氏仕璋者，钱之贵臣也，求通谱牒。博士谊拒不许，遂东渡钱塘，徙居山阴。

02 官宦世家，崇学尚节

有诗云："山阴道中行，人在画中行。"山阴（今浙江省绍兴市境内）风景秀丽，如同世外桃源一样。陆谊在此定居后，繁衍生息，一辈接一辈地过着躬耕陇亩、隐读诗书的恬淡生活。到了陆谊的五世孙时，山阴陆氏由耕读传家，华丽转身为官宦世家。而完成这一转换，陆游的高祖陆轸功不可没。

对于高祖陆轸抛弃祖上故业，也就是农家之业，陆游觉得未免太可惜了。所以，他在《示子孙》这首七言绝句中，表达了这种惋惜之情，并要求子孙守"农者"之风：

> 为贫出仕退为农，两百年来世世同。
> 富贵苟求终近祸，汝曹切勿坠家风。

只是，世事难料。后来，陆轸最终还是归隐了。陆游对高祖非常敬佩，常常引以为豪。

陆轸，字齐卿，道号朝隐子。七岁时，就展现出过人的才华，诗文小有

名气。他的一首《七岁作》是这样写的:

> 昔时家住海三山,日月宫中屡往还。
> 无事引来天女笑,谪来为吏在人间。

陆轸长大后,考中了进士,做过太傅和吏部侍郎。虽然陆轸学问非常大,但他豁达飘逸,性情特别耿直。他在一首《赠直行大师》中写道:

> 语录传来久,所明机妙深。
> 霜天七实月,禅夕一真心。
> 祇有道为证,更无尘可侵。
> 前溪鸥出没,谁自感浮沉。

据《宋人轶事汇编》中记载,陆轸做太傅时,有一次去内宫,跟宋仁宗赵祯谈完治乱的问题后,用手里的笏板指着宋仁宗的龙榻说:"你要多加小心,觊觎这个位置的人太多了。你只有好好坐着,才能保住你的龙位啊!"宋仁宗一听,非常高兴,觉得陆轸这人太好了,既坦荡率真,又憨厚正直。第二天一上朝,宋仁宗就把陆轸的话讲给大臣们听,并真诚地夸赞了陆轸一番。

宋仁宗赵祯是宋朝的第四位皇帝。虽然身世上存有"狸猫换太子"之谜,但他天性仁孝,对人宽厚和善,能够比较严格地约束自己。尤其在即皇帝位后治理国家期间,宋仁宗遵守祖宗法度,知人善任,锐意改革,大力实行新政,涌现出包拯、范仲淹、韩琦、富弼、欧阳修等一大批名臣。但由于新政触犯了贵族官僚的利益,从而遭到阻挠,后来各项改革措施被一一废除,新政以失败告终,范仲淹、韩琦、富弼、欧阳修等也相继被逐出朝廷。

在陆轸做官的四十年中,始终以济世安民为己任,可谓是一身忠正,两袖清风,政绩卓著。也正是因为陆轸的政绩突出,他的曾祖父得以被宋朝廷赠予"大理评事"。

但是,在朝廷为官,陆轸一直觉得自己的思想、秉性与朝政格格不入,于是,他便辞官归隐田园,修道炼丹。关于高祖陆轸在思想、品格、政绩等诸多方面的具体表现,陆游在《家世旧闻》中做了比较详细的记载,由此也可以看出陆游对高祖的敬佩之情。

陆轸的两个儿子也不是平庸之辈，个个博学多才。大儿子叫陆琪，官至袁州万载县（今江西省万载县）知县；二儿子叫陆珪，字廉叔，国子监博士，被追封为太尉。陆珪就是陆游的曾祖父。

陆珪被世人所知，是因为他的儿子陆佃，也就是陆游的祖父。

陆佃字农师，号陶山，生于宋仁宗庆历二年（1042 年），卒于宋徽宗崇宁元年（1102 年），是北宋后期的名臣。虽然父亲陆珪没有给他提供优越的物质生活，但他在读书尚学家风的浸润下，勤奋苦读，常常借着月光读书，年轻时便成为名扬乡里的饱学之士。陆佃高洁的人品，正直不阿的性格，深受世人景仰。

对于陆佃的为人、为学，陆游在《渭南公训词》中是这样记录的：

楚公少时尤苦贫，革带敝，以绳续绝处。每从师游学，攻苦食淡，或油烛不继，则乘月读书，寒暑不辍。楚公常叹曰："吾家旧规，数日乃啜羹。岁时生日，乃食笼饼。若曹岂知之耶？"是时，楚公见贵显，顾以啜羹食饼为泰，怆然叹息如此。

不难看出，字里行间，都饱含了陆游对祖父陆佃的浓浓深情。

后来，陆佃进京应试，拜王安石为师，学习经学，王安石对他也极为器重。陆佃也不负老师所望，于宋神宗熙宁三年（1070 年）考中进士。

当时，宋神宗为了改变宋朝立国以来积贫积弱的局面，大胆起用了王安石，积极实施变法。有了宋神宗的全力支持，王安石独掌朝政，推行新法，排斥旧党。一时间，变法派和保守派互相攻击，形成了"新旧党争"的局面。

依照常理，作为王安石的学生，陆佃本应站在王安石一边，与新党保持一致。但他不是因为王安石的原因一味盲从，而是有着自己的主张和见解。当王安石问他对新政的看法时，陆佃毫不顾忌地说："新法不是不好，只是推行起来有了偏差，脱离了最初的本意，无形中给老百姓增加了负担。青苗法就是这样。"

青苗法规定，凡州县各等民户，在每年夏秋两收前，可到当地官府借贷现钱或粮谷，以补助耕作。借户贫富搭配，10 人为保，互相检查。贷款数额依各户资产分五等，一等户每次可借 15 贯，末等户可借 1 贯。当年的借款随春秋两税归还，每期取息 2 分。初期，青苗法在河北路、京东路、淮南路三路实行，后其他诸路也推行开来。这项措施本是为了抑制兼并，在青黄不接的时候救济百姓。但在实际执行的过程中，却出现偏差：地方官员强行让百姓向官府借贷，而且随意提高利息，加上官吏为了邀功，额外还有名目繁多的勒索，百姓苦不堪言。这样，青苗法就变质为官府辗转放高利贷、收取利息的苛政。

陆佃还指出了王安石不善接纳不同意见的缺点。听了陆佃的话，王安石很是吃惊，便派一名得力干将去调查。不料，派去的人蒙蔽了王安石，致使王安石觉得陆佃不够忠诚，从此，不再与陆佃讨论政事，并狭隘地打发陆佃去做儒家理论研究。

受到王安石排挤后，在新党人眼里，陆佃无疑属于旧党人，境况可想而知。但宋神宗病逝后，10 岁的宋哲宗继位，高皇太后临朝称制。她随即起用了旧党人司马光。司马光当政后，尽废新法，王安石遭到了打压，所幸陆佃没有受到老师的牵连。

王安石病逝后，立即被斥为奸人。于是，那些有政治头脑的人，都离王安石远远的，生怕受到连累。可陆佃却带着学生，前去哭祭王安石，并写下《丞相荆公挽歌词》《祭丞相荆公文》《江宁府到任祭丞相荆公墓文》等。庆幸的是，这一次没人以这个来做文章，陆佃便柳暗花明，调任吏部侍郎，不久又迁到礼部，与范祖禹、黄庭坚等人一起修撰《宋神宗实录》。

在修书过程中，陆佃坚持不乱评说王安石变法之事，因此，常常与黄庭坚及其他史官争论不休。他的正直本性，成为奸臣蔡京排挤他的原罪，于是，他被贬为海州（今江苏省连云港市海州区）知府。

宋哲宗的弟弟宋徽宗继位后，与父亲宋神宗政治主张一样，起用新党，贬斥旧党。陆佃又时来运转，被提拔为礼部侍郎。而就在别人都远离旧党的时候，他对事不对人，唯才而用。可令人不可思议的是，宋徽宗崇宁元年（1102 年），陆佃又被新党当作与司马光一伙的旧党，被贬为亳州知府。几个月后，陆佃去世，时年 61 岁。

陆佃在官场上是不得志的，但他精通经学，擅长诗文，学问渊博，给后世留下了《陶山集》《埤雅》《礼象》《春秋后传》《鹖冠子注》《宋史本传》等著作，获赠太师，追封楚国公。

陆游对祖父推崇备至，在他所著的《家世旧闻》中，用 45% 的篇幅，记录陆佃事迹，盛赞祖父"忧归，寓妙明僧舍而已""不肯以所长盖众""恬于仕进，而志则在生民""独得近臣之体，亦可见儒者气象""性俭约"等等品德。陆佃功绩泽及儿子陆宰，也就是陆游的父亲，陆宰补官走上仕途。而此时，已经是北宋末年。

在人们的印象中，宋朝时期的诗词歌赋，已经达到了巅峰，谱写了中华诗词文化的辉煌篇章。同时，老百姓也是安居乐业，社会井然有序。但实际上，到了北宋后期，社会矛盾逐渐显现，看似强大的宋朝，实际上已经是危机四伏。宋徽宗喜欢园林景观和字画古玩，是个优秀的艺术家，却不是一个合格的皇帝。他不仅不理朝政，而且荒淫残暴，甚至还把朝政交给奸臣来处理，达到了昏庸至极的程度。为了敛财，朝廷设立西城括田所，刮尽民脂民膏，老百姓苦不堪言。最后，交不起赋税的农民和渔民，不得不走上官逼民反的道路。宋江领导的农民起义，就以梁山泊作为据点，喊出了"替天行道，杀富济贫"的口号，队伍规模迅速扩大。北宋经过多年征战，才将宋江的起义队伍成功招安。但还没享受几天宁静日子，方腊又在东南起义，攻城略地，人数发展到数十万人。北宋又经过数年的镇压，才总算平息了方腊所领导的起义军。经过两次战争，北宋已经是油尽灯枯，摇摇欲坠了。

屋漏偏逢连夜雨。在宋朝的北方，迅速崛起的女真脱离辽国统治，完颜阿骨打建立了金国。后来，宋国和金国签订了"海上之盟"，联手灭了辽国，但金国在灭辽的过程中，发现北宋连战败的辽军都打不过，于是挥师南下，直逼开封。

就是在这样的时代背景下，陆宰出仕了。他在做过几年外官后，出任京西路转运副使，知临安（今浙江省杭州市）府，相当于当今的副省长兼财政厅厅长。

陆宰字元均，号千岩，出生于宋哲宗元祐三年（1088 年），卒于宋高宗绍兴十八年（1148 年）。陆宰从小聪慧过人，长大后更是将陆氏家风发扬光大。他一身正气，诗文颇有造诣，并与唐家之女唐冯两情相悦，缔结百年。

唐冯是北宋宰相唐介的孙女。唐介，字子方，其父唐拱，曾就任于福建漳州，为官清廉。唐拱死后，家中贫苦，年幼的唐介深明大义，德行高尚。他谢绝所有亲友的资助，情愿与清贫为伴，过着贫苦的日子。最后，靠苦读考中了进士，走上仕途。他任过两湖、两广、晋、豫等多地的地方官，与包拯、司马光同为宋神宗宰相参知政事，是著名的谏臣，有"真御史"之美誉。唐介为官四十载，不畏权势，秉公办事，忠言直节，与包拯是最好的朋友。唐介病逝后，宋神宗亲往哭吊，追封他为礼部尚书，赐谥号"质肃"，并入祀桂林五贤祠，给予他极高的特殊荣誉。北宋著名诗人梅尧臣盛誉唐介是"去国一身轻似叶，高名千古重于山"。

陆游对曾外公唐介也是崇拜有加，他在《家世旧闻》中说：

游外曾王父唐质肃公，忠言直节，备载国史。当南迁时，朝士多作送行诗。

质肃公喜作诗，世所传者，惟《渡淮遇风》一篇耳。

先夫人尝为游诵公《九日赠僧》小诗，云："今日是重阳，劳师访野堂。相逢又无语，篱下菊花黄。"

要说起陆、唐两家的渊源，甚至可以追溯到陆游的高祖陆轸。陆轸的女儿，也就是陆游曾祖陆珪的妹妹嫁给了欧阳修的内弟，而唐拱与欧阳修是儿女亲家，陆、唐两家就此结亲。

出自名门的唐冯，颇有大家风范。陆宰和唐冯郎才女貌。起初，生活虽然过得清贫一些，可小日子有滋有味，夫妻俩恩爱有加。但怎奈国家内忧外患，风雨飘摇，主张抗金的陆宰为人正直，不善谋权，宦海起起落落，几经沉浮。二人在迎来了长子陆淞、次子陆濬后，唐冯又传怀有身孕的喜讯，他们的第三个孩子即将出世。

03 生逢国难，随父识字

　　宋徽宗宣和七年（1125 年）十月，身为淮南东路（首府在今江苏省扬州市）转运副使的陆宰，奉命前往汴京（今河南省开封市），等候担任新职。在此之前，陆宰曾经做过淮西（今安徽省江淮地区）提举常平、淮南东路转运判官，由于路途遥远，加之一路上到处匪患泛滥，而且妻子已经身怀六甲，陆宰便选择了由水路前往汴京。

　　陆宰把公事做了一番交代后，便带着一家老小，乘坐一条大船，沿运河北上。一路上，秋高气爽，清风拂面。运河边的树木上，金黄色的叶子如同一只只蝴蝶，纷纷飘落在美丽的运河上，常常被浪花所拥抱。叶子与浪花还没有呢喃几句，就又被无情地抛弃在细浪里，消失得无影无踪。

　　此时，陆宰心事重重，根本无心欣赏眼前这美丽的景象。他不知道此番卸任进京，等待自己的，会是怎样的一个职位。可一想到自己的父亲陆佃一心为国，一生忠心耿耿，恪尽职守，却在新党旧党的党争倾轧中，落得个病死任上，他不免有些惘然。

　　宋徽宗宣和七年十月初七（1125 年 11 月 13 日），是一个风和日丽的天气，让人的心情无比地清爽。可一早起来，陆宰却心神不宁，有一种有什么事情就要发生的感觉。

船舱外面风平浪静，船舱里面的一家老小，也没什么异样。陆宰的长子陆淞正在看书，次子陆濬则依偎在唐冯的身边撒娇。陆宰默默地走出船舱，伫立在船头。风掀起了他的衣摆，他陷入了沉思之中。

昨夜，妻子唐冯在睡梦中惊醒，说她居然梦到了秦观。秦观被尊为"婉约派一代词宗"，因为他写了著名的《满庭芳·山抹微云》一词，而被苏轼戏称为"山抹微云君"。秦观也是"苏门四学士"成员之一。

唐冯说，他梦见秦观时，正值电闪雷鸣、大雨倾盆，惊涛骇浪之中，秦观却坐在一艘小船上，怡然自得地吟着诗。突然，一个大浪袭来，眼看着小船就要翻了，急得唐冯大叫起来，顿时惊醒。唐冯和陆宰说起这个梦时，还显然带着余悸。

陆宰琢磨不透妻子怎么会突然梦到了秦观，秦观是自己父亲那一辈中的人物，要说和他们陆家有些联系，那也无非就是秦观和唐冯的舅舅晁补之都是苏轼的门生，位列"苏门四学士"之列。秦观有很高的诗词造诣，写一手好文章，尤以婉约之词闻名于世。但秦观的际遇，并不像他的诗词那么辉煌，而是磕磕绊绊，命运多舛。

宋徽宗赵佶的命运，几乎和南唐后主李煜差不多，都是一个不喜政事的"专家型"皇帝。赵佶一生的大半精力，都放在了吟诗作画的浪漫情调上，他所独创的"瘦金体"字体，是书法史上极具个性的一种书体。"瘦金体"挺拔秀丽、飘逸犀利，独步天下，个性极为强烈，千百年来，至今无人可以超越。"瘦金体"的代表作有《楷书千字文》《秾芳诗》等。另外，赵佶画的花鸟鱼虫也是呼之欲出，堪称一绝。按理说，文人惺惺相惜，宋徽宗赵佶应该很喜欢秦观的诗词。可是，事实远非如此。有很长一段时间，宋徽宗禁止元祐学术，也就是旧党学术，大凡学习苏轼、黄庭坚、秦观、张耒等人诗文的，都受到相应的处分。而这一点，也恰恰是陆宰在内心想不通的地方。

突如其来的雨点，把伫立在船头的陆宰，从沉思中拉回现实，而此时，他才注意到天气的骤然变化。河北岸就像被风扯开了一道口子，狂风裹挟着豆大的雨点肆无忌惮地猛扫过来，河面上浪翻水滚，大船随着波浪摇摇晃晃，浪头不断打进船舱。陆宰慌忙奔向中舱，与从中舱冲出来的侍女差点撞在了一起。

侍女急切地说："老爷，太太要生了！"

陆宰茫然地应了一声，有些不知所措。此时，风雨交加，河浪滔滔，大船前不着村后不着店，可去哪里找接生婆呢？

但陆宰很快冷静下来。他稍作思考，便吩咐一个老仆妇来负责接生，其余的侍女打好下手。他没有命令大船停下，而是继续前行。

此时，陆宰已经做了恰当的打算。夫人如果能够顺利分娩，那是最好不过的，而万一有什么状况发生，希望能够快速到达下一个码头，以便及时去找大夫处理。

大船摇晃得越来越厉害，就像一个醉汉。陆宰的身体，也随着船体东倒西歪，几乎站立不住。而船舱之中，不时传出唐冯的呻吟声。此时，密集的雨点打在船舱的顶上，发出巨大的声响，仿佛什么东西砸在了陆宰心头。陆宰心急如焚，似乎不知道怎么办才好。但他安慰自己，自己已经是 38 岁的人了，早已经不是什么毛头小伙了，已经见过大风大浪了，没啥了不起的。况且，唐冯已经生过两个儿子了，应该不会有什么事的。

时间慢慢过去，雨声渐渐地小了。但风似乎更大了，桅杆吱吱作响，像随时都要断裂一般。见此情景，陆宰赶紧吩咐大船抛锚，靠岸。就在这时，船舱中传来婴儿清脆的啼哭声。陆宰长长地呼出一口气，一颗悬着的心终于落地了。

说来也怪，刚刚还是狂风暴雨，可随着一声婴儿的啼哭，很快就变得风平浪静下来，陆宰惊诧不已。后来，陆游在《十月十七日予生日也孤村风雨萧然偶得二绝句》中写道：

其一

少傅奉诏朝京师，橇船生我淮之湄。
宣和七年冬十月，犹是中原无事时。

其二

我生急雨暗淮天，出没蛟鼍浪入船。
白首功名无尺寸，茅檐还听雨声眠。

陆游的这两首绝句，无论是诗题还是诗，都明确地表达了生辰、时令和当时形势。

随着一阵啼哭声的传出，侍女仆妇马上跑来向陆宰道喜："恭喜老爷！母子平安。"

于是，陆宰三步并作两步迈入船舱的内间。此时，精疲力竭的唐冯倚在床头，见丈夫进来，立即往起坐了坐，满怀喜悦地说："老爷，我们又有了一个儿子！你看这孩子的大眼睛，扑闪闪的，一下生就会追人看，实在是讨人喜欢！老爷，你给孩子起个名字吧！"

陆宰抱起襁褓中的儿子，仔细地端详着。只见孩子的小嘴在用力地吸吮着什么，粉嫩嫩的小脸上，一双乌黑发亮的大眼睛正好奇地打量着这个世界。陆宰顿时觉得，这孩子还真与他的两个哥哥有所不同。于是，陆宰便琢磨起应该给儿子取一个什么名字。忽然，他想起了唐冯的那个梦，心中便有了主意，对唐冯说道："夫人，你昨夜不是梦到了秦观吗！秦观，字少游。况且，《列子》上也说，外游者，求备于物；内观者，取足于身。取足于身，游之至也；求备于物，游之不至也。咱儿子就单取一个游字，名叫陆游，希望他将来能够修心治物，达到人生至境。"

唐冯一听，心中大喜，随即便回应说："好，这个名字好！咱儿子以后就叫陆游了！"

"唉！"唐冯的话音刚落，陆宰便随之轻叹一声说，"只是这孩子来得不是时候啊！"

"老爷，"唐冯一听，心里有些不悦地说，"你不会是不喜欢这个孩子吧？"

"我怎会不喜欢他呢？"陆宰说，"今天，我在邸报上看到，金兵已经开始攻打咱们大宋了。而我此番卸任进京，也不知道会新任职一个什么职务。"陆宰说的"邸报"，是指中国古代中央政府所发布的命令、诏书、章表等出版物。

陆宰说得一点不错。当时，大宋的局势就像陆游出生时的天气一样，糟糕透了。就在几天前，金国军队在元帅完颜宗望统领下，分东、西两路，浩浩荡荡地向中原进发。东路由完颜斡离不率领，自平州（今河北省卢龙县）直扑燕山。西路则由完颜宗翰统领，从云中（今山西省大同市）杀向太原。计划东、西汇合后，一举拿下东京（今河南省开封市）。一路上，他们烧杀抢掠，攻城略地，势如破竹。

而腐败无能的宋朝大军，节节败退，甚至有的还未开战，就被吓得落荒而逃。短短几天工夫，宋军就接连丢掉了几座城池，中原大地燃起一片战火。

此时，朝廷竟然一片慌乱。一些官员以各种各样的借口，请假的请假，辞官的辞官，带着自家老小和金银财宝，一路南逃，生怕丢了性命。

战火，没有阻止住陆宰赶往京城的脚步，儿子陆游的降临，也没有打乱陆宰赶往京城的行程。他带着一家老小，继续一路北上，很快到达了京城汴梁。

拜见过宋徽宗赵佶后，陆宰被提拔为京西路转运副使，官职相当于当今的副省长兼财政厅长。他的主要职责，是负责供应泽、潞一带抗金军队的粮草。当时，战火还没烧到河南荥阳，陆宰便把家人安顿在那儿，然后一个人到太原赴任。

陆宰来到任上没多久，金军就占领了燕山府，包围了太原。但太原不同于别的城池，任凭金军怎么猛攻，也一直没能破城。宋军一直坚守到宋钦宗靖康元年（1126 年）二月，历时长达 4 个多月。这其中，恰恰是陆宰发挥了不可替代的作用，成为最大的功臣。

当时，金军包围太原的时候，陆宰深知兵马未动粮草先行的道理。他亲自出马，选择了一处最佳位置，尽职尽责地监督粮草运输，确保粮道通畅，为宋军坚守太原提供了强有力的物质保障。由此，太原也成为金兵南侵途中，宋军坚守时间最长的一座城池。

但让陆宰和太原军民做梦都没想到的是，眼看战火蔓延，昏庸的宋徽宗竟然被金军吓坏了，慌忙把皇位传给了儿子宋钦宗，自己做了太上皇，称为道君皇帝，然后以到亳州太清宫烧香为由，一路南逃，直到镇江。

而刚当上皇帝的宋钦宗，非但不思救国之策，还处心积虑地想逃往长安，其昏庸程度，丝毫不逊于他的父亲赵佶。由于朝廷禁军都有家眷，不肯跟着他逃往长安，再加上众大臣力劝，宋钦宗只好放弃了逃跑的念头。他虽然不跑了，但却不顾大臣李纲的反对，一意孤行，答应了金人提出的屈辱的议和条件：送给金人 500 万两黄金，5000 万两白银，并割让了太原、中山、河间三镇。可此时，太原军民还在坚守城池，奋勇抵抗金军。这样，陆宰就成了宋钦宗议和的"绊脚石"，成了宋钦宗以及开封府尹徐秉哲等投降派朝臣的眼中钉、肉中刺。对于陆宰，他们甚至动了及早除掉的念头。徐秉哲所担任的开封府尹一职，就是开封府的最高长官，级别在尚书之下、侍郎之上，相当于从一品的官员。

不久，徐秉哲便以工作不力，导致宋朝粮草供应不足这条莫须有的罪名，蛮横地弹劾了陆宰，陆宰因此被免职。

俗话说，祸兮福之所倚也。也正是这次被贬，陆宰才有了南归的机会，从而躲过了一场国破家亡的灾难。回到东京的陆宰，随后就到荥阳接来了家人。到秋末冬初的时候，一切都准备妥当了，陆宰就带着奴仆婢妾百十口人，动身回到了故乡山阴（今浙江省绍兴市境内）。对此，陆游曾在《太平花》一诗中写道：

> 扶床踉跄出京华，头白车书未一家。
> 宵旰至今劳圣主，泪痕空对太平花。

那时，陆游还太小，只能"扶床踉跄"，根本骑不了马。所以，陆宰只能选择乘船返回故乡。这一次，陆宰已今非昔比。他已经没有了官员的身份，不但没有了宽敞的官船或是官轿，而且还成为窃贼、土匪眼中的一块肥肉。尤其是金军层层设防，对回乡的宋朝官员围追堵截，想方设法让他们投降当汉奸。

为了躲避金军的追击，陆宰一家人都无奈地换上了老百姓的衣服，然后扶老携幼，一路南行。有时，听到一句"番人来了"，一家人便趴在草丛里，动都不敢动，更别说生火做饭。好在陆游的父母有先见之明，出发前，每个人身上都带一些大饼，饿了，就啃几口又凉又硬的大饼充饥。

那时，草丛中生活的情景，已经深深地定格在了陆游的脑海里。到了晚年时，他打开记忆的闸门，写下了《三山杜门作歌》这首诗：

> 我生学步逢丧乱，家在中原厌奔窜。
> 淮边夜闻贼马嘶，跳去不待鸡号旦。
> 人怀一饼草间伏，往往经旬不炊爨。
> 呜呼！乱定百口具得全，孰为此者宁非天。

这首诗，诗人回忆了小时候遭逢国难，和父母从中原逃奔江南的惊险历程。

万幸的是，在归途中，陆宰一家人在没有兵灾的寿县作了短暂停留。经过短暂的修养、喘息后，一大家子人又登上了一条花大价钱找来的破渔船，经淮水，过运河，历尽了千辛万苦，半年后终于回到了故乡山阴。

到了山阴小城，陆宰把一家人安顿在父亲陆佃留下的"尚书第"中，过着与世无争的日子。后来，陆宰听说宋徽宗的第九子，也就是宋钦宗的弟弟赵构，于宋钦宗靖康二年（1127 年）五月初一，也就是"靖康之耻"后，在应天府（今河南省商丘市）建立了南宋，并把年号改为"建炎"，心里特别高兴，感觉自己的国家还没有灭亡。可高兴归高兴，他的心里已经完全没有了入仕之心。他除了陶醉于耕读和藏书，还把更多的精力用在教陆游识字上，日子过得恬淡而安静。陆游天资聪颖，甚至达到了过目不忘的程度，小小的年纪，就已经能够背诵几百首诗。

04 云门求读，立志报国

陆宰带领一大家子人回到故乡山阴后，安宁的日子还没过多久，却又要开始逃难的行程。

宋高宗建炎四年（1130年），由于赵构且战且和的态度，导致金国的胃口越来越大，而且对黄河以南已是志在必得。他们派出大批军队，浩浩荡荡地直扑江南地域，先攻打建康（今江苏省南京市），接着又攻打临安（今浙江省杭州市）。金兵所到之处，血流成河，生灵涂炭，尸骨遍野。镇江金山寺的老方丈不愿意给金兵做法事，便被他们投入大火，活活烧死。在苏州沧浪亭避难的几百名难民，不幸被金兵发现，结果无一幸免，鲜血染红了湖水……

很快，临安周边的大小城池，相继落入了金军的手中，人们谈起金兵，无不感到极度地恐怖。

此时，陆游虽然只有6岁，可已经是爱憎分明。当他从大人的谈话中听到金军的种种恶行时，不由地握紧拳头，恨得咬牙切齿。只是他年龄还小，根本没有抵挡金兵的本事。不光是陆游空有悲愤，就是他的父亲陆宰，也只能空怀满腔愤怒，此刻也不过是一个无职无权的文人，无法施展报国之志。

就在金军进攻到距离山阴还有五十里的时候，陆宰便迅速带着一家百十口人，再次踏上逃难的行程。这一次，陆宰是投奔东阳（今浙江省金华市）的朋友陈彦声。

陈彦声是一个义薄云天的起义军首领，他有勇有谋，在宋徽宗宣和年间和宋高宗建炎年间，先后两次组织地方武装抗击金军，保卫家园。正是有了陈彦声，东阳一带才没有受到金军的骚扰，百姓的生活还是比较安定的。陆宰来到东阳后，在陈彦声的关照下，一家人的日子过得比较安稳。

在东阳期间，陆游跟随父亲认识的字越来越多，他的聪明伶俐也不断得以展现。

陈彦声的一个同族兄弟过世了。去世前，这个同族兄弟把一辈子积攒起来的家产，平均分成了两份，两个儿子一人一份。可这两个儿子都觉得父亲偏心，都觉得自己所得的那一份家产没有对方多，为此，二人闹得不可开交，兄弟之间的矛盾越来越大，甚至到族长陈彦声家去喊冤。

俗话说，清官难断家务事。面对兄弟二人的喊冤，陈彦声晓之以理，动之以情，劝说二人以和为贵，换位思考，少计较，多谅解。但无论怎么说，兄弟二人都是各说各的理，一直互不相让。无奈之下，陈彦声不得不对兄弟二人的财产进行重新清算。可算来算去，得出的结果都是二人的财产差不多。对此，兄弟二人还是不服气，非要分辨清楚。

陈彦声实在没辙了，就带着兄弟二人来找陆宰。在陈彦声的眼里，陆宰博览群书，学贯古今，而且还做过大官，一定有办法解决好兄弟二人的纠纷。

当时，陆宰正在教陆游认字，听到事情经过后，他有意考考儿子，便说："儿子，人人都夸你聪明，你认为这事该怎么解决啊？"

陆游来到兄弟二人面前，仰着小脸看了一会儿，然后用手比划着说："何不让他们把家产互换一下呢？"

陆宰笑着点了点头，陈彦声更是伸出大拇指称赞道："妙！实在是妙！这孩子，真是聪明得很！"

闹矛盾的兄弟二人听说让他们互换财产，一下子高兴起来，都答应把自己的财产与对方交换，一场难以收场的风波，就这样被陆游轻松地化解了。

闹矛盾的兄弟二人回去互换了财产后，才发现父亲并没偏心，只不过是兄弟二人都有各自的私心。一想到这个解决的办法还是一个几岁的孩童想出来的，不免更加惭愧。醒悟后的兄弟二人发奋读书，十几年后，二人都功成名就。

值得一提的是，成功后的兄弟二人，从各自的家产里拿出几百亩地来，建了一个"义庄"，专门用来资助穷人家的孩子读书。他们能够做出这样的举动，当初提出互换财产招法的陆游显然功不可没。

时间如白驹过隙，转眼间就到了宋高宗绍兴二年（1132 年），这时，南北局势逐渐稳定下来。在东阳生活了 3 年、已经 8 岁的陆游，又跟随父亲以及一大家人，再次回到了故乡山阴。

回到山阴后，陆游虽然还住在城里的尚书第，但大部分时间在云门求学。云门位于秦望山脚下，是一条狭长的山谷，这里钟灵毓秀，茂林修竹，泉水叮咚，松涛阵阵，环境清幽，如同世外桃源一般。陆游的祖父陆佃，就曾对云门附近的陶晏岭情有独钟，晚年一度隐居于此，在这里建楼著书。后来，陆佃的诗集就命名为《陶山集》，而这也是陆佃号陶山的由来。陆宰受父亲影响，也一度隐居云门，并在云门建有云门别业。

别业就是住宅。"别业"一词是与"旧业"或"第宅"相对而言，业主往往原有一处住宅，而后又另建一处，便称为别业。而称别墅时，则是突出其园林气氛，以区别于一般住宅。

云门别业的西侧，便是历史上盛极一时的云门寺。云门寺风景秀美。据万历《绍兴府志》中记载，唐玄宗时期的诗人秦系在游览云门寺后，写下了一首《无题》诗：

> 十峰游罢古招提，路入云门峻似梯。
> 秀气渐分秦望岭，寒声犹入若耶溪。

陆游在自己所著的《云门寿圣院记》中，对云门寺也有具体的描述：

> 云门寺自晋唐以来名天下。父老言昔盛时，缭山并溪，楼塔重覆、依岩跨壑，金碧飞踊，居之者忘老，寓之者忘归。游观者累日乃遍，往往迷不得出。虽寺中人或旬月不得觌也。

陆游在文中，描绘了云门寺"缭山并溪，楼塔重覆、依岩跨壑，金碧飞踊"的怡人景色，更描绘出了云门寺"游观者累日乃遍，往往迷不得出"的盛况。

其实，云门寺令人叫绝的，不仅仅是这里的山水风光，还有这里独有的文化内涵。

云门寺的前身，是王羲之的儿子王献之隐居练字的地方。东晋后期，王献之因看见在自己居住的屋子的正上方，出现了神奇的五色祥云，就上表奏明皇上。东晋安帝司马德宗看到奏折后，便下诏将房屋改建为寺，命名为云门寺。云门寺的历代住持，皆是当时有名的大德高僧。首任住持帛道猷，就是东晋时期的一代名僧。后来的法旷、竺道壹、支遁、昙一、弘明、弘瑜、智永、智果、圆信、湛然、重曜、净挺、辩才、允若、具德礼、王门等等，都是一代高僧。尤其是支遁和昙一，支遁创立了"即色空"学说，昙一则创立了"幻化宗"学说，对中国的佛教发展，都产生了很大的影响。

唐朝初期，唐太宗李世民指派监察御史萧翼，用计谋骗取了藏在云门寺香阁横梁洞内的天下第一行书《兰亭集序》真迹，更是增添了云门寺的传奇色彩。越地山水精华集于此处，加上又是佛教重地，云门寺便吸引了历代文人墨客的脚步。这里曾是浙东唐诗之路的必经之地，可谓是鸿儒云集。当年，李白、杜甫、白居易、王勃、孟浩然、王维、苏东坡、王安石、范仲淹等数十位中国文学史上的重量级人物，都涉足此地，流连吟咏。浙东唐诗之路兴盛时，云门寺是诗人们在越中的必游之地，到过此地有名有姓的唐朝诗人，就有四百多位。那时的云门寺，无疑是"天下第一名人客栈"。

唐、宋诗中，直接歌咏云门的就有50多首，其中就有陆游20多首。而这20多首，也仅仅是陆游歌咏云门诗的一半。陆游在《入云门小憩五云桥》中写道：

谷雨初过换夹衣，园林零落到蔷薇。

鸣鸠日暖遥相应，雏燕风柔渐独飞。

台省多才吾辈拙，江湖久客暮年归。

云门蹋月方清绝，且倚溪桥看夕霏。

陆游在《云门独坐》中写道：

> 山北山南处处行，回头六十七清明。
> 如今老去摧颓甚，独坐焚香听水声。

陆游在《将入闽夜行之云门》中写道：

> 东鹜并偏门，篮舆兀睡昏。
> 纺灯穿壁罅，吠犬闯篱根。
> 久客悲行役，清愁怯梦魂。
> 余生犹几出，回首付乾坤。

陆游对云门之所以寄予这么深厚的感情，除了此地是他祖父、父亲等历代先贤的理想隐居地外，更重要的是，云门是陆游最早读书求学的地方，后来，他更是在这里建了云门草堂。

在云门，陆游仍由父亲陆宰教导，他父亲的教法，确实是与众不同。就在陆游学习完一些最基本的文法知识和句读常识后，陆宰完全撒手了，让陆游凭自己的兴趣读书，想读什么书就读什么书。至于陆游是读历史、小说、经书，还是读医书，陆宰全然不管。但是，只要陆游有读不懂的地方，陆宰就会重点讲解，直到陆游弄懂为止。

陆宰不但学识渊博，而且喜欢藏书，是当时闻名遐迩的藏书家。在他退居乡里后，更是专心于藏书和耕读，同时，还建了一个很大的藏书楼，名曰"双清堂"。双清堂收藏了几万册图书，上至天文，下至地理，几乎是应有尽有。当金军入侵时，陆宰把所有藏书，都从尚书第转移至云门别业，为陆游和一些贵家子弟，提供了最好的求学条件。

陆游尽情地徜徉在书的海洋里，很快读完了《千字文》《百家姓》《论语》《孟子》《老子》等经典书籍。陆游10岁时，便进入了乡校读书，与尚书胡沂的儿子胡杞，还有许伯虎等成为同学。

光阴荏苒，陆游转眼就13岁了。这时，他突然喜欢上了《诗经》，几乎天天捧着《诗经》读，简直就是爱不释手。

《诗经》是中国第一部诗歌总集，被奉为儒家经典，但里面的文字很晦涩，生僻字居多，陆游读起来是比较吃力的。陆宰虽然不想打消儿子的积极性，但他觉得儿子读得过于辛苦，就建议陆游等长大一点后再读，而眼下可以看一看《陶渊明诗集》。陶渊明是中国第一位田园诗人，被称为"古今隐逸诗人之宗"。他擅长用朴素的语言表达深厚的感情和丰富的思想，诗文通俗易懂，又富有情趣。苏轼在评价陶渊明时说："渊明诗初视若散缓，熟读有奇趣。"

后来，陆游在《跋渊明集》一文中这样写道：

吾年十三四时，侍先少傅居城南小隐，偶见藤床上有渊明诗，因取读之，欣然会心。日且暮，家人呼食，读诗方乐，至夜卒不就食。今思之如数日前事也。

庆元二年，岁在乙卯，九月二十九日，山阴陆某务观书于三山龟堂，时年七十有一。

意思是说：还记得十三四岁的时候，我跟着父亲住在城南的别墅里。有一次，偶然在藤床上看见一部陶渊明的诗集，拿着看看，觉得有味，便慢慢开始读。读到天色向晚，家里人喊我去吃晚饭。我正读得高兴，三喊四催，总不肯把书放下，直到天黑，硬是没有吃这一餐饭。

如今回想起来，这件事情还清清楚楚的，就像几天前才发生的一样。可今年已是庆元乙卯年，十三四岁的小孩早已变成七十出头的衰翁了。

当陆宰发现陆游读陶渊明的诗集读到废寝忘食的程度时，没有说什么。陆游舍不得把书放下时，陆宰就拿出了一把琴，调了调弦，弹了一首欢快的曲子。陆游听见琴声，拿着书好奇地走了过去，还由衷赞道："弹得好！太好听了！"

陆宰见陆游过来，把琴弦又调了一下，让陆游也弹一首曲子。陆游坐下来，刚弹了一个调子，琴弦就应声而断了。

陆游看着父亲说："是您把弦调得太紧了。"

陆宰说："对啊！琴弦太紧了会断掉，人也如此。像你这样整天捧着书看，不吃饭不睡觉，不出几日，精神就会衰弱，身体就会垮掉。"

陆游听完父亲的话，立刻放下手中的书，并和父亲保证，以后再也不这样看书了。

陆宰很高兴，摸着儿子的头说："人的一生就跟这琴弦一样，既不能太紧，也不能太松。读书也好，做事也罢，千万不要忘记持之以恒、坚持到底。另外，要学会休息，做到张弛有道。"

在以后的岁月中，陆游始终按照父亲所要求的那样，做到劳逸结合。尽管他一生爱书，也读书无数，但他80多岁的时候，视力仍然很好。他在《读书》这首诗中，是这样描述自己的视力的：

> 归志宁无五亩园，读书本意在元元。
> 灯前目力虽非昔，犹课蝇头二万言。

这首诗的意思是，归老隐居的志向就算没有那五亩田园也依然如故，读书的本意原在于黎民百姓。孤灯之下，专心地看着蝇头小楷，虽然眼神已大不如前了，可蝇头那么大的小字还看得非常清楚，一口气读完两万字的长篇，也丝毫不感到吃力。

陆游是个善于学习的诗人。这首《读书》，看似写读书，但诗人的眼光已经投向了普通百姓，既有诗人对生命的感慨，更有对生活的无限热爱。

在陆游的记忆里，父亲精通音律，特别喜欢弹琴，而且弹得非常熟练、动听。但不知道从什么时候开始，他的父亲却不再弹琴了。每次父亲的好友来访，大多谈论的都是国家兴衰、民族危亡的事情。他们忧国忧民，每次说到悲愤之处，便情不自禁地拍案大骂，怒发冲冠。有时，更是义愤填膺，怆然涕下。陆游在《跋傅给事帖》一文中写道：

绍兴初，某甫成童，亲见当时士大夫相与言及国事，或裂眦嚼齿，或流涕痛哭，人人自期以杀身翊戴王室，虽丑裔方张，视之蔑如也。卒能使虏消沮退缩，自遣行人请盟；会秦丞相桧用事，掠以为功，变恢复为和戎，非复诸公初意矣。志士仁人抱恨入地者，可胜数哉！

父辈们说话时，陆游总是不声不响，静静地坐在旁边凝神倾听。父辈们的那些爱国思想和高尚情操，无不化作涓涓细流，潜移默化地流进了他的心田。

宋高宗绍兴十二年（1142 年），以秦桧为首的主和派朝臣害死了岳飞后，并未停下极力打压主战爱国人士的脚步。参知政事李光因为不支持朝廷议和，被罢了官。回到山阴的李光，经常拜访陆宰。对此，陆游在《跋李庄简公家书》一文中这样写道：

李光罢政归乡里时，某年二十矣。时时来访先君，剧谈终日。每言秦氏，必曰："咸阳"，愤切慷慨，形于辞色。

一日平旦来，共饭，谓先君曰："闻赵相过岭，悲忧出涕。仆不然，谪命下，青鞋布袜行矣，岂能作儿女态耶！"方言此时，目如炬，声如钟，其英伟刚毅之气，使人兴起。

后四十年，偶读公家书，虽徙海表，气不少衰，丁宁训戒之语，皆足垂范百世，犹想见其道"青鞋布袜"时也。

特殊的人文环境和浓郁的抗敌热情，给了陆游最早的陶冶和启迪，也就是从那时起，家国情怀便在他幼小的心灵里生根发芽，于是，"上马击狂胡，下马草军书"成为他一生的报国壮志。

05 师从曾几，悟道躬行

在云门生活读书期间，陆游发现，经常来往于陆家的人士，除了那些爱国的政治家，还有许多文人墨客。这些人，无不继承和发扬了欧阳修、王安石、曾巩、苏轼等大家的传统风范，在文学与学术上具有极高的造诣。这些人士当中，大部分人是陆宰的故交新友。

这些人士来到陆家，主要和陆宰谈诗论文，就诗文的流派、修辞的利钝得失等话题侃侃而谈，各抒己见。陆游能够听到这些学有本源文人学者的独到见解，自然是获益匪浅。陆游 12 岁的时候，写诗作文就已经手到擒来了，因此，人们都非常佩服地称他为"神童"。

虽然陆游一直在发奋苦读，诗文水平也在不断长进，但却始终没有形成自己所特有的风格。他似乎也意识到了这一点，在研读陶渊明和唐代诗人的诗文过程中，苦苦地探寻着属于自己的诗文创作道路，却始终不得法。直到南宋著名诗人曾几出现后，陆游的创作一下子变得豁然开朗。

曾几，字吉甫，自号茶山居士，出生于宋神宗元丰八年（1085 年），卒于宋孝宗乾道二年（1166 年），是宋代著名的"江西诗派"的领军人物。曾几学识渊博，忧国忧民，为人坦荡，正直无邪。曾几曾师从于著有《江西诗社宗派图》、奠定"江西诗派"基础的吕本中。后来，曾几与吕本中达到了齐名的程度。曾几的诗，用字炼句，活泼流动，咏物神似，而且诗作不用奇字、僻韵，对仗自然，气韵舒畅。曾几传于后世的作品有《茶山集》8 卷。

但曾几更大的成就，是他继承和发扬了北宋学者胡安国的"春秋学"，并著有《易释象》5 卷、《论语义》2 卷，但后来这些文集都没流传下来。胡安国又名胡迪，生于宋神宗熙宁七年（1074 年），卒于宋高宗绍兴八年（1138 年），一生以圣人为目标，潜心研究《春秋》。他所著的《春秋传》，是后世科举士人必读的教科书。《春秋传》主张"尊王攘夷"，这在民族矛盾成为社会主要矛盾的时期，具有积极的教育意义，不亚于当今抵抗侵略、捍卫和平的主张。陆宰也著有一部《春秋后传补遗》，也是对"春秋学"的继承和发扬。也许是共同关注"春秋学"这一原因，陆宰才让曾几做陆游的老师。

陆游早就从父亲陆宰和他的一些朋友口中，听说过胡安国、曾几的爱国主张，内心十分崇拜。在陆游的心里，胡安国、曾几就如同韩愈、杜甫一样，令人敬仰。但遗憾的是，陆游 14 岁那年，胡安国过世了。而这时的曾几，已经是"江西诗派"诗人中唯一存在的也是最有实力的诗人。但就是这位曾几，陆游一直无缘得见。

不久，机会终于来了。曾几是一个爱国志士，一直力主抗金，反对议和，和陆宰一样，是一个主战派人物。因此，秦桧早就看曾几不顺眼了。而此时，偏偏曾几的哥哥、任吏部侍郎的曾开，与秦桧发生激烈的争执。据《宋史·曾开传》中记载："主上以圣德登大位，臣民之所推戴，列圣之所听闻，公当强兵富国，尊主庇民，奈可自卑辱至此，非开所敢闻也。"这是曾开对秦桧说的话，意思是：主上凭借圣德登上皇位，是臣民推崇爱戴的，是各位圣人所听到的，你应当使兵强国富，尊崇君主庇护人民，怎么可以自卑自辱到这个地步，不是曾开所敢于听见的。听了曾开的话，秦桧大怒，就罢了曾开的官，而且还罢了曾几的两浙西路提点刑狱公事的职务。

曾几被罢官后，不得不离开都城临安（今浙江省杭州市），携家带口到山阴隐居。同样的爱国热情，同样的才高八斗，同样的豁达正直，曾几早就与陆宰神交已久了。这次一到山阴，曾几就立即去拜访陆宰。

茫茫人海中，有许多人就是因为惺惺相惜，才成为了彼此的知己，曾几和陆宰就是如此。而对于陆游而言，曾几的到来，就如同天上掉下一颗璀璨的明珠，让他欣喜若狂。后来，陆游在《别曾学士》这首五言诗中回忆此事时，依然激动不已：

> 儿时闻公名，谓在千载前。
> 稍长诵公文，杂之韩杜编。
> 夜辄梦见公，皎若月在天。
> 起坐三叹息，欲见亡繇缘。
> 忽闻高轩过，欢喜忘食眠。
> 袖书拜辕下，此意私自怜。
> 道若九达衢，小智妄凿穿。
> 所愿瞻德容，顽固或少痊。
> 公不谓狂疏，屈体与周旋。
> 骑气动原隰，霜日明山川。
> 鞄系不得从，瞻望抱悁悁。
> 画石或十日，刻楮有三年。
> 贱贫未即死，闻道期华颠。
> 他时得公心，敢不知所传。

这首诗，虽然并没有开门见山地直接表明曾几来了，但诗人从对曾几敬仰之处着笔，先写了闻其名而敬，再写读其文以为准，接着又写其人形象形诸梦寐。诗中的一句"皎若月在天"，歌颂了曾几的学问人品。就在诗人以不得见其人而深叹时，随之闻听其人过访，乃至于喜极忘食眠。通过以上的层层递进、铺垫，诗人才正面写到曾几的到来。而与曾几的见面，诗人则以"袖书拜辕下"，当面请教、闻听教诲，用"道若九达衢"，再一次赞扬了曾几的学问。尤其"公不谓狂疏，屈体与周旋"两句，写出了曾几不以年少孩子的大胆议论为疏放狂妄，反而委屈己身与之周旋的循循善诱之风。

事实上，陆游也确实"狂疏"。陆游刚刚14岁，正是年轻气盛之时，有着极强的求知欲，却又天性好奇，和这个年龄段的所有孩童一样，是个追求自主的探险家，总想表达自己的观点。

俗话说：熟读唐诗三百首，不会写诗也会吟。多读唐诗，无疑是学习诗词的入门之道。陆游喜欢读诗词，但读的大多都是陶渊明的诗。一方面，陶渊明的诗是父亲陆宰推荐的；另一方面，陶渊明的诗他也确实喜欢。可曾几却要求陆游多读一些晚唐诗人的诗。在曾几看来，晚唐诗人注重格律，诗词规范，一字一句都有讲究。而陶渊明的诗好是好，但过于随心所欲，不利于扎实基本功。

起初，对于曾几的要求，陆游的心里很不认同。所以，陆游在读诗的时候，他偏不读晚唐诗人的诗。

对此，曾几并没责罚陆游，只是耐心地开导说："你学过写字吗？"

"当然学过！"陆游骄傲地说，"我五岁就会写很多字了。"

曾几说："那你学的是草书吗？"

"您不懂写字？"陆游有些不屑地说，"我父亲早就告诉过我，楷书是写字的基本功，只有把楷书写好了，才能写好草书。"

曾几摸了摸陆游的头，笑着说："既然你懂得学字应该先从基本功开始，怎么学诗就不从基本功开始呢？晚唐诗乃是学诗的基础啊！"

陆游哑口无言了，乖乖地拿出了晚唐诗，认真地朗诵起来。曾几很高兴，就从平仄入手，开始教陆游什么是对仗，怎样写绝句，怎样写小令。

可学了没几天，陆游又出状况了。他用大号毛笔，把曾几让他读的诗全部画了黑叉，然后告诉曾几说："这些花间派的作品，除了风花雪月，就是无病呻吟。那时到处闹灾，到处打仗，唐朝都快完蛋了，这些家伙不去想救国安民之法，却在吟风咏月，我才不学他们呢！"

陆游以为，他这么一说，老师一定会生气，甚至会责罚他。可没想到，曾几非但没有生气，反而笑着说："小小年纪，就懂得救国安民，孺子可教也！不过，我让你读晚唐诗，是为了让你学习它的格律，并不是让你学习它的思想。打个比方，这些作品就如同美味的河豚一样，有毒的只是它的内脏和血液。假如有人请你吃河豚，难道你连它的内脏也一起吃下去吗？"听了老师的话，陆游心悦诚服地向老师道歉，然后心无旁骛地继续读晚唐诗。

学习之余，师生二人也常常谈一些国家形势。每每说到屈辱求和的宋高宗和奸相秦桧时，陆游便双拳紧握，义愤填膺地说："老师，等我长大了，一定把奸臣都杀光，把金兵赶出中原！"曾几赶忙制止说："孩子，你当前的任务，就是好好学习，这样的话，你以后千万不要对别人说，一旦传到官府那里，可是要杀头的。"

听了曾几的话，陆游怎么也不相信这是从传说中的爱国志士的口中说出来的，就立即反问道："原来，您这么贪生怕死！难道您忘了是谁罢了您的官吗？"

曾几站起来，边踱着步，边对陆游说："我当然恨秦桧了！可我恨他并不是因为个人恩怨，而是因为他议和误国，是国恨。我今年 59 岁了，什么没见过啊？又怎么会怕死呢？但死有重于泰山的，也有轻于鸿毛的。现在，投降派掌握着政权，虽然国将不国，但至少老百姓能有一时的安定。如果因为一己之私，硬要赶投降派下台，势必导致政局动荡，虎视眈眈的金兵就会乘虚而入。真要那样的话，我们离亡国灭种也就不远了。况且，仅凭咱们的实力，你觉得能斗得过那些手握大权的投降派吗？恐怕还没起兵，就已经被灭族了。如果一个人连性命都保不住，又何谈保家卫国？"

陆游一下子就明白了，老师所讲的，是曲线救国的道理，可自己却误解了老师，认为他太胆小怕事，软弱无能。陆游低着头，像一个犯了错误的孩子，说道："先生，我明白了！"

陆游在师从于曾几期间，曾几把自己多年摸索出的作诗心得，毫无保留地传授给了陆游，可谓是呕心沥血，倾囊而授。而且，曾几一生只收了陆游这一个学生，对陆游盛赞有加，并常以"陆子"称呼他。曾有人问曾几："孔夫子弟子三千人，叔孙通弟子百余人，你怎么只收陆游一个学生？"曾几淡然地回答说："千人不为多，一人不为少，我的这个学生非比寻常，将来一定不是等闲之辈！"

陆游也没辜负曾几所望，还不到 20 岁，就已经闻名乡里，还被人们称为"小李白"。当时，他所写的《司马温公布被铭》一文，曾一度被认为是秦观的作品：

公孙丞相布被，人曰"诈"；司马丞相亦布被，人曰"俭"。布被，可能也，使人曰"俭"不曰"诈"，不能也。

这篇小文，文字简练，观点鲜明，语言犀利，颇具秦观的风范，也难怪被认错。显然，陆游不管在手法方面，还是在思想方面，都受到了曾几的巨大影响。

而此时，陆游还有一首《菊枕诗》，被传诵一时。可惜的是，后来陆游删定诗稿时，可能因为这首诗纤丽雅致，故而把它删去了。但陆游对这首诗念念不忘，宋孝宗淳熙十四年（1187年），他还在一首诗中提到过这件事。

宋高宗绍兴十八年（1148年），曾几寓居上饶茶山，前后历时七年之久。其间，陆游到过一次茶山，并盘桓数日，亲自向老师请教。

许多年后，陆游人到中年之时，在官场处处碰壁，报国无门。那时，他终于懂得：如果没有政治智慧，也只能空怀满腔热血。他想起老师曾几曾教导他的曲线救国的道理，更加明白老师当年所说的话全是金玉良言，不可多得。

此时，陆游的思想已经发生了质的变化。他觉得，诗必须经世致用，裨补时阙，促进教化，要像《诗经》那样，为现实服务才行。于是，他在《跋吴梦予诗编》中指出：

君子之学，盖将尧舜其君民。若乃放逐憔悴，娱悲舒忧，为文为骚，亦文之不幸也。

意思是说：学问当有用于世，若诗文只用来抒遣个人情怀，发泄牢骚，就太可悲了。

陆游的这一观点，无疑契合了他匡世济时、兼济天下的志向。于是，他便提出了"工夫在诗外"的诗歌理论，一举奠定了自己独特的诗歌风格。

陆游摒弃从曾几那学来的"江西诗派"的作诗心法，学古人而不被古人束缚，并从中脱颖而出，自成一家，丝毫不影响他对老师的尊敬。他在《追怀曾文清公呈赵教授赵近尝示诗》中写道：

忆在茶山听说诗，亲从夜半得玄机。
常忧老死无人付，不料穷荒见此奇。
律令合时方帖妥，工夫深处却平夷。
人间可恨知多少，不及同君叩老师。

在陆游的一生中，后悔的事情很多，其中最后悔的莫过于老师死了，却没来得及在老师去世前去看望一下，如今竟是阴阳两隔了。

曾几过世后，陆游作了《曾文清公墓志铭》，对老师称道备至，尤其是他在文中特别提到了老师抗旨上言的光荣事迹。怎奈，这篇洋洋洒洒的几千字铭文在刻石立碑时，被曾几的家人尽数削去了，一字没留，这多少令陆游有些遗憾。

除了墓志铭，陆游还写过很多怀念老师曾几的诗，在他 82 岁时，还为曾几的诗稿题跋，足见他对老师的深情厚谊。

06 解试第一，举人及第

陆游拜曾几为老师，由于他本身起点就高，再加上他聪明好学，学问长进非常快。陆游 15 岁的时候，决定去考举人。知子莫若父。陆宰得知陆游要去考举人，就劝他说："虽然你现在有点名气，但基础尚不扎实，不妨多学几年再去。俗语说，40 得解，50 得贡。何况你才 15 岁啊！"

北宋初期，读书人想做官，都得通过科举考试这一途径。考试分为两级，第一级叫"解试"或"州试"，每三年举行一次，考场设在考生所在地，由地方官主考。"解试"竞争非常激烈。通过了"解试"就成了举人。成为举人，才具备了参加第二级考试的资格，也就是参加"省试"或"礼部试"的资格。"省试"由礼部组织，考场设在京城。通过了"省试"就成了进士。

宋太宗赵光义继位后，为了避免考官营私舞弊，又增加了"殿试"这一级。"殿试"由皇帝亲自主考，但考题比较简单。通过了"省试"的考生，如果不是乱写一气，几乎都能通过"殿试"。可举人和进士这两级是非常难考的，40 岁能考中举人、50 岁能考中进士都是百里挑一的事情，是很不容易的。

听了父亲的话，陆游觉得父亲小看了自己，便执意要去参加"解试"。

陆宰没再加以劝阻。在陆宰看来，陆游要求去考举人，也没什么不好的。一方面，他觉得让陆游去考场见识见识，对今后再参加考试有好处；另一方面，他觉得陆游现在是心高气傲，受点挫折，有利于陆游今后的成长。

临出发，陆游踌躇满志地和父亲夸下海口："就凭你儿子的学问，考个举人，还不是手到擒来的事情吗！"

陆宰听了，只是笑了笑，什么也没说。

八月的山阴（今浙江省绍兴市境内），虽然已经进入了秋天，但依然是热浪袭人。陆游来到位于城东南的贡院时，门外已经黑压压地站满了考生。考生中，有血气方刚的青年人，有满头白发的老者，也有稚气未脱的少年，年龄参差不齐，相差悬殊。

动身之前，陆游就听说这次"解试"有近两千名考生参加。刚开始，他还有些不信，以为是父亲和老师故意夸大数字，为了不让他过早参加考试。不过，来到贡院以后，他才相信考生多是千真万确的。

陆游朝四周打量了一番，发现贡院是一个巨大的用围墙围住的院子，一扇大门把它与外界隔离开来。大门正中的牌匾上，"贡院"两个苍劲有力的大字威严而有气度。

不大一会儿，铃声响了，大门徐徐开启。考生们一起涌向贡院门口，陆游的鞋也不知被谁踩了一下。这时，只听人群边上一个军差模样的人扯着嗓子喊道："不要挤了！不要挤了！大家排好队，一个一个地进。"

到底还是读书人。不大一会工夫，大家就排好了队。于是，一个一个地在入口处进行姓名登记、搜身检查后，再一个一个地进入贡院。待考生全部进入后，就听"哐当"一声，大门关上了。考试的号房都是一间一间的，而且每一间号房，外面都有一位官兵把守。考生按照登记的顺序进入号间，一个考生一间号房。

进入号房后，陆游发现号房内的空间十分狭窄。一个炭盆，一支蜡烛，上下两块木板，仅此而已。陆游坐到下面的那块木板上，把笔墨放到了上面的那块木板上。

第一场考试的试题出自于《四书》，陆游回答得很是顺手。第二场考试的试题出自于《五经》，陆游对自己的答题也颇为满意。第三场试题是结合经学理论，对当时的时事政务发表议论或是见解。虽然陆游经历了国破逃亡，平时接触的也都是仁人志士，但毕竟年纪尚轻，没有足够的社会经验和职场阅历，在回答问题时，就有了局限性。正是因为第三场试题回答得没啥底气，陆游出考场后，对能否中举有些拿捏不准。

几天后，成绩出来了。果不出陆宰所料，陆游平生的第一次考试，便以失败而告终。

名落孙山后，陆游并没有灰心气馁，而是更加用功读书，决心三年后一试而中。同时，他还不忘拓宽自己的政治眼界，丰富自己的人生阅历。

宋高宗绍兴十年（1140年），他和相识于杭州西湖的叶晦叔、陈公实、范元青等人同游，写下了一首《灯笼》，描绘了在灵芝寺借榻的情景。

> 我年十六游名场，灵芝借榻栖僧廊。
> 钟声才定履声集，弟子堂上分两厢。
> 灯笼一样薄蜡纸，莹如云母含清光。
> 还家欲学竟未暇，岁月已似奔车忙。
> 书生白首故习在，颠倒简牍纷朱黄。
> 短檠虽复作老伴，目力眩晃不可常。
> 平生所好忽入手，摩挲把挈喜欲狂。
> 兰膏潋滟支达旦，秋雨萧瑟输新凉。
> 讨论废忘正涂乙，遂欲尽发万卷藏。
> 所嗟衰病终难勉，非复当年下五行。

岁月如滚滚车轮，三年时间一晃而过，18岁的陆游再次参加"解试"。功夫不负苦心人，这一次，陆游顺利地考取第一名，成为远近闻名的举人。

第二年春天，19岁的陆游，踏上了去往临安的路，雄心勃勃地去参加"省试"，决心要一试及第。

三月的春风，早已唤醒了岁月的沉香，各种各样的花争相开放，河堤边纷飞的柳絮唯恐落下，紧紧依偎在春风的怀抱中。漫山遍野的油菜花，也伴着明媚的春光，编织着璀璨的梦。

可陆游不太喜欢油菜花，觉得它过于风花雪月，不像冬日里的梅花那般坚韧、傲然、洒脱。在陆游心里，只有节义之士、脱俗之笔，才配得上梅花。陆游一生酷爱梅花，写了一百多首咏梅诗，在塑造梅花形象的过程中，都暗藏着诗人自身的影子，像他的《梅花绝句二首》中的其一就是这样：

闻道梅花坼晓风，雪堆遍满四山中。

何方可化身千亿，一树梅花一放翁。

这首诗意思是说，听说山上的梅花已经迎着晨风绽放，远远望去，四周山上的梅花树就像一堆堆白雪一样。有什么办法可以把自己变化成数亿身影呢？让每一棵梅花树前都有一个陆游常在。

"闻道梅花坼晓风，雪堆遍满四山中"两句，写梅花绽放的情景，语言鲜明，景象开阔。第一句中的"坼晓风"三个字，突出了梅花不畏严寒的傲然情态。第二句，把梅花比喻成白雪，既写出了梅花洁白的特点，也表现了梅花漫山遍野的盛况。

"何方可化身千亿，一树梅花一放翁"两句，更是出人意表，高迈脱俗，愿化身千亿个陆游，而每个陆游前都有一树梅花，把痴迷的爱梅之情淋漓尽致地表达了出来。这两句意思是说，用什么办法能变出千万个放翁，使每一株梅花下面都有自己在那里分身欣赏。身化千亿，设想可谓奇妙之至。梅花与诗人相对，是梅？是人？一时实难轻分，这又是诗人命笔奇特之处。这两句虽是点化柳宗元"若为化得身千亿，散上峰头尽望乡"的诗意而来，但用在"雪堆遍满四山"的梅花世界中，不唯妥帖自然，而且情景相生极富有意趣。

这首诗，前两句的写梅，是为后两句写人作陪衬。面对梅花盛开的绮丽景象，诗人突发奇想，愿化身千亿个陆游，而每个陆游前都有一树梅花。这种丰富而大胆的想象，把诗人对梅花的喜爱之情淋漓尽致地表达了出来，同时，也表现了诗人高雅脱俗的品格。

陆游一路走来，尽情地欣赏着大自然的美景，似乎生命在升华，竟有一种脱离尘世之感。

到了临安（今浙江省杭州市），陆游来不及欣赏大都市的繁华，便直奔考场。

"省试"在临安的贡院举行。考试的时间、场次、内容和"解试"差不多，第一场试本经，第二场试兼经，第三场试时务，只是试题难度比"解试"要大得多。

陆游参加过两次"解试"，对考场程序、规则早已谙熟于心，也没什么紧张的，答题时也是非常淡定。但陆游此番应试，心里暗暗较着劲，是志在必得。他觉得自己长大了，应该到了驱逐金兵、报效国家、一展抱负的时候了。

就像许多年后，陆游在《观大散关图有感》一诗中所写的：

上马击狂胡，下马草军书。

二十抱此志，五十犹癯儒。

大散陈仓间，山川郁盘纡。

劲气钟义士，可与共壮图。

坡陁咸阳城，秦汉之故都。

王气浮夕霭，宫室生春芜。

安得从王师，汛扫迎皇舆？

黄河与函谷，四海通舟车。

士马发燕赵，布帛来青徐。

先当营七庙，次第画九衢。

偏师缚可汗，倾都观受俘。

上寿大安宫，复如正观初。

丈夫毕此愿，死与蝼蚁殊。

志大浩无期，醉胆空满躯。

这首诗的开头四句，诗人申述了壮志难酬的人生遭遇。"上马击狂胡，下马草军书"两句，写的是由于金朝屡次以大兵压境，南宋处于危难之际。陆游为了御侮救国，才不甘心仅仅当一名文士。"击狂胡"是一个战士的本分，"草军书"是一个从戎的文士力所能及的工作。诗人没有把文与武对立起来，也不用"投笔从戎"一类的成语，说明他想得很实际。但诗人在现实生活中的遭际却十分不幸，"二十抱此志，五十犹癯儒"两句，是说人生最宝贵的光阴是在 20 岁至 50 岁之间，诗人希望在这 30 年间为恢复祖国河山发挥自己的才干，并积极为实现这一愿望而奔走四方，但结果实在令人失望。虽行年五十，却依然是一介癯儒。诗人内心满是愤懑之气。他想尽情地喷发出来，但官场的险恶处境，又不允许他这样做，因此，只好用一个"犹"字略事点染。

中间二十句，就观大散关图之所见生发感想。这种感想，又分为两个层次。五到十二句为第一层次，主要借观图一事表述自己的战略意图。这一层次，作者把议论与抒情结合起来，并从地理、人事、历史三个方面着笔，既有说服力，又有感染力。"大散陈仓间"，不是单指大散关与陈仓县之间的一小段地区，而是泛指关中广大地区。"劲气钟义士"是说关中人民气劲志刚，绝不肯长期屈从于金人的统治，必然会奋起反抗的。这在忠义之士身上体现得最为集中。人民渴望收复失地，复兴宋室，这对南宋朝廷来说是至关重要的因素。"可与共壮图"一句，正是提醒南宋朝廷不要辜负关中人民的爱国心愿。"坡陀咸阳城，秦汉之故都"两句，进一步从历史的角度申述先取关中地区对于建立帝王之业的重要意义。遗憾的是南宋最高统治者已经没有秦、汉两朝开国皇帝的气魄。他们偏安江左，歌舞升平，完全无意于恢复中原，所以，诗人不得不沉痛地发出了悲凉的哀吟："王气浮夕霭，宫室生春芜。"十三到二十四句为第二层次，主要是想象自己擘画的战略意图实现后的胜利景象。"安得从王师，汛扫迎皇舆"这两句，是诗人十分希望随从王师攻入关中，进而收复中原，迎接銮舆回到汴京。"黄河与函谷，四海通舟车"，是说从此以后，南北限隔的现象不复存在了，交通也由此而通畅。"士马发燕赵，布帛来青徐"，是说沦陷区光复后，各地的货物源源不绝地运到了汴京。"先当营七庙，次第画九衢"，是说遭受严重破坏的汴京开始重建了。"偏师缚可汗，倾都观受俘"，是说被击败的金朝军队衰弱不堪，朝廷只须派出一支偏师便可把金朝最高统治者俘虏过来。"上寿大安宫，复如正观初"，是说于是一切都恢复了太平盛世的景象。这两个层次在全诗中的作用是显而易见的。从感情结构上说，由于这两个层次着笔的角度各不相同，表达的感情也就有所区别。第一层次着眼于现实，感情比较冷静，略带悲慨；第二层次偏重于幻想，感情比较奔放，显得乐观自信。用幻想中的成功和欢乐来填补现实中的不足，以乐语写哀，可以在艺术上收到最佳的美学效果。

最后四句，倾诉了诗人无可奈何的悲楚情怀。"丈夫毕此愿，死与蝼蚁殊"意思是，话虽是从正面说的，但反面的意思却十分明白：那些醉生梦死、不图恢复的昏庸之辈虽然还活着，但与蝼蚁没什么两样。用冲和的语气来表达愤激的感情，这比之横眉怒斥更为深沉有力。但南宋统治集团既定的国策是不会改变的，因此，诗人终于不能有所作为。"志大浩无期，醉胆空满躯"两句，可以说是诗人在百般寻求解脱而又实在无法解脱的情况下的自嘲与自慰。恢复国土，人人有责，这样的"志"，本无可嘲而自嘲，愈显出诗人受压抑之深和无可奈何之叹。临了，只能借酒浇愁。无奈诗人燃烧的爱国热情，不是几杯浊酒所能浇下去的，酒入愁肠，醉胆开张。诗人的满腔怨愤已不能自己，但诗中仍不敢显言，只用一个"空"字微微逗出。全诗到此打住，但感情的波涛仍在激荡。

陆游的这首诗，全篇兴会飙举、骨力豪健，词气发扬踔厉、流吐似不费力，这又酷似李白的诗风。

陆游参加的第一次"省试"，和第一次参加"解试"一样，结果铩羽而归。

第二章

伤心桥下春波绿

曾是惊鸿照影来

01 游览临安，订下婚约

陆游在"省试"的考场中失利，心里便产生了一种挫败感。尤其一想到父母对他寄予的殷切期望，他的情绪极为失落，甚至有种无颜见江东父老的耻辱感。他打算先放松一下心情，到比较有名的地方游览一番，然后再专心攻读，为参加下次考试做好准备。

这次游览，陆游并没有远走，而是借考试的机会，选择了留在临安（今浙江省杭州市）。陆游之所以将临安作为游览的目的地，首先因为临安是南宋的首都，是政治、经济和文化的中心。

"靖康之耻"后，北宋宣告灭亡，赵构在应天府（今河南省商丘市）即位，是为高宗，并改元建炎，成为南宋朝廷的第一位皇帝。面对金兵的入侵，赵构不但不励精图治，还宠信奸佞小人，放弃中原，一路南逃。宋高宗建炎三年（1129 年）七月，赵构升杭州为临安府，成为朝廷的行在。宋高宗绍兴八年（1138 年），赵构正式将临安定为首都，当起了安乐皇帝。因为临安距离中原前线比较远，赵构感觉处于东南一隅的临安还是安全一些。直到南宋德祐二年、景炎元年（1276 年）临安府被蒙古军攻占，南宋名存实亡，临安作为南宋的首都共计 138 年。

陆游游览临安时，临安作为南宋的首都已长达 20 年。历经 20 年的修缮和扩建，曾经的吴越首府，已经华丽转身为巍峨壮观、布局严谨的皇宫大内，形成了方圆九里的宫城。宫城之内，商肆遍及各处，各种技艺的工匠和专门人才汇聚在这里，正如南宋学者吴自牧在《梦粱录》中描绘的那样："自和宁门权子外至观桥，无一家不买卖者。"另外，侍班阁、太庙、六院、架阁库、牢狱、御马营、官窑、八卦田、六和塔等著名的寺庙、古塔、牌坊、古桥及其他建筑群随处可见。南宋词人周密在《武林旧事》中记载，仅南山路从丰乐楼南开始，经暗门、钱湖门外，至赤山烟霞石屋止，可浏览的景观就达 169 处。

临安还大规模地扩建了外城，但西湖并不在临安城圈的范围之内。据说，在五代十国时期，就曾有人建议吴越王填西湖，以建府治。但吴越王认为，老百姓用湖水灌溉农田，是他们赖以生存的根本，无水即无民。他不仅没有采纳填西湖的建议，还大肆对西湖进行疏浚。于是，西湖虽然不在城内，却相当于已在城内。历史上，对西湖进行疏浚治理的名人很多，而最著名的就是宋代的大文学家苏东坡。一条"苏堤"穿越了历史，直到现在也依然是美不胜收。

虽然西湖不在城内，但西湖沿岸集居住、娱乐、文化、商业于一体，楼台依次林立，园林争奇斗艳，寺院道观众多，就像题西湖的那副名联一样："一色楼台三十里，不知何处觅孤山。"而那些住在西湖边享受灯火楼台、夜夜笙歌的达官贵人，更不会有住在城外就成了乡下人的感觉。

自古以来，临安名人荟萃。南宋在这里定都后，大江南北的思想家、文学家、艺术家、能工巧匠等纷纷聚拢在临安，由此催生出一批著名的书籍铺和书坊，临安的出版业得到了空前的发展。而临安的佛教文化更是声名远播，东亚诸国的名僧纷纷前来慕拜。日本名僧圆尔辩圆、神子荣尊、妙见道姑、悟空敬念等 30 多人，先后慕名而来，到灵隐寺、净慈寺、天竺寺等寺院取经学佛，开宗立派，对日本的佛教文化产生深远的影响。

宋高宗赵构虽然胆小怕战，但他崇尚读书，尊重知识，将先贤前人所倡导的"崇经办学"的思想作为立国之本。赵构皇帝爱读书，自然影响和带动了临安太学、武学等官学的恢复与发展，一时间，整个临安形成了"万般皆下品，唯有读书高"的风气。

倾心学术，潜研诗书的文化氛围，自是读书人向往的理想之地，陆游也不例外，但这并不是陆游留在临安的主要原因。

陆游选择留在临安游览，还有一个重要的原因，就是想见自己的表妹唐婉。

每当想起表妹唐婉，陆游的心里总是甜丝丝的。这次来临安应考之前，他就做好了打算：考试完毕后，马上就去看望唐婉。而让他感到有些沮丧的是，考试落榜，铩羽而归。但他不想过多地纠结于此事，因为他相信，凭自己的实力，下次再考一定会金榜题名。

唐婉，字蕙仙，生于宋高宗建炎二年（1128年），是陆游的舅舅唐闳的掌上明珠。唐闳的祖父是北宋宰相唐介，父亲是北宋末年鸿儒少卿唐翊，其妹妹是陆游的母亲唐氏。唐闳博学多才，正直豁达，时任郑州通判。

唐家为官宦之家，是地地道道的书香门第。唐家世代清廉，以孝、义传家。唐闳与妻子李氏媛结婚多年，虽然只养育唐婉这一个女儿，但唐闳始终没有纳妾再娶，而是和妻子李氏媛一起，把全部精力都倾注在了唐婉身上。

唐婉很小的时候，父亲唐闳就开始对她进行启蒙教育。唐婉自幼文静、灵秀，尤爱读书，学什么一点就通，非常聪明。唐闳喜不自胜，倾尽全力教导女儿。

宋代和以往的历朝历代大不一样，女子的地位非常低下。整个社会都奉行女子无才便是德的理念，即便是官宦子女也不例外，被排除在正规的、官办的学校教育之外。那时，一个女子要想得到受教育的机会，家庭是唯一的途径。而普通百姓连吃饭都是一个问题，女孩子根本没有接受教育的机会。但是，官宦家庭就不一样了。

宋代重文轻武，朝廷的高官几乎都是进士出身，具有很高的文化修养。一辈接一辈地营造书香门第的浓厚氛围，尤其重视对子女的教育。官宦家庭的男孩，读书是为了求取功名，而女孩，读书是为了让自身更加通情达理，更好地相夫教子。女孩子虽然不能上学，但可以接受父母兄弟的直接督课教育，大凡以司马光的《居家杂仪》《温公家范》等为教材，来学习家法家规，接受侧重于妇德方面的教育。

出生在唐氏家庭，唐婉应该是幸运的。她的父亲唐闳非常开明，除了教她一些家规家法方面的知识外，还教她学习有关诗词歌赋方面的知识。聪慧伶俐的唐婉不负父亲所望，自小便才华过人，诗文方面很有造诣。后来，唐婉的创作得到了李清照的指点。李清照是南宋著名女词人，婉约词派的代表人物，有"千古第一才女"之称，她的词作独步一时，人称"婉约词宗"。得到李清照的指点后，唐婉的诗词创作更上一层楼，才女之名迅速远播，佳作多次得到她的舅爷也就是她父亲的舅舅晁补之的称赞。但作为闺阁女子，唐婉非常注重遵守礼制，做到足不出户。唐婉是家中的独生女，平时，家里除了父母就是用人，根本没有什么玩伴，很是孤单。

那时，陆游常跟随母亲唐氏到外祖父家小住。陆游自小聪明，接受启蒙教育也比较早，与同龄的孩子们相比，举手投足都显得落落大方，表现出一身的正气。尤其诗词创作方面，陆游更是出手不凡。让唐闳夫妻尤为喜欢的是，陆游特别乖巧、懂事，对表妹唐婉总是礼让爱护有加。

在陆游的眼里，唐婉聪慧漂亮。虽然因为是独生女养成了一些比较突出的个性，但丝毫不影响陆游喜欢她。

唐婉也很喜欢陆游这个表哥，只要陆游来到她的家里，她就特别高兴，人也变得越发活泼起来，似乎满院都是表哥表妹的欢声笑语。可两个人相聚的时光总是显得非常短暂，每次陆游离开唐家时，表哥与表妹之间都是依依不舍，陆游也总是央求母亲，可不可以在姥姥家多住些时日。而分别以后，唐婉也总是悄悄地问自己的父亲，姑妈还要多久才能带着表哥再来。

陆游和唐婉见面的时候虽然不是很多，但两个人之间很有好感。而随着岁月流逝，两个人渐渐长大，两个人之间的情愫便发生了悄然的变化。

陆游这一次借参加"省试"的机会来到舅舅家，已全然没有了儿时的那种稚嫩与羞涩，浑身上下都焕发着青春的活力。而表妹唐婉，更是出落得眉清目秀，如同一朵荷花一样亭亭玉立。两个人见面时，就在眼神交会的那一刻，彼此的心里，就像有一只小鹿一样在乱撞着。陆游同舅舅唐闳说话时，唐婉在一边偷偷地瞄着玉树临风的陆游，想跟表哥说话，却又不好意思开口，满面娇羞的神色。

在接下来的日子里，两个人不再像儿时那么嬉戏了，而是吟诗作对，借诗词互诉衷肠。花园里、长廊下，两个人可谓是俪影双双，宛若一对蹁跹于花丛中的彩蝶，彼此的眉目中洋溢着无比的幸福，别样的和谐。

陆游和唐婉之间，才貌辉映，情投意合，彼此的父母及亲朋好友，都觉得他们俩是天造的一对，地设的一双。当时，在婚姻习俗方面，男方大多都喜欢跟母系家族的亲戚结成婚事，这样就亲上加亲。在很多人眼里，陆游和唐婉无疑是最好的良缘佳配。

陆家也非常认可这门亲事，便以一只精美的家传凤钗作信物，与唐家订下了婚约。

《户婚律》是宋代关于婚姻方面的律法，是以《宋刑统》为根据制定的。《宋刑统》中规定："男女双方欲结为夫妇，必须具备父母之命，媒妁之言。"这样，"父母之命，媒妁之言"这种传统礼俗的要求，在宋代便成为法律规定。宋代的"媒妁"，并不能简单地理解成"媒婆"。在《户婚律·婚嫁妄冒》中，将婚姻关系的成立规定为"聘则为妻"，即男方向女方下过聘礼，且为女方接受，这桩婚姻在法律上就成立了。

如果婚姻中途有变故，《宋刑统》是这样规定的："诸许嫁女，已报婚书及有私约，约，谓先知夫身老、幼、疾、残、养、庶之类。而辄悔者，杖六十。男家自悔者，不坐，不追聘财。"意思是说：凡是定下婚约的女子，已经订立婚书以及男女两家私下有嫁娶之约的，因在举行婚礼之前，知道未婚夫年老、年幼、疾病、残疾、为养子、庶出等情况而悔婚的，杖责六十。而男方家自己悔婚的，女方家不论罪，并且不追回男家下聘礼的财物。这些规定，为解决婚姻纠纷提供了法律方面的依据。

陆游的父母给唐婉的父母下过了聘礼，而且唐婉的父母愉快地接受了，双方便形成了婚约。而有了婚约，就说明唐婉已经是陆游名义上的妻子，两个人之间的关系既受法律的保护，又受道德的约束。

02 尚书第府，洞房花烛

有了双方父母订下的婚约，陆游和唐婉虽然已经是名义上的夫妻，见面也已经是名正言顺的事情，但因那时是封建社会，即便是名义上的夫妻，结婚之前，也不能想约会就约会。尽管处在热恋中的陆游与唐婉朝思暮想，也只能借助诗词来表达彼此的情感，把相思之意流露在字里行间。

好在陆家和唐家是姑舅表亲，陆游常以拜访舅舅为名，去唐府与唐婉相见。相思的日子总是那么漫长，而相会的时间却总是那么短暂。陆游每一次离开唐府时，他与唐婉都是难舍难分。

两个人之间依依不舍的感情，被唐婉的父亲唐闳和母亲李氏媛体察得一清二楚。夫妻俩觉得，既然两个孩子相爱到这种程度，而且已经到了婚配的年龄，不如早一点把两个孩子的婚事办了，免得让两个孩子总是忍受相思之苦。

于是，作为舅舅和舅妈，唐闳夫妇把自己的想法和外甥陆游说了，让他与父母尽快商量一下，择一良辰吉日，把唐婉迎娶过门。

听了舅舅和舅妈的话，陆游非常高兴，马上回家向父母说了迎娶唐婉的事。陆游的父亲陆宰和母亲唐氏高兴地接受了唐家的建议，随即开始准备为陆游和唐婉举办婚礼。

在山阴（今浙江省绍兴市境内），陆家是名门望族。陆游的父亲陆宰为人正直，心胸豁达，怀有满腔的爱国之情，与之来往的人，大多都是非同一般的仁人志士。虽然陆游只有 19 岁，却已经是名声在外了。

陆游有两个哥哥，大哥叫陆淞，二哥叫陆濬，都是读书有学问之人。大哥陆淞官至会稽县（今属浙江省绍兴市）知县。据明朝高僧释无尽所撰的《天台山方外志》中记载："陆淞，字子逸，会稽人，右丞相陆佃之孙，绍兴间建秘书阁省，淞与校勘之职，宰天台，遂家焉，有《乐府集》行于世。"陆淞在任职于天台县（今属浙江省台州市）知县时，勤政爱民，颇得民心和朝廷赏识。清朝嘉庆年间版的《陆氏宗谱》，对陆淞有着这样的记载："任满，朝廷以公非百里材，升授江西广信府知府。时将赴命，百姓遮道泣留者以万数，不啻河内之祝宋均，车辙之攀刘宠也。事闻于朝，深加奖励，令食知府俸，留任于台。士民乃惬所望焉。"后来，陆淞将家安在了天台县。

陆游的二哥陆濬官至岳州（今湖南省岳阳市）知州，曾任泉州（今福建省泉州市）通判，是一位办实事的笃厚君子。时任绍兴府（今浙江省绍兴市）签判、被宋高宗亲擢为状元的王十朋，在《送陆通判·其一》这首诗中，以"弟兄不减云间陆"来赞誉陆濬、陆游弟兄二人。

陆游的大哥是一位非常有名气的词人，写词的水平非同一般。这一点，从他的一首《瑞鹤仙·脸霞红印枕》就足以得到证明：

脸霞红印枕，睡觉来、冠儿还是不整。屏间麝煤冷，但眉峰压翠，泪珠弹粉。堂深昼永，燕交飞、风帘露井。恨无人说与相思，近日带围宽尽。

重省，残灯朱幌，淡月纱窗，那时风景。阳台路迥，云雨梦，便无准。待归来，先指花梢教看，欲把心期细问。问因循过了青春，怎生意稳？

这是一首闺怨词，把一个思妇的心理刻画得惟妙惟肖，淋漓尽致。

上阕的意思是：红霞般的脸蛋印着枕痕，一觉刚刚醒来，衣冠零乱也懒得去整。彩屏内水墨丹青透着冷意，但见丽人紧锁眉头，盈盈泪珠打湿脸上脂粉。白昼漫长庭院深深，燕儿双飞嬉戏在风帘露井。可恨身边没有一个人，能陪她诉说相思深情，近来衣带宽松得叫人惊心。

下阕的意思是：一再地回想当年的幽会，残灯映照朱红帷幔，淡淡月光从纱窗透进，那时情景多么缠绵迷人。如今，通向他的路那么遥远，纵然想在梦中欢会，也一样没有定准。等到他归来时，要先让他去看败落的花枝，再把心中期盼之情细细盘问。问他为何怠惰耽误了青春，怎么会那样忍心？

这首词，非常细致入微地展现了一位思妇因景伤怀、回忆往事及梦想、设想将来的心理发展轨迹，生动感人。尤其是"脸霞红印枕"一句，创意独特，清新别致，富有情趣，堪称经典。全词语句华美，脉络清晰，无疑是一首闺怨题材的佳作。

陆宰和夫人唐氏经过商量后，决定把陆游的婚礼办得隆重一些，热闹一些。因为陆家与唐家是姑表亲，陆游与唐婉结为夫妻是亲上加亲，把婚礼办得风光一些，对于两家来说，都有面子。

陆宰和唐氏夫妇依照当时婚姻嫁娶的风俗习惯，给陆游和唐婉合了两人的生辰八字，并及时过了聘礼，完成了婚前所有应该做的事情。

宋高宗绍兴十四年（1144年），位于山阴老城区的尚书第府张灯结彩，一派喜气洋洋。20岁的陆游身着官服，迎娶比她小3岁的表妹唐婉为妻。

陆游所穿的官服，不同于一般的读书人娶亲时所穿的官服，而是实打实的官服。他12岁的时候，因为父亲陆宰在抗金战争中，曾负责供应粮草，因此立过战功。按照那时宋朝的惯例，子孙可以凭借父祖的功劳，获得任官的权利。在陆家的三个男孩中，由于陆游聪明伶俐，写诗作文样样在行，朝廷便把这一殊荣赐予了陆宰的小儿子陆游，封他为登仕郎，赐乌纱帽一顶。登仕郎是文散官名，级别为正九品。

在出门迎亲之前，陆游先做了献祭、跪拜，并接受了父亲陆宰的训导："往迎尔相，承我宗事。勉率以敬，若则有常。"陆游恭恭敬敬地回答说："诺！惟恐不堪，不敢忘命。"

接受完父亲的教诲，陆游就带着迎亲队伍出发了。这条路，陆游不知道走了多少次，已经熟悉到闭着眼都能数出路边的景致。可今天他走在这条路上，竟觉得与往日不同，似乎这条路变得格外漫长，有种咋走也走不到尽头的感觉。其实，路还是那条路，只是陆游想见到唐婉的心情非常急迫，总觉得路已经走了很久很久。

最终，迎亲的队伍到达了唐府门前。一时间，唐府门前鞭炮齐鸣，鼓乐喧天，热闹非凡。此时，早已等候在门外的唐家人，向迎亲车队奉上了酒、茶以及彩色丝绸和小饰物。

唐府内，唐婉的父亲唐闳端坐在椅子上，正谆谆告诫唐婉："敬之、戒之。夙夜无违舅姑之命。"唐婉的母亲李氏媛一边忙着给唐婉整理头饰和披肩，一边也在教导她："勉之、敬之。夙夜无违尔闺门之礼。"

乐队的人吃饱喝足后，再次奏起乐曲，并且一阵紧似一阵，这是在催促新娘早点上轿。唐婉含着泪，给父亲和母亲各自深施一礼，然后由婶婶、姑姑、姐姐送至内室门口。她们再次帮唐婉整理衣裙，煞费苦心地告诫唐婉："谨听尔父母之言，夙夜无衍。"这时，七大姑八大姨之类的亲戚簇拥进来，引领着唐婉往外走去。

用人们也正在忙碌着往外抬嫁妆。人们抬着一件件的嫁妆，排了长长的一排，远比陆家送来的聘礼多得多。唐婉极力地控制自己的情绪，可眼泪还是情不自禁地流了出来。

宋代时期有一个奇怪的现象，就是娶媳妇容易嫁姑娘难。当时，商品经济繁荣，婚姻论财成了当时社会的显著现象，由此不可避免引发了高陪嫁之风，嫁妆的数量往往比聘礼还要多。北宋三苏之一的苏辙，也就是苏轼的弟弟为了给女儿筹办嫁妆，竟卖了河南新乡的一块好地，从中拿出 9400 贯作为女儿的陪嫁，苏辙因此在日记中把此事说成是"破家嫁女"。

陆游见新人唐婉从门口出来了，就立即迎上前去。哪知，那些人站在门口开始唱了起来："新娘领出门，礼多方才好。此不比平常买卖，十万绑一起才够。"听到这些唱词，有备而来的陆游马上回应道："自古以来，绅士不带金。"陆游的话音刚落，身边的随从便依照规矩，抛撒事先准备好的红包。就在孩子们哄抢红包的时候，新娘唐婉被陆游送上了花轿。

黄昏的时候，陆游带着迎亲的队伍，抬着丰厚的嫁妆，吹吹打打地回到了陆府，将花轿停在了一条青毡铺成的甬道前。

按照当时的习俗，新娘的脚是不能踩踏在地上的。在古人看来，天地都是神，新娘的脚踩踏在地上，就会冲犯地神。唐婉被两个女亲眷搀扶着走下花轿，沿着青毡甬道，跟在一个手拿铜镜、倒着走的女人的后面，进入陆府的中门，来到了一间雅室。在这里，唐婉略作休息。

坐在雅室里，唐婉自觉手足无措，内心有些紧张。好在没有多大工夫，婚礼便正式开始了。

陆游和唐婉先拜了天地，而后又拜了父母。在夫妻对拜的时候，进行了"结发"仪式。这个仪式，就是伴娘把陆游和唐婉的发髻打散，一边吟唱着诗句，一边把二人的头发系在一起，梳成顶髻。这个仪式完成后，也就代表二人正式开始了夫妻生活。

但此时，整个婚礼仪式还没有全部完成。接下来就是喝"合卺酒"，也就是现在的交杯酒。伴娘拿过两个钵底用红、绿丝线打成同心结的紫金钵，分别递给陆游和唐婉，然后斟上酒。在伴娘的吟唱中，陆游和唐婉各自一饮而尽。

按照习俗，唐婉用力掷下紫金钵，陆游轻轻地往上抛起。两支紫金钵便如人们期待的那样，唐婉的杯子落地后跳起，陆游的杯子落地后寂然不动，人们为此大声叫好。原来，这一现象，被人们认为是生男孩的吉兆。

婚礼的最后一项，便是伴娘将一对新人送入洞房。随着伴娘的吟唱，新郎陆游从新娘唐婉的花冠上摘下一朵花，唐婉伸手解开新郎花冠上的绳结，花朵与绳结一起散落到床上，温馨而浪漫。

陆游缓缓地放下床上的帐幔，看热闹的亲人便唱着贺诗贺词退出了婚房。随着一声关门声，婚房进入无比安静的时刻……

03 菊花枕囊，难留爱恋

宋高宗绍兴十四年（1144 年），20 岁的陆游，迎娶 17 岁的表妹唐婉为妻。结婚的第二天，陆家从大宴宾朋开始，一件件地进行着回门之类的婚后礼。直到 3 个月后，新媳妇唐婉走进陆游家的祖庙，完成上香、祭祀等必要的礼节，两个人的婚礼仪式才算全部完成。

新婚燕尔，陆游和唐婉卿卿我我，恩爱有加，开启了一段快乐的时光。而这段时光，无疑是他们二人一生中最为快乐的一段时光。

唐婉自幼喜读诗词书画，尤其善于作诗填词，这使得她和陆游有了更多的共同话题。他们谈诗论词，常常从苏轼的旷达豪放，说到李清照的清丽婉约。有时，两个人的见解虽然有些不同，但各自对诗词的领悟，还是让对方心生敬意，而这些，无形之中增加了夫妻间的情感。结婚后，二人如胶似漆，缠绵悱恻，借诗喻情，用词抒意，沉醉在爱的天地里，誓言要把爱的缠绵延续一生。

陆游读书的时候，唐婉总是默默地陪伴夫君的身边。唐婉担心陆游读书太过劳累，常常亲自下厨，为陆游熬制提气养神的莲子羹。陆游端着盛满爱意的莲子羹，甜蜜在嘴里，幸福在心里，对唐婉既充满感激，又疼爱有加。

有一次，唐婉偶然听说晒干的菊花能清热怡神，醒脑明目，便马上行动，亲手采了很多菊花。经过精心的晾晒后，唐婉给陆游缝制了一个精美的菊花枕。

晚上，陆游躺在菊花枕上，拥着温柔贤惠的唐婉，在淡淡的花香中，缱绻入眠。这样的彼此依偎，陆游觉得自己是人世间最幸福的人。为此，他写了一首情意缠绵的《菊花枕》赠送给唐婉，用以见证他们的爱情。

> 余年二十时，尚做菊枕诗。
> 采菊缝枕囊，余香满室生。

菊花枕是一种传统药枕，它是将枕中所盛的菊花、川芎、丹皮、白芷等中药，利用睡眠时头部温度及头部的压力使药物的有效成分散发出来，通过呼吸经过肺部而进入血液循环，从而达到防病治病、养生保健的目的。

后来，陆游在 63 岁时，还作有两首《菊枕诗》。

其一：

> 少日曾题菊枕诗，囊编残稿锁蛛丝。
> 人间万事消磨尽，只有清香似旧时。

其二：

> 采得菊花做枕囊，曲屏深幌闷幽香。
> 唤回四十三年梦，灯暗无人说断肠。

陆游的一生，气度宽广，洒脱豪放，而他偶尔的无奈和伤感，总能让人心酸不已。《菊枕诗·其一》这首诗，体现了一种浓郁的人情味，平和而动人。就客观而言，再香的菊花枕，跨越四十多年的岁月，都已经馨香不再。陆游借助"消磨"两字，暗衬他胸中大志被现实无情磨砺，少年时的豪气干云已经不再拥有，自己早就将功名事业、雄心壮志放下了。而结尾的一句"只有花香似旧时"，尽现了陆游对逝去爱情的追忆，以及对唐婉的怀念和歉疚。

《菊枕诗·其二》这首诗，依然表达了诗人对唐婉的思念之情。迎娶唐婉时，他才 20 岁，而眼下他已经是一个 63 岁的老人了。43 年弹指一挥间，可菊花枕一直是陆游记忆中的独特存在。当他再次见到有人给他送来菊花枕时，竟触物伤怀，在昏暗的灯光下，发出"无人说断肠"的感叹。

也难怪陆游对唐婉念念不忘，怀念一生，因为唐婉这个女子实在是太出色了。自从陆游与唐婉结婚后，唐婉一直不满足于仅仅做一个贤妻，更努力地做婆婆的一个好媳妇。虽然婆婆是他的亲姑姑，但她非常注意自己在婆婆面前是一个儿媳的角色，一直对婆婆恭敬有加。对此，陆游在《夏夜舟中闻水鸟声甚哀若曰姑恶感而作诗》中写道：

> 女生藏深闺，未省窥墙藩。
>
> 上车移所天，父母为它门。
>
> 妾身虽甚愚，亦知君姑尊。
>
> 下床头鸡鸣，梳髻著襦裙。
>
> 堂上奉洒扫，厨中具盘餐。
>
> 青青摘葵苋，恨不美熊蹯。
>
> 姑色少不怡，衣袂湿泪痕。
>
> 所冀妾生男，庶几姑弄孙。
>
> 此志竟蹉跎，薄命来谗言。
>
> 放弃不敢怨，所悲孤大恩。
>
> 古路傍陂泽，微雨鬼火昏。
>
> 君听姑恶声，无乃遣妇魂？

诗中说，每天鸡叫头一遍的时候，唐婉就已经起床了。她先穿好衣服，梳好发髻，把自己收拾停当，便开始打扫庭院，下厨做饭。一件件事情都做得一丝不苟，严寒酷暑从不间断。婆婆稍微有点不高兴，唐婉就暗自垂泪，以为自己哪做得不够好。

其实，不是唐婉不够好，而是陆游的母亲唐氏觉得陆游是自己三个儿子中，最为出色的一个，将来一定最有出息。因此，唐氏把考取功名、光宗耀祖的希望，寄托在了陆游的身上。

唐氏见陆游整日同唐婉吟诗作画，恩爱缠绵，把科举课业和功名前程都抛在了脑后，总觉得是自己的侄女唐婉太过于放纵，进而导致陆游玩物丧志，耽误了学业。一开始，唐氏还顾及姑姑与侄女的情面，只是告诫唐婉不要与陆游沉迷于儿女私情。后来，见小夫妻俩依然如胶似漆，唐氏便开始天天给唐婉脸色看。尤其当唐婉久未生育时，唐氏更是心生怨气，就找各种理由指责唐婉的不是。

也许还看在姑姑与侄女的亲情分上，初期唐氏还没有下定决心让陆游休妻再娶，只是默默地叨念着要抱孙子。唐氏甚至还到处拜佛，为陆游和唐婉求子。但事与愿违，唐婉在与陆游朝夕相伴的三年中，始终没有怀孕生子，似乎在冥冥之中，有一种难以抗拒的魔力，在一点点地蚕食着陆游和唐婉的爱情。

有一天，唐氏领着唐婉来到当地一家香火很盛的庵堂。唐婉一直期盼着能和陆游有爱情的果实，便跪在蒲团上，虔诚地叩拜着。

这天，有一个当地的恶少恰巧也在这个庵堂内。看见唐婉姿色出众，娉婷动人，恶少不禁色由心起，就动了邪恶之心。可唐婉拜完，就跟着婆婆往回走。恶少见没有机会动手，就在那里皱着眉头想歪主意。

这时，庵里的一个老尼姑见恶少看着唐婉的背影发呆，就猜到他没想好事。而这个老尼姑恰恰不是什么好人，常靠哄骗人来赚钱。这一次，她感到又得到了一次发财的好机会。

老尼姑悄悄地溜到恶少的背后，拍了他一下说："大官人，那是陆府陆公子的媳妇儿，怎么样，长得标志吧？"恶少吓了一跳，回头一看，是庵里的老尼姑。他早就知道，这个老尼姑常替人做些坑蒙拐骗的恶事，也就放下心来。

老尼姑说："看大官人愁眉紧锁，不知道贫尼能不能帮上什么忙？"

恶少见老尼姑这么主动，就想，不如将所想之事说给这个老尼姑听，说不定这个老尼姑就能帮上什么忙。于是，他就对老尼姑说："不瞒师太，我自从看见刚才那个大美人，就觉得人世间一些美女都是俗不可耐，一心爱慕她，想和她亲近。如若不能与美人相拥，这辈子还有什么意思啊？"

老尼姑一听，心里便想，你这个貌如豺狼的杂毛，也想癞蛤蟆吃天鹅肉？真是自不量力！不过，当她看见恶少那沉甸甸的钱袋，眼睛再也挪不开了。她转念一想，如果给他办成这件偷鸡摸狗的事儿，估计少不了好处。于是，她满脸堆笑地对恶少说："大官人和那小娘子真是天造地设的一对，能促成这桩好事，也是贫尼我行善积德。只不过这庵破衫薄，还望大官人多多帮忙。"

恶少一听老尼姑能帮他办成此事，心里乐开了花，就满口答应事成之后定有重谢。于是，老尼姑便和恶少约好，下个月十五再来庵中，帮助恶少办成心想之事。

过了几天，老尼姑去了陆府。见到陆游的母亲唐氏后，老尼姑说："那天你们刚走，大殿里的神像忽然显灵，说感受到你们的诚意了。切记下月十五再去还愿，定能心想事成。不过，再去时，要所求之人独自前往，方能显示诚意。"

老尼姑的无稽之言，竟然让唐氏深信不疑。唐婉虽有疑惑，但见婆婆心意已定，也不好再说什么，只好应下了。

转眼就到了十五。这天，天下着小雨，上山参拜的人很少。唐婉一个人提着贡品来到了庵堂。老尼姑将唐婉迎了进来，很热情地说："娘子的衣衫都被这山雨打湿了，不如先进禅房休息一下，反正今天没有别的香客。"

唐婉一想，衣衫不整地拜佛，唯恐是对佛主的不敬，休息一会儿未尝不可，就跟着老尼姑来到了禅房。老尼姑把唐婉引进禅房，一转身就出去了，把门也锁上了。唐婉感到事情不对劲，就用力地敲门叫喊，可是没有人回应。

这时，那个恶少从禅房里面走了出来，看着唐婉嬉皮笑脸地说："娘子莫惊慌，小生有礼了！"

唐婉惊慌地看着恶少。只见他上下两片薄嘴唇咧开着，长得像恶煞一样。恶少看见唐婉满眼惊慌，更觉得可爱，一下就扑了上去。唐婉很是惊恐，大声地喊着救命。

这时，禅房的窗子猛地被踢开，一个人影闪了进来。只见来人一脚将恶少踢开，并迅速地制伏了恶少。就在那个人低头询问唐婉有没有受伤时，恶少趁机从窗户逃走了。

那个人迅速将唐婉从禅房里救了出来，唐婉这才看清楚，救她的人是一个青年。这人放开唐婉，恭恭敬敬地行了一礼说："在下赵士程，路过这里听见娘子呼喊，便觉得救人要紧，就没有顾及礼数，多有得罪。"

唐婉一听说是赵士程，几乎是喜极而泣。原来，唐婉曾经在家中见过赵士程。赵士程与陆游是比较熟悉的文友。陆游和唐婉刚结婚不久，赵士程与几位文友到陆游家做客，就有幸见到了才貌双全的唐婉，内心曾惊为天人，因此特别羡慕陆游才子佳人的爱情。

唐婉还礼道谢后，就把事情的前前后后说给了赵士程。因与陆游是文友，又见唐婉柔弱无依，赵士程便决定亲自将唐婉送回陆府，并向陆游说明情况。

到了陆府，赵士程说明了事情的前前后后，陆游十分心疼。可此时，唐氏却指责唐婉水性杨花，不守妇道，埋怨唐婉给家族蒙羞。

过了几日，唐氏又去龙华寺拜佛。当她向寺院和尚报上陆游和唐婉的生辰八字时，和尚掐算了一番，便装模作样地叹息道："唉！这两人在一起，命中无子，家门不幸啊！"说完，和尚便斜视了一下唐氏，意思是等唐氏给他钱来求破解。哪曾想，唐氏心里一着急，没了给钱的心思。没收到唐氏的钱，和尚很生气，就口不择言地说："除非出妻，否则性命不保！"

唐氏听了和尚的话，更加坚信唐婉是陆家的扫把星，是陆游前程上的绊脚石。于是，原本对唐婉心存的那点姑姑与侄女之间的亲情，消失殆尽。从此，她开始不遗余力地棒打鸳鸯，而且理由非常地冠冕堂皇。

从《夏夜舟中闻水鸟声甚哀若曰姑恶感而作诗》这首诗中的"所冀妾生男，庶几姑弄孙。此志竟蹉跎，薄命来谗言。放弃不敢怨，所悲孤大恩"这六句，就可以看出陆游站在爱情和亲情的十字路口，心如刀绞。无论他往左走，还是往右走，其结果都一样，要么伤害自己的母亲，要么伤害自己的爱妻。虽然陆游重情重义，但他首先还是一个大孝子，在"不孝有三，无后为大"的思想下，陆游最终还是妥协了，无奈地放弃了自己的心爱之人。

04 一纸休书，劳燕分飞

宋高宗绍兴十六年（1146 年），22 岁的陆游于迎娶表妹唐婉的第三个年头，在母亲唐氏的逼迫之下，忍痛割爱，写下了一纸休书，将唐婉送回娘家。

休书一般指的就是休妻，是中国封建社会的一种不合理的法律制度，但却是公认的，合法的。

在中国古代，如果男女双方要终止或解除婚约关系，就必须由男方家出具离婚书或休书。自汉代以来，婚姻制度虽然赋予妇女离婚的自由，但也给予丈夫更大的休妻特权。丈夫无需任何法律手续，只要写一纸休书，就可以责令妻子离开夫家，他们的夫妻关系就算解除了。中国古代休妻有"七出"规定，也就是休妻的七个条件：无子；淫；不顺父母；口多言；盗窃；妒忌；有恶疾。其实，这"七出"不仅是自私的，也是极不人道的。特别是其中的"无子"和"有恶疾"两条，丝毫不关妇女的品质问题。

后来，随着社会的发展，又针对休妻提出了"三不去"规定，就是休妻的三点限制：一是有所取无所归。是指结婚时女方父母健在，休妻时已去世，原来的大家庭已不存在，休妻等于使其无家可归。二是与更三年丧。就是和丈夫一起为父亲或母亲守孝三年的不能被休。三是前贫贱后富贵。就是结婚时贫穷、后来富贵的不能休。

其实，休妻是中国古代丈夫享有的离婚特权。休妻完全以丈夫和其父母的意志为转移，离婚不必经过诉讼程序，只要丈夫一方有意思，写封休书就解决了。因此说，在中国封建制社会，离婚是丈夫的特权，妻子则无离婚权。

陆游一纸休书解除了他与唐婉的夫妻关系，但实际上他并没有将唐婉送回家，而是在外面偷偷购置了一处小院，把唐婉安置在小院里住下，可谓是金屋藏娇。

小院虽然不大，但栽满了菊花，院子里的环境温馨而雅致。

唐婉住进小院后，陆游便瞒着母亲，经常悄悄地来到小院里与唐婉幽会，表兄表妹两个人举案齐眉，恩爱依旧。

俗话说：常在河边走，哪有不湿鞋？陆游经常外出，有时还彻夜不归，便引起了母亲注意。精明的唐氏有一种预感。有几次，陆游刚一出门她就悄悄地跟在后面，但都被陆游发现，机智地躲过去了。

可纸终究是包不住火的。后来，唐氏还是找到了唐婉居住的那个小院。见到唐婉，唐氏勃然大怒，命下人把院子里的东西砸的砸，扔的扔，并严令二人不许再有任何来往。

为了以防万一，唐氏还派人把唐婉送回了娘家，也就是自己的弟弟家。唐婉肝肠寸断，哭得像一个泪人一样。临行，唐婉将一盆断肠红送给了陆游。断肠红是一种红色秋海棠。

唐婉离开那个小院后，陆游就像丢了魂一样，茶饭不思，神不守舍，一直想着唐婉，做梦都与唐婉复合。他常常对着那盆断肠红发呆，一看就是大半天。后来，他把那盆断肠红取名为相思红。

很长的一段时间，陆游每天都沉浸在回忆之中，不能自拔。他想念唐婉，想念他们相处时的点点滴滴，根本没有心思读书求学。

为了让陆游尽快走出这段感情，彻底忘掉唐婉，他的母亲唐氏托媒人给陆游介绍了王氏。

绍兴十七年（1147 年），23 岁的陆游与王氏步入了婚姻的殿堂。

王氏比陆游小两岁，是湖湘澧州（今湖南省澧县）刺史、蜀郡蜀州（今四川省崇州市）人王诺之女。王氏性格温婉，知书达理，品貌俱佳。

在陆游的母亲看来，让陆游医治情感的伤疤，最好的办法，就是用新的夫妻感情，来替代曾经的一段夫妻感情。因此，在唐婉走后没多久，陆游便无奈地听从母亲的安排，将王氏迎娶进门。

此时，陆游的眼里，除了唐婉已再无他人。别说王氏，就是比王氏更漂亮的女子，也无法激起他心底的波澜。他之所以答应母亲迎娶王氏，是不想违背母亲的意愿，不想做一个不孝之子。自迎娶王氏的那一天起，陆游只是和王氏过着相敬如宾的生活，似乎是为了尽一种责任，而不是真心相爱。直到宋宁宗庆元三年（1197 年）王氏去世，与陆游风雨同行整整 50 年，称之为"金婚"，为陆游生下 5 个儿子、两个女儿共 7 个孩子，为陆游和他们的家操持了一生，也没能走进陆游的心里，没能成为陆游的知音或知己。

陆游与王氏结婚后，很快就抛弃了儿女私情，开始发奋读书。就这个结果看，或许唐氏当时的做法有一定的道理。

不久后，传来了唐婉再度穿上新嫁衣嫁人的消息，这让陆游如五雷轰顶一般。

原来，唐婉回到娘家后，与陆游偶有书信，并未彻底断绝关系。唐婉一直坚信，陆游早晚会来接自己回到陆家。可她等来的，却是陆游迎娶王氏的消息。为此，唐婉伤心欲绝，每日茶饭不思，如同行尸走肉一般。

唐婉被陆游休妻并送回娘家后，唐婉的父母既生气又窝火。在他们看来，即便唐婉不能生育，可陆家是官宦之家，也完全可以通过纳妾来解决传宗接代的问题。至于陆游沉迷温柔乡，不好好读书，那也是陆游自身的问题，和唐婉并无关系。所以，他们既恨唐氏不念手足，也恨陆游太过于薄情。因此，当他们听说陆游再娶，就坐不住了，立即给唐婉张罗婚事，发誓要把女儿嫁入一个比陆家更好的人家。

陆游结婚没多久，唐婉便成为都城绍兴府人士赵士程的新娘。

赵士程是宋仁宗第十女秦鲁国大长公主的侄孙、宋太宗玄孙嗣濮王赵仲湜的第七子。别看赵士程是正宗的皇家后裔，出身尊贵，但他温文儒雅，是个宽厚重情的谦谦君子。历史上，虽然他的知名度不高，但他写的《乌山石志》，却对福建历史上第一本地方志《三山志》产生了重大影响。尤其他对唐婉的爱情，更是被人们所称颂。

因为陆游是赵士程比较熟悉的文友，又在陆游家见过唐婉，知道唐婉是一位才貌双全的佳人。尤其是那次在庵堂救了唐婉一次，更让他怀有一种英雄救美人的奇妙感觉。

当他听说陆游休妻再娶王氏后，对唐婉平添了无限的同情与体谅。所以，当媒人来提亲的时候，他毫不犹豫地答应娶唐婉为妻，并暗暗发誓，不会再让唐婉受到丝毫伤害，一生一世只爱她一个人。

在人们的眼里，唐婉性格温婉、柔弱。可事实上，她遇事有主见，内心刚强，尽管她深知自己深爱的人是陆游，但还是决绝地嫁给了赵士程。

05 沈园初遇，对词绝唱

　　唐婉再婚嫁给赵士程的消息传来，陆游独自待在书房里，发呆，发傻。与唐婉曾经相亲相爱的场景，一幕幕出现在陆游的脑海里，恍如一场梦。此时，他心痛欲裂。可上帝，并没有因此而放过陆游。

　　宋高宗绍兴十八年（1148 年）六月，就在陆游的心伤还没愈合之时，又遭受了另一场打击。他的父亲、一代藏书大家陆宰走完了人生 61 载的历程，撒手人寰。

　　就在陆宰过世后不久，陆游的妻子王氏果然不负陆母所望，陆游的长子子虡出生。两年后，陆游的二子子龙出生。陆游的一生共有七个儿子：除了长子子虡和次子子龙外，还有三子子修，四子子坦，五子子约，六子子布，七子子聿。陆游还有三个女儿。十个孩子中，有五男两女为王氏所生，另两男一女为姜杨氏所生。

　　陆游在给父亲丁忧期间，更加用功读书，学识水平迅速提升，成为名震一时的人物。

　　文人大多是感性的。尤其是宋代文人，喜欢寄情山水，借以抒发自己心中的远大志向和博大胸襟，仿若大自然的山山水水，就是释放自己情感的知音。而陆游恰恰就是这种感性之人。

"省试"失利、父亲过世、曾经的爱人再嫁……在这一连串事件的打击之下，陆游的内心备感凄凉。为了排遣愁绪，他时而徜徉在青山绿水之间，时而闲坐于山村野寺之内；时而出入酒肆把酒吟诗，时而浪迹街上狂奔高歌，悠游自在，纵情山水间，心游尘世外。

绍兴二十一年（1151年）三月初五，也就是大禹祭奠日的这一天，春光明媚，心情郁结的陆游躲开庙会上熙熙攘攘的人流，漫步于沈园之中，在一座小桥上驻足遥望。

大禹祭典是绍兴最为传统、最为隆重的民俗祭典活动，历史悠久，代代传承。每年的三月初五，也就是大禹诞辰这一天，绍兴都要举行多种多样的祭典活动。2006年5月，大禹祭典被国务院批准列入第一批国家级非物质文化遗产名录。

沈园位于绍兴禹迹寺旁边，占地70多亩，是南宋时期一位沈姓富商所建的私家花园。沈园独具江南特色，小桥流水，绿树成荫，亭台楼阁点缀其中，优雅别致，文人墨客常常来此游览，并赋诗作画。

陆游站在小桥之上，见桥下流水潺潺，鱼儿追逐嬉戏，心情也像流水一样轻柔畅快。

不远处的海棠花开成红红的一片，吸引了陆游的目光。他似有所思：相思红，多好的名字啊？可你偏偏又叫断肠红！一样的花，为什么要有两个名字呢？自己和唐婉又何尝不是两个相思断肠的人呢？他满腹惆怅地收回目光。没想到，就在此时，他一眼看见了对面款款而来的锦衣女子，这个女子，就是他曾经爱的人、曾经与他举案齐眉的妻子唐婉。

刹那间，时光与目光似乎都凝固了。陆游与唐婉谁也没想到，他们劳燕分飞、男婚女嫁多年后，竟是这样不期而遇。两个人的目光胶着在一起，都有一种恍若隔世的感觉，竟然不知是在梦中还是在现实中。四目相对，彼此的眼神中，包含着的是爱情？是怨恨？是思念？还是怜惜？千般心事，万般情怀，两个人竟不知从何说起。

陆游与唐婉对视一会儿后，还是唐婉先回过神来。只见她抬起沉重的脚步，留下深深的一瞥后，便与丈夫赵士程一起离开了，留下了怔在小桥上的陆游。

和风吹来，猛然吹醒了沉在旧梦中的陆游。他不由得追逐着唐婉的身影，来到池塘边的柳树下。远远的，陆游看见唐婉和赵士程在池中水榭上吃东西。隐约中，唐婉低首蹙眉，有意无意地伸出玉手红袖，与赵士程浅斟慢饮。这一似曾相识的场景，看得陆游心都碎了。

偏在这时，豁达的赵士程以唐婉的名义，派下人给陆游送来酒菜，然后带着唐婉离开了沈园。显然，赵士程也看见了陆游，但此时此刻，他也不知道应该怎么与陆游打招呼。

岁月改变了两个人的容颜，也改变了两个人的身份，一个变成了王氏的丈夫，一个变成了赵士程的妻子。但两个人的情还在，爱还在，而且只需一个眼神，便如同星星之火。昨日旧梦，今日痴怨，一股脑地充斥在陆游的心中。他望着远去的唐婉的身影，失意怅然，眼泪簌簌而落。他仰天长叹一声，端起酒杯，连同眼泪一齐饮下。酒入愁肠，诗意泉涌，陆游提起笔，在一堵粉墙上题下了千古绝唱《钗头凤·红酥手》：

红酥手，黄縢酒，满城春色宫墙柳。东风恶，欢情薄。一怀愁绪，几年离索。错，错，错！

春如旧，人空瘦，泪痕红浥鲛绡透。桃花落，闲池阁。山盟虽在，锦书难托。莫，莫，莫！

这首词的意思是：你红润酥腻的手里，捧着盛上黄縢酒的杯子。春色满城，你却早已像宫墙中的绿柳那般遥不可及。春风多么可恶，将欢情吹得那样稀薄。满怀的忧愁情绪，离别几年来的生活十分萧素。遥想当初，只能感叹：错，错，错！春景依旧，只是人却憔悴消瘦。泪水洗尽脸上的胭脂，又把薄绸的手帕全都湿透。桃花被风吹落，洒满清冷的池塘楼阁。永远相爱的誓言还在，可是锦文书信再也难以交付。遥想当初，只能感叹：莫，莫，莫！

《钗头凤·红酥手》这首词，描写了词人与原配唐婉的爱情悲剧。全词记述了词人与唐婉被迫分开后，在禹迹寺南沈园的一次偶然相遇的情景，表达了他们眷恋之深和相思之切，抒发了作者怨恨愁苦而又难以名状的凄楚痴情，是一首别开生面、催人泪下的作品。

词的上阕，追叙今昔相聚之异。开始的"红酥手，黄縢酒，满城春色宫墙柳"三句为第一层。抚今追昔，表现陆游和唐婉二人之间的丰富复杂的情感。"红酥手"以手喻人，抒写唐婉的靓丽仪容，表达词人的爱怜之心。"黄滕酒"是一种官酿的黄封酒，暗示唐婉捧酒相劝的殷勤之意。这一情境的描写，陡唤了词人无限回忆与感慨：当年的沈园和禹迹寺，曾是他和唐婉夫妻恩爱携手游赏的地方。曾几何时，鸳侣分散，爱妻易嫁，已属他人。而如今，虽然满城春色依旧，但是已经人事全非。"满城春色"为他们沈园把酒，勾勒出广阔而深远的背景，点明共赏春色的时间地点。"宫墙柳"虽是写眼前实景，但却暗含唐婉之变，现已可望而不可即了。此时，词中红的手、黄的酒、绿的柳构成的明艳色彩，顿时黯然全逝，没了欢快、幸福和美感。

"东风恶，欢情薄。一杯愁绪，几年离索。错，错，错"几句为第二层。这几句直抒胸臆，描写了词人与唐婉被迫离异后的痛苦。上面写春景春情，甜蜜美好，至此笔锋突转，激愤之情，破襟而出。"东风恶"三字，一语双关，含蕴丰富，是全词的关键所在，也是悲剧的症结所在。东风本来可使大地复苏，可使万物蓬生。这里却狂吹横扫，破坏春容春态，成为词的下阕"桃花落，闲池阁"的罪魁。这主要象征造成爱情悲剧的恶势力，当然包括陆母在内。"欢情薄。一杯愁绪，几年离索"这三句，是对"东风恶"的进一步控诉。美满姻缘被拆散，恩爱夫妻遭分离，他们蒙受折磨，遭受摧残，满怀愁怨。"错，错，错"一字三叠，血泪倾诉，到底谁的错？是自己吗？是唐婉吗？是陆母吗？这里没有明说，只有呼天唤地，悲愤无赖，欲怨不能。

词的下阕，词人直书别后相思之苦。换头"春如旧，人空瘦，泪痕红浥鲛绡透"这三句为第一层，写沈园重逢唐婉的表现。"春如旧"上承"满城春色"，点明此番相逢的背景。还是从前那个春日，还是从前那个地方，但是人却今非昔比了。她憔悴了，消瘦了，没了青春活力。"人空瘦"，表面写唐婉容颜形态变化，实则反映她内心世界的变化。"一杯愁绪"的折磨，"几年离索"的摧残，给她带来了多么大的痛苦啊？"人空瘦"中的一个"空"字，把陆游的那种怜惜之情、抚慰之意、痛伤之感，和盘托出。"泪痕"一词，通过刻画唐氏表情动作，表现她此番相逢的心态。旧园重逢，往事连连，她能不哭吗？她能不泪流满面吗？词人用白描的手法，写她"泪痕红浥鲛绡透"的委婉、沉稳，形象可感。这里的一个"透"字，不闻恸哭声，但见泪满巾。

"桃花落，闲池阁。山盟虽在，锦书难托。莫，莫，莫"这最后几句，是下阕中的第二层，写词人与唐氏相遇后的痛苦心情。"桃花落"两句，与上阕的"东风恶"句前后照应，又突出写景。而虽是写景，但同时也隐含出人事。桃花凋谢，园林冷落，这只是物事的变化，而人事的变化却更甚于物事的变化。像桃花一样美丽姣好的唐氏，也被无情的"东风"摧残折磨得憔悴消瘦了。词人自己的心境，也像"闲池阁"一样凄寂冷落。一笔而兼有二意极为巧妙，也很自然。下面又转入直接赋情，"山盟虽在，锦书难托"两句，虽然只寥寥八字，却很能表现出词人自己内心的痛苦之情。虽说自己情如山石，痴心不改，但是，这样一片赤诚的心意，却难以表达。明明在爱，却又不能去爱；明明不能去爱，却又割不断这爱缕情丝。刹那间，有爱，有恨，有痛，有怨，再加上看到唐氏的憔悴容颜和悲戚情状所产生的怜惜之情、抚慰之意，真是百感交集，万箭穿心，一种难以名状的悲哀，再一次冲胸破喉而出："莫，莫，莫！"意思是事已至此，再也无可补救、无法挽回，这万千感慨还想它做什么呢？说它做什么呢？于是，快刀斩乱麻：罢了，罢了，罢了！明明言犹未尽，意犹未了，情犹未终，却偏偏这么不了了之，而在极其沉痛的喟叹声中，全词也就由此结束了。

这首词，始终围绕沈园这一特定的空间，来安排自己的笔墨，上阕由追昔到抚今，而以"东风恶"转捩；下阕回到现实，以"春如旧"与上阕"满城春色"一句相呼应，以"桃花落，闲池阁"与上阕"东风恶"一句相照应，把同一空间不同时间的情事和场景，历历如绘地叠映出来。全词多用对比的手法，如上阕，越是把往昔夫妻共同生活时的美好情景写得逼切如现，就越使得他们被迫离异后的凄楚心境深切可感，也就越显出"东风"的无情和可憎，从而形成感情的强烈对比。

再如上阕写"红酥手"，下阕写"人空瘦"，在形象、鲜明的对比中，充分地表现出"几年离索"给唐氏带来的巨大精神折磨和痛苦。全词节奏急促，声情凄紧，再加上"错，错，错"和"莫，莫，莫"先后两次感叹，荡气回肠，大有恸不忍言、恸不能言的情致。

这首词，记述了词人与唐婉被迫分开后，在禹迹寺南沈园的一次偶然相遇的情景，表达了他们眷恋之深和相思之切，抒发了作者怨恨愁苦而又难以名状的凄楚痴情，是一首别开生面、催人泪下的作品。全词情感真挚，多用对比，节奏急促，声韵凄紧。

题完这首词，陆游再也没有心情待下去了，便落寞地离开了沈园。

没想到，《钗头凤·红酥手》一夜间火遍大江南北，被人们广为传诵，一时间大有"洛阳纸贵"的态势。

不久，这首词也传到了唐婉手里。唐婉看着这首词，往昔历历在目，只是无论她怎样叹息世事无常，也已经"今非昨"了。自从和赵士程结婚以后，赵士程便深居简出，不是陪她读书习字，就是与她吟诗作对，花前月下，赵士程像珍宝一样将她捧在手心里。即便她不生育，赵士程也顶住压力，决不纳妾。可以说，赵士程不仅对她体贴入微，而且还时时体谅她的过往。就这样，她那饱受创伤的心灵一点点地平静下来，并开始萌发新的感情。

与陆游的不期而遇，再度打开了唐婉封闭已久的旧日柔情，千般委屈、万般幽怨一下子喷薄而出。她哀伤不已，愁怨难解。于是，她以同调和了一首《钗头凤·世情薄》词，借以抒发自己的情感：

世情薄，人情恶，雨送黄昏花易落。晓风干，泪痕残。欲笺心事，独语斜阑。难，难，难！

人成各，今非昨，病魂长似秋千索。角声寒，夜阑珊。怕人寻问，咽泪装欢。瞒，瞒，瞒！

这首词的意思是：世态炎凉，人情淡薄，黄昏骤雨催花落。晨风吹干泪水，脸上残留泪痕，想写下心中愁思，却不知如何下笔，只能倚着斜栏自言自语。这一切怎么那么难，难，难！今时不同往日，咫尺天涯，我身染重病，就像秋千索。夜风刺骨，彻体生寒，听着远方的角声，心中再生一层寒意，夜尽了，我也很快就像这夜一样了吧？怕人询问，我忍住泪水，在别人面前强颜欢笑，只得瞒，瞒，瞒！

词的上阕交织着十分复杂的感情内容。开头的"世情薄，人情恶"两句，抒写了对于在封建礼教支配下的世故人情的愤恨之情。"世情"之所以"薄"、"人情"之所以"恶"，皆因"情"受到封建礼教的腐蚀。《礼记·内则》中记载："子甚宜其妻，父母不悦，出。"陆游的母亲就是根据这一条礼法，把一对好端端的恩爱夫妻拆散了。词人用"恶""薄"两字，来抨击封建礼教的害人本质，极为准确有力。词人对于封建礼教的深恶痛绝之情，也借此两字得到了充分的宣泄。"雨送黄昏花易落"，采用象征的手法，暗喻词人自己备受摧残的悲惨处境。阴雨黄昏时的花，原是陆游词中爱用的意象。唐婉把这一意象引入自己的词作当中，不仅有自悲自悼之意，而且还说明了词人与陆游心心相印，息息相通。

"晓风干，泪痕残"两句，写词人内心的痛苦，极为深切动人。被黄昏时分的雨水打湿了的花花草草，经晓风一吹，已经干了，而自己流淌了一夜的泪水，至天明时分，犹擦而未干，残痕仍在。这是多么地痛心啊！以雨水喻泪水，在古代诗词中不乏其例，但以晓风吹得干雨水，来反衬手帕擦不干泪水，借以表达出内心的永无休止的悲痛，这无疑是唐婉的独创。

"欲笺心事，独语斜阑"两句，是说词人想把自己内心的别离相思之情，用信笺写下来寄给对方，要不要这样做呢？词人在倚栏沉思独语。"难、难、难！"均为独语之词。由此可见，词人终于没有这样做。只因封建礼教的残酷不仁。这一叠声的"难"字，由千种愁恨、万种委屈合并而成，因此似简实繁，似少实多，上承开篇两句而来，以表现出处此衰薄之世做人之难，做女人之更难，做一个被休以后再嫁的女人难上加难。

下阕的"人成各，今非昨，病魂常似秋千索"这三句，艺术概括力极强。"人成各"是就空间角度而言的。词人从陆游与自己两方面设想：词人自己在横遭离异之后固然感到孤独，而深深爱着自己的陆游，不也感到形单影只吗？"今非昨"是就时间角度而言的，其间包含着多重不幸。从昨日的美满婚姻，到今天的两地相思；从昨日的被迫离异，到今天的被迫改嫁，这是多么不幸啊！但不幸的事儿还在继续："病魂常似秋千索。"说"病魂"而不说"梦魂"，显然是经过考虑的。梦魂夜驰，积劳成疾，终于成了"病魂"。昨日方有梦魂，至今日却只剩"病魂"。这也是"今非昨"的不幸。更为不幸的是，词人改嫁以后，竟连悲哀和流泪的自由也丧失殆尽，只能在晚上暗自伤心。

"角声寒，夜阑珊，怕人寻问，咽泪装欢"四句，具体倾诉出了词人自己的苦境。"寒"字状角声之凄凉怨慕，"阑珊"状长夜之将尽。这是彻夜难眠的人方能感受得如此之真切。大凡长夜失眠，愈近天明，心情愈感烦躁。而此词中的女主人公，不仅无暇烦躁，反而还要咽下泪水，强颜欢笑，心境之苦痛可想而知。结句以三个"瞒"字作结，再次与开头相呼应。既然可恶的封建礼教不允许纯洁高尚的爱情存在，那就把它珍藏在心底吧！因此愈瞒，愈能见出词人对陆游的一往情深和矢志不渝的忠诚。

与陆游的原词比较而言，陆游是把眼前景和经历事融为一体，又灌之以悔恨交加的心情，着力描绘出一幅凄怆酸楚的感情画面，故颇能以特有的声情见称于后世。而唐婉则不同，她的处境比陆游更悲惨。正如韩愈在《荆潭唱和诗序》所说的那样："和平之音淡薄，而愁思之声要妙；欢愉之辞难工，而穷苦之言易好。"词人只要把自己所遭受的愁苦真切地写出来，这就是一首好词。因此，这首词纯属自怨自泣、独言独语的感情倾诉，主要以缠绵执着的感情和悲惨的遭遇感动古今。两词所采用的艺术手段虽然不同，但都切合各自的性格、遭遇和身份。可谓各造其极，俱臻至境。合而读之，颇有珠联璧合、相映生辉之妙。

写完这首《钗头凤·世情薄》，唐婉茶饭不思，郁郁寡欢，甚至痛哭流涕。没过多久，积郁成疾，竟然一病不起。

赵士程虽然耐心开导，细心呵护，但奈何遍请名医，唐婉却心病难医。在人生弥留之际，多愁善感的唐婉写下一首《无题》：

君负妾者，妾未负君。

无负妾者，妾又负君。

一首《无题》写罢，唐婉便决绝地离开了她爱的和爱她的两个男人。

唐婉离世后，赵士程厚葬了她。赵士程精心守护唐婉十年，却没能成为唐婉的真爱对象，更没抵过陆游的一首《钗头凤·红酥手》。只是曾经沧海难为水，唐婉走后，赵士程投笔从戎，骁勇杀敌，四十几岁的时候，毫无遗憾地为国家战死在沙场。为此，后人作诗曰："留诗剑南歌放翁，沈园遗恨误相逢。香消玉殒魂何在，千古伤心赵士程。"

唐婉的离去，不仅给陆游留下了 50 年的温馨旧梦，也给他造成极大的心灵创伤。虽然斯人已去，旧梦难温，徒留物是人非的沈园，但陆游伤心的眼泪，就如同小桥下潺潺的流水，一直流淌，无尽无休。山阴（今浙江省绍兴市境内），总能轻易地叩开他情感的门扉，任往事一一浮现。所以，直到晚年，陆游依然不能忘记这一"惊鸿倩影"，每年都要游览禹迹寺，凭吊他和唐婉的爱情。

爱情装点了陆游的生活，但陆游的一生，并不全是爱情，还有责任，以及收复中原的梦想。

06 秦桧作梗，进士被黜

陆游为父亲陆宰守孝期满后，终于得以再次参加科举考试。而这一次参加考试，距离前一次参加"省试"，已经整整 10 年了。

宋高宗绍兴二十三年（1153 年），29 岁的陆游再次打点行囊，去临安（今浙江省杭州市）参加人生当中的第二次进士考试。陆游参加这次考试，与一般的考生有所不同，他参加的是锁厅考试。

所谓"锁厅考试"，就是专门为现任官员及恩荫子弟单独举行的进士考试。换句话说，这次与陆游一同应试的，都是一些有"背景"的人，他们不是现任官员，就是"高干子弟"，也就是现在所说的"官二代"。其中，最大的对手就是宰相秦桧的孙子秦埙。

秦桧是当朝宰相，于宋徽宗政和五年（1115 年）进士及第。他虽然博学多才，书法造诣颇深，在瘦金体的基础上，发扬创造了宋体字，但他擅权术，贪恋权力，在他两次拜相期间，结党营私，极力主和，是中国历史上著名的奸臣。他用尽各种手段迫害抗金将士，著名的抗金将领岳飞和他的儿子岳云就惨遭他的毒手。

秦桧害死岳飞这件事，给陆游以极大的震撼，多次用诗文表达了对岳飞之死的痛惜，以及对秦桧的憎恨。他在《夜读范至能揽辔录言中原父老见使者多挥涕感》一诗中写道：

公卿有党排宗泽，帷幄无人用岳飞。

遗老不应知此恨，亦逢汉节解沾衣。

这首诗的意思是：南宋初年，以宰相秦桧为首的主和派当权，主战派宗泽和岳飞等被排挤和受到迫害，沦陷区的父老虽不知这些可怕的事，但他们看到宋朝使者，也忍不住流泪。

这首诗，诗人运用了对比手法，通过沦陷区的父老和朝中主降派官员形成对比，看似平淡无奇的诗，强烈讽刺了当时奸佞当道、世风日下的社会状况。由此也引发了自己的爱国情怀的释放，以及自己对山河破碎的无限伤感、悲痛的情怀。

当时，陆游并不知道，他的那些痛惜岳飞之死的诗，已经惹恼了秦桧，最终成为他出仕的绊脚石。

秦埙虽然并不具备陆游这样的才华，但他有秦桧这个爷爷。此时，已经被荫封为敷文阁待制，官居三品。秦桧对孙子的这个官位并不满意，一心想要通过省试和殿试实现状元及第。可状元只有一个，人选却有两个，一个是有名的才子陆游，一个是有强大背景的秦埙。

陆游早就听说了试子中有秦桧的孙子，但他仍然信心十足。一是陆游相信自己的实力，二是陆游相信考官的公正。所以，陆游在考试的时候，精神上是很放松的，一首诗、一篇赋、一段策论，他都做得得心应手，有如神助一般。

主考官陈子茂阅卷后，对陆游的文章赞不绝口，认为陆游是"胸有丘壑，不同凡响"，将来必有建树。而对秦埙的试卷，陈子茂反反复复看了好几遍，总是期望找到斐然之处，哪怕只有一点也好，可他却失望了。

此时，秦桧让他孙子考中第一名的交代，反复出现在陈子茂的脑海里。但陈子茂还是顶住了来自秦桧的压力，大笔一挥，把陆游定为第一名，而将秦埙定为第二名。

很多年后，陆游在收拾旧书时，看到了陈子茂的手帖，便回忆起这件事来，并写下了《陈阜卿先生为两浙转运司考试官，时秦丞相孙以右文殿修撰来就试，直欲首选，阜卿得予文卷，擢置第一，秦氏大怒。予明年既显黜，先生亦几蹈危机，偶秦公薨，遂已。予晚岁料理故书，得先生手帖，追感平昔，作长句以识其事，不知衰涕之集也》这首诗：

> 冀北当年浩莫分，斯人一顾每空群。
>
> 国家科第与风汉，天下英雄惟使君。
>
> 后进何人知大老？横流无地寄斯文。
>
> 自怜衰钝辜真赏，犹窃虚名海内闻。

陆游能在"省试"中获得头名状元，实属不易，这和主考官陈子茂的正直是密不可分的，陆游就把陈子茂比喻成伯乐。

按照当时规矩，省试第一名并不是进士，还需要再参加一次殿试，只有通过了，才能获得进士的身份。

而陆游对于参加殿试早已是志在必得。在陆游看来，殿试由皇上亲自监考，奸臣再怎么一手遮天，也不敢在皇上面前造次。所以，对于参加第二年的殿试，陆游无疑是信心满满。在策论考题环节，就国家大事发表自己的见解时，陆游以一篇《逐胡复国论》作答，洋洋洒洒地抒发了自己驱除鞑虏、恢复中原的思想主张。

阅卷的时候，虽然宋高宗觉得陆游的观点与自己的主和思想大不相同，但还是被陆游的文采所打动，决定钦定陆游为殿试第一名。

从省试开始，秦桧便把陆游看作他孙子前进路上的绊脚石。其实，秦桧又岂止把陆游看作是绊脚石，他早就把主战派的陆家看作是以他为轴心的主和派的绊脚石。陆游的父亲陆宰、叔父陆宷都是因为力主抗击金兵，而遭到秦桧排挤，最终都被罢官。另外，陆游的哥哥陆淞和老师曾几，也都是秦桧所不喜欢的人，秦桧怎么可能让陆游有出头之日呢？

见宋高宗要定陆游为进士，秦桧便进谗言说："像这样动不动就把国家推向战争边缘的考生，绝不是国家利器，最好不让他中榜，这样也能给别的考生敲响警钟，知道自己该做什么，不该做什么。"

宋高宗一向对秦桧言听计从。听了秦桧的话，这位当朝皇上连想都没想，就把陆游的名字从进士榜上划掉了。没有了陆游这个强有力的竞争对手，秦桧如愿以偿地让他的孙子秦埙高中第一名。只是秦桧还没高兴几天，宋高宗便清醒过来，把秦埙降到了第三名。

而可怜的陆游，仕途还没开始，就已经是风雨潇潇了。但他并不后悔自己的"喜论恢复"，甚至连北伐的心愿也丝毫没有动摇。到了晚年时，陆游对于这一经历还是相当自豪的。为此，他在《放翁自赞·其一》一诗中写道：

> 名动高皇，语触秦桧。
>
> 身老空山，文传海外。
>
> 五十年间，死尽流辈。
>
> 老子无才，山僧不会。

陆游触怒秦桧的同时，也震动了宋高宗赵构。虽然高宗皇帝不喜欢北伐，但陆游的胆识着实令他刮目相看。

进士被黜的陆游，落寞地返回山阴。他除了纵情山水之外，大部分时间生活在云门。

绍兴二十四年，陆游参加礼部考试，再次被排在秦埙之前，但被秦桧除名。直到绍兴二十五年秦桧亡故，陆游才被派任福州宁德县主簿。在《老学庵笔记》里，陆游多次以愤然的笔触，书秦桧之劣迹。陆游一生主张北伐，收复中原，这种坚定的政治态度，与以秦桧为首的主和派对他个人的排挤打击是分不开的。

陆游一生总共写了四首自赞诗，也是他五次为自己画像。除了这首《放翁自赞·其一》之外，另外三首自画像的诗是：

放翁自赞·其二

皮葛其衣，巢穴其居。

烹不糁之藜羹，驾秃尾之草驴。

闻鸡而起，则和宁戚之牛歌。

戴星而耕，则稽氾者之农书。

谓之瘁则若腴，谓之泽则若臞。

虽不能草泥金之检以纪治功，其亦可挟兔园之册以教乡闾者乎。

诗中的"皮葛其衣，巢穴其居"这两句，表现了陆游个人简朴窘困的生活状况。一室之内，唯书而已，这是陆游晚年的生活常景。他不只是一位伟大的诗人，充满了深沉的爱国情怀，更是一位苦读不辍、博览群书的学者。

放翁自赞·其三
遗物以贵吾身，弃智以全吾真。
剑外江南，飘然幅巾。
野鹤驾九天之风，涧松傲万木之春。
或以为跌宕湖海之士，或以为枯槁陇畎之民。
二者之论虽不同，而不我知则均也。

这是陆游 56 岁时在临川的画像。画像重在取形，更专注于述神。他觉得那画像有些似"跌宕湖海之士"，或者"枯槁陇畎之民"。他说这倒无所谓，在自己看来，也无多大区别。依时推算，这次画像应在陆游第二次被罢官之后，当年那种"万里觅封侯"的理想已破灭，正如他在《一落索·识破浮生虚妄》这首词里所写的那样：

识破浮生虚妄。从人讥谤。此身恰似弄潮儿，曾过了、千重浪。
且喜归来无恙。一壶春酿。雨蓑烟笠傍渔矶，应不是、封侯相。

陆游的这种"跌宕湖海之士""枯槁陇畎之民"，很有些形容枯槁、行吟泽畔的屈原形骸，怎么会是养尊处优、丰颐宽额的"封侯相"呢？但是，狂傲与飘逸的诗人心并未因之稍减，一如他在诗中所写的"野鹤驾九天之风""涧松傲万木之春"，绝不会因跌宕和挫折而心灰意冷，消磨锐气。在诗中，陆游还坦然地表白了自己"遗物以贵吾身，弃智以全吾真"的人生哲学。在旷世之间，他不沉溺物欲，以保持自身的高贵；又不经营心智，以使自己成为全真的人。

放翁自赞·其四
进无以显于时，退不能隐于酒。

事刀笔不如小吏，把锄犁不如健妇。

或问陈子何取而肖其像，曰是翁也。

腹容王导辈数百，胸吞云梦者八九也。

这首诗应该写在宋宁宗开禧丁卯年（1207），也就是陆游 83 岁那一年。这一次，是他的朋友主簿陈伯予命画工去给陆游画的像，并请他写了赞词。这大概是他此生最后的一张造像了，他以达观的态度，对自己此生的境遇作了一次总结性的概括。

不显于时，不隐于酒，刀笔不如小吏，锄犁不如健妇。这既是诗人自己真实的形容写照，更是一种无奈的自讽自嘲。但他的胸怀和境界却是非凡的。"腹容王导辈数百，胸吞云梦者八九也"，这是一种经天纬地的气势和襟怀，无此，何以有如此豪壮、伟大的诗篇。

曾有一幅陆游的古人造像：斗笠、长衫、芒鞋、竹杖，脸颊瘦削清癯，却是步履健实，一种匆匆赶路的模样。一如他诗中所言："七十衰翁，不减少年豪气。"已经无法考证这造像是何时何人所为，也实难判断是否为诗人真实写照。

陆游在晚年写过一首《扪腹》的自嘲诗：

身如椰子腹瓠壶，三亩荒园常荷锄。

著万卷书虽不足，容数百人还有余。

身瘦削健朗如椰子，腹鼓鼓如"瓠壶"，实在是有些滑稽相，但却容得下万卷诗书，甚至"容数百人还有余"，这正应和了陆游在自己画像上题写的赞词。

第三章

书到用时方恨少

事非经过不知难

01 夜读兵书，钻研兵法

由于秦桧从中作梗，陆游参加锁厅考试不仅被取消了第一名的成绩，连进士也被划掉了，得了一个彻底出局的结果。

陆游从临安（今浙江省杭州市）回到山阴云门后，重新开始了诗书生活。他与朋友唱作赋和，诗书往来，名气更加响亮，几乎达到了无人不知无人不晓的程度。陆游常常以诸葛亮自期。可他一想到自己已年届而立之年，还不能为国家建功立业，难免心生愤慨，对仕途也是一片渺茫。他既觉得已经时不我待，又觉得用出仕来换取功名太不值得。这种复杂、纠结的心情，无不体现在《和陈鲁山十诗以孟夏草木长绕屋树扶疏为韵》这组诗中：

其一：

> 言语日益工，风节顾弗竞。
>
> 杞柳为栝栳，此岂真物性。
>
> 病夫背俗驰，梁甫时一咏。
>
> 奈何七尺躯，贵贱视赵孟。

其二：

> 樱酪事已过，角黍配夏熟。
> 尚忆少小时，彩缕系腕玉。
> 此生本幻戏，衰态转眼足。
> 三郎老无慄，始解叹丝木。

其三：

> 匆匆过三十，梦境日已蹙。
> 谁知叹亡羊，但有喜得鹿。
> 本来作何面，认此逆旅屋。
> 逢人吹布毛，出世不忍独。

其四：

> 至人贵其身，不使事物绕。
> 捐身易富贵，明珠弹飞鸟。
> 我愿称善人，题作墓上表。
> 从来尺鹨乐，不羡飞鸿矫。

对未来的可期和不确定，时时折磨着陆游，但依然难掩他骨子里的狂放，透过《看梅绝句》，就能洞悉一二：

> 老子舞时不须拍，梅花乱插乌巾香。
> 樽前做剧莫相笑，我死诸君思此狂。

这首诗的意思是：我起舞时狂态尽显，不依节拍，把梅花随意地插在头巾之上。在酒杯前的种种表现大家不要笑，等到我死了，你们就会想念我活着时候的狂态了。

陆游借着酒兴，把梅花随意地插在头巾上，不依节拍，兀自尽兴而舞。这时，诗人早已抛开了世俗凡念，完全不在意是否被他人笑话。他觉得，多少年后他死了，每当人们想起他时，还记得他的狂态就已经足够了。

诗人有一颗玲珑剔透的心，对世事自有不同的领悟。他满腹经纶，怀揣旷世之才，可报国无门，英雄也无用武之地，空有收复中原的满腔热血。因为抑郁不得志，文字便是诗人无声的呐喊，梅尧臣成了陆游的偶像。南宋著名藏书家、目录学家陈振孙在《直斋书录解题》中，是这样评价陆游的："圣俞为诗，古澹深远，有盛名于一时，近世少有喜者，或加毁誉，惟陆务观重之，此可为知者道也。"

圣俞是北宋著名的现实主义诗人梅尧臣的字，世称宛陵先生。梅尧臣天资聪明，勤奋好学，少即能诗，与当时的著名诗人苏舜钦齐名，有"苏梅"之称，后来又与欧阳修并称"欧梅"。梅尧臣主张写实，所作力求平淡、含蓄，有宋诗"开山祖师"之称。梅尧臣是北宋的第一位诗人。正是有了他对前代诗风"导河积石"的疏理，才寻找到宋诗的发展发向。陆游在《读宛陵先生诗·其一》中写道：

> 李杜不复作，梅公真壮哉！
> 岂惟凡骨换，要是顶门开。
> 锻链无遗力，渊源有自来。
> 平生解牛手，余刃独恢恢。

陆游与梅尧臣之间，或许因为所处的时代有些相同，或许因为生活有某种程度的相似，或许因为对时势有着相同的敏锐感觉，或许因为对民生疾苦有着同样的关怀，陆游越来越喜欢梅尧臣的诗，并深受梅尧臣感触时势、激昂奋发的影响，在叙述疾苦、忧伤沉痛等方面更加得心应手，甚至开始模仿梅尧臣的诗。《寄酬曾学士学宛陵先生体比得书云所寓广教僧》便是陆游诗稿中，第一首效宛陵体的诗作：

> 庭中下乾鹊，门外传远书，
> 小印红屈蟠，两端黄蜡涂。
> 开缄展矮纸，滑细疑卵肤。
> 首言劳良苦，后问逮妻孥，
> 中间勉以仕，语意极勤渠。
> 字如老瘠竹，墨淡行疏疏。
> 诗如古鼎篆，可爱不可摹。

快读醒人意，垢痒逢爬梳。

细读味益长，炙穀出膏腴。

行吟坐卧看，废食至日晡。

想见落笔时，万象听指呼。

亦知题诗处，绿井石发虇。

公闲计有客，煎茶置风炉。

倘公无客时，濯缨亦足娱。

井名本季疵。思人理岂无。

居然及贱子，媿谢恩意殊。

几时得从公，旧学锄荒芜。

古文讲声形，误字辨鲁鱼。

时时酌井泉，露芽奉瓢盂。

不知公许否？因风报何如。

陆游的这首诗，创作于宋高宗绍兴二十五年（1155 年）夏天，当时陆游31 岁。整首诗语句浅显，层次清晰，记叙了陆游读信一事。从诗人拿到书信开始，打开书信，仔细地端详，认真地阅读，到有关书信的内容、字迹，读后的感觉和遐想，到最后不紧不慢地从容道来，环环相扣，活灵活现地呈现在读者眼前。

陆游学习梅尧臣，不仅在字句之间，也在字句之外，提出学诗"当以致用"的观点。在他留下来的诗集中，题为效宛陵体的有《寄酬曾学士》《过林黄中食柑子有感》《致斋监中夜与同官纵谈鬼神》《送苏召叟秀才入蜀》《桐江哲上人以端砚遗子聿》《春社日》《假山》《熏蚊》等八篇诗文，其中有两首诗，最晚的一篇，是他 84 岁时写的。这些虽是陆游效仿之作，与梅尧臣有着同样的精微诗思，笔调也同样老健，但诗风完全不同，诚如他在《读宛陵先生诗·其二》一诗中所写的那样：

欧尹追还六籍醇，先生诗律擅雄浑。

导河积石源流正，维岳崧高气象尊。

玉磬潝潝非俗好，霜松郁郁有春温。

向来不道无讥评，敢保诸人未及门。

除此之外，陆游还在《书宛陵集后》做了阐述：

> 突过元和作，巍然独主盟。
> 诸家义皆堕，此老话方行。
> 赵璧连城价，隋珠照乘明。
> 粗能窥梗概，亦足慰平生。

陆游的诗风有了变化，但他心中炙热的爱国情怀却始终没有变。别看他只是一介书生，根本奈何不了盘根错节、顽固透顶的求和派，可他仍然像个斗士一样，对求和派进行口诛笔伐。他夜读兵书，钻研兵法，希望有朝一日自己可以跨战马，奔沙场驱金兵。他在《夜读兵书》中写道：

> 孤灯耿霜夕，穷山读兵书。
> 平生万里心，执戈王前驱。
> 战死士所有，耻复守妻孥。
> 成功亦邂逅，逆料政自疏。
> 陂泽号饥鸿，岁月欺贫儒。
> 叹息镜中面，安得长肤腴？

陆游写这首诗的时候，已经 32 岁了。自古就有"三十而立"的说法。当他想到自己饱读诗书，却不能实现自己的人生目标，甚至无法确定自己前进的方向，不免在失意中发出了苦闷的叹息。而诗人并没有就此沉沦，仍旧是郁勃着不平之气，故而常常寒夜苦读，等待一个一飞冲天的机会。诗中的"孤灯耿霜夕，穷山读兵书"两句，看似只有寥寥的十个字，但淳朴得如同白描一般扣人心弦。况且，诗人读兵书，本身已经突破了圣贤书"子曰诗云"的局限，为歌舞升平、风花雪月的"靡靡诗界"，吹进一股刚劲的风，使"饥鸿"映衬的"贫儒"更加厚实、发人深省。

其实，就在陆游写下《夜读兵书》一诗前，寒冷的冬天已经出现了一丝暖意。

宋高宗绍兴二十五年（1155 年）冬天，主和派的核心人物、大奸臣秦桧死了。随着秦桧的死去，秦桧所主导的政局也瞬即崩塌，朝野的政治气氛随即发生变化，举朝上下铲除奸佞的呼声一浪高过一浪。宋高宗为了顺应民意，除了将秦桧死党一一罢官外，还陆陆续续恢复了受秦桧迫害的官员的官职，朝廷开始有了一些清明之相，正派人士逐渐受到重用。

最让陆游感到欣慰的是，秦桧死后，他的恩师曾几重新出山后，让他看到了出仕的一丝曙光。曾几既是陆游的老师，更是他的知己。就在不久前，曾几来云门看陆游时，在《陆务观效孔方四舅氏体倒用二舅氏题云门草堂》这首诗中盛赞陆游：

> 陆子家风有自来，胸中所患却多才。
> 学如大令仓盛笔，文似若耶溪转雷。
> 襟抱极知非世俗，簿书那解作氛埃。
> 集贤旧体君拈出，诗卷从今盥水开。

在曾几的眼里，陆游家风渊源，博学多才，能诗能文，而且有着非世俗的襟抱。一直以来，陆游出仕都是曾几最大的心愿，因此，他刚一出山，便答应陆游一定要最先推荐他。

02 毛遂自荐，寻求出仕

陆游进士被黜后，虽然失去了科举及第的机会，但并不是完全失去了仕途。在宋朝，像陆游这样因先代的功勋而受封的官员要想走上仕途，有两种途径可走，一是通过科举，二是通过举荐。科考这条路行不通了，还可以通过荐举达到走上仕途的目的。

当时，朝廷对荐举的要求是很严格的，必须有 5 名以上在职官员联名推荐。而这些在职官员，还必须写下保证书，保证他们举荐的人有干劲、有能力，将来不会贪污腐败。只有这样，才能确保被推荐的人做官，跟现在的担保人有些类似。

陆游最好的青年时代，偏偏赶上秦桧这个奸臣任相长达 18 年之久，秦桧就像一座大山一样，压得所有的主张抗金的爱国人士透不过气来。他们连自己都遭受排挤，自身难保，根本没有能力举荐像陆游这样的盖世奇才。况且，就是举荐上去了，在秦桧那里也不会通过。所以，即便陆游学富五车，也只能是耐心等待。

上帝为你关上一扇门的时候，就一定为你打开了另一扇窗。陆游仕途上遭遇不顺，生活中却给陆游带来一个个的小惊喜。

宋高宗绍兴二十六年（1156年），陆游的第四个儿子子坦出生了。

或许，四子的出生，给陆游带来了新的希望和期许。这年冬天，北风萧萧，在云门草堂的陆游，写下了《留题云门草堂》，再一次强烈表达出仕的渴望、急切：

> 小住初为旬月期，二年留滞未应非。
> 寻碑野寺云生屦，送客溪桥雪满衣。
> 亲涤砚池余墨渍，卧看炉面散烟霏。
> 他年游宦应无此，早买渔蓑未老归。

这首诗，陆游写得洋洋洒洒，轻松自在。其中的"亲涤砚池"，意味着诗人再到云门就要有些时日了。而"卧看炉面"，是说诗人从烟霏之飞散中，似乎已经听到了一丝人生有变的节奏，于是，用"他年游宦"，含蓄地表达出即将出仕的消息。实际上，陆游真的迎来了事业上的曙光，不久便出任瑞安主簿，而这首诗，也成了陆游出仕前向云门的告别。

其实，在秦桧死了以后，挡在陆游前面的大山就已经宣告崩塌了，自己的老师曾几得以出山，成为陆游出仕的关键人物。

宋高宗绍兴二十七年（1157年）四月，曾几在知台州前，陆游写下了一首《送曾学士赴行在》，热切地希望能通过老师曾几的举荐，尽快走上仕途，一展抱负。

> 二月侍燕觞，红杏寒未拆；
> 四月送入都，杏子已可摘。
> 流年不贷人，俯仰遂成昔；
> 事贤要及时，感此我心恻。
> 欲书加餐字，寄之西飞翮；
> 念公为民起，我得怨乖隔？
> 摇摇跂前旌，去去望车轭；
> 亭鄣郁将暮，落日澹陂泽。
> 敢忘国士风，涕泣效臧获；
> 敬输千一虑，或取二三策。

公归对延英，清问方侧席；

民瘼公所知，愿言写肝膈。

向来酷吏横，至今有遗螫；

织罗士破胆，白著民碎魄。

诏书已屡下，宿蠹或未革；

期公作医和，汤剂穷络脉。

士生恨不用，得位忍辞责。

并乞谢诸贤，努力光竹帛。

这首诗的大意是：因为二月仍然寒气逼人，所以红杏还没有开放。但我想，当老师曾几四月份到达京城临安的时候，杏子已经成熟可摘了。时光如匆匆流水，从不假借于任何人，抬头低头转眼之间，就已经成为过去了。我本应该及时地跟随在老师身边，有所作为，可情况又不允许，我只好独自黯然伤神。您走后，我理当写一封情真意切的信，交给西飞的大雁，来传达我对老师的深切怀念之情。我不舍得您离开，但一想到您此去京师，是为天下苍生谋划，我又岂能以一己之私耽误国家的大事呢？您的车子走了，我恋恋不舍，追随着前行的旗影，直到车子渐行渐远。我呆呆地遥望着，久久不想离开。

迷茫的暮色中，放眼远眺，远处的亭郭有些模糊不清了，西下的夕阳与微波荡漾的陂泽之水相互交映着。我愿意像奴仆一样，向您恭敬地涕泣进献千有一得的建议，哪怕只有两三条对您有用，您能采纳，我也心满意足了。您此次进京，面对皇上召问时，但愿您能痛陈民间疾苦，进献自己的肺腑之言。古往今来，酷吏横行，他们罗织莫须有的罪名，陷害忠良，如果不能肃清这股流毒，会令读书士子发指胆寒。税额之外，他们还另设名目，巧取豪夺，无所不用其极，老百姓深受其害，魂飞胆裂不得安生。虽然皇帝已经下诏严办酷吏，禁"白著"，但多年形成的弊政，又岂是一朝就能清除干净的。这一次，如果您能得到朝廷的重用，期望您做一个如春秋时期秦国名医医和一样的大臣，替朝廷下一剂猛药，治一治民间百姓疾苦。

作为一个读书人，最为遗憾的事情，莫过于不能得到朝廷的重用。既然这一次您能被重新启用，就有了发挥自己才能的大舞台，您不会忍心放下自己的职责的。您到了京城，请求您一定代替我问候朝廷中的诸位贤臣良将，愿他们兢兢业业，努力为国为民工作，争取在史册上留下自己光辉的一页。

读到这，似乎跨越时空而来，一个不能驱除强敌的陆游，正满腹遗憾地伏案疾书，悠悠地发出一声叹息。

宋高宗绍兴二十七年十月，陆游的老师曾几出任秘书少监，陆游非常敬重的辛次膺出任给事中。之前，虽然老师曾几答应陆游帮忙替他推荐，可毕竟需要合适的机遇。就这么干等着，陆游难免有些煎熬。

辛次膺出任给事中后，陆游仿佛又看到了一条进身之路，他左思右想，权衡再三，斗胆给辛次膺写了一封《上辛给事书》的自荐信：

……某束发好文，才短识近，不足以望作者之藩篱，然知文之不容伪也，帮务重其身而养其气。贫贱流落，何所不有，而自信愈笃，自坚愈坚，每以其全自养，以其余见之于文，文愈自喜，愈不合于世。夫欲以此求合于与，某则愚矣，而世遂谓某终无所合，某变不敢谓其言为智也。恭惟阁下以皋陶之谟，周公之诰，清庙、生民之诗，启迪人主而师表学者，虽乡殊壤绝，百世之下犹将想望而师尊焉，某近在属部而不能承下风，望余光，则是自绝于贤人君子之域矣。虽然，非敢以文之工拙为言也，某心之为邪为正，庶几阁下一读其文而尽得之。唐人有曰，"士为致远，先器识而后文艺。"是不得为知文者，天下岂有器识卑鄙而文辞超然者哉……

辛次膺于宋哲宗元祐七年（1092 年）生于莱州，是南宋时期有名的忠臣。他博学多才，善于属文，尤工诗，有的被收录进《全宋诗》。他为官清正，敢于直言。因为主张抗金，力斥和议，所以一度被秦桧陷害，奉祠长达18 年之久。秦桧死后，才重新出山。

在陆游眼里，辛次膺和老师曾几一样秉直、公正，是难得的忠臣。至于会不会得到他的赏识，陆游不得而知。但他明白，自古成功在于尝试，或许自荐就是他能抓住的最后一根稻草。毕竟，时光匆匆，他早已过了而立之年，他还能有多少时间浪费在虚无的等待中？

自从给名臣辛次膺发出《上辛给事书》后，陆游一直焦急地等待着回音。

03 恩师荐举，初仕瑞安

作为爱国人士的代表人物，曾几重新出山，具有一定的社会地位和影响力。正是因为曾几和辛次膺等人的极力推荐，陆游在绍兴二十七年（1157年）冬，就得到了瑞安（今浙江省瑞安县）主簿的职缺。但非常遗憾的是，陆游就任这个职位，并不是正式任命，而只是暂代，这多少令陆游觉得有失颜面。所以，陆游虽然出仕，但并没有达到他的期望值。在陆游以后的诗文中，始终没有出现"瑞安主簿"字样。

县主簿一职起源于东汉年间。南北朝时官制较乱，直到隋唐，随着丞、簿、尉县佐官制度的形成，才确定了县主簿在县级政府中重要一员的地位，主管文书簿籍及印鉴一类的工作，属于文官。

到了宋朝时期，县主簿的设置随着县内人口数的变化、区域的合并，会有增设或者废省的调整。宋代选官重文轻武，讲究出身，较高等级的县主簿，皆由科举出身者担任，而因上辈有功而给予下辈入学任官的人，只能出任中等、中下等县的县主簿。至于那些摄官、进纳、流外人等没有出身的人，也只能担任中等、中下等、下等县等较低等级的县主簿，且升迁不如科举出身的人快。

宋朝时期的县主簿，事情繁杂，管理钱粮、司法一类杂事，位居县丞之下，县尉之上。在特殊情况下，也会兼任令、丞、尉职，还会被监司、郡守以符檄委派出差，处理一些诸如催税、行视水利工程、检视灾伤等一类的事情。

出任瑞安县主簿一职虽然是一个代理职务，但差强人意，陆游盼了这么久，终于熬到出仕了，喜悦之情还是溢于言表，对皇帝更是充满了感激之情。他所作一首《新夏感事》，就是那时心情的真实写照：

> 百花过尽绿阴成，漠漠炉香睡晚晴。
> 病起兼旬疏把酒，山深四月始闻莺。
> 近传下诏通言路，已卜余年见太平。
> 圣主不忘初政美，小儒唯有涕纵横。

这首诗，应该作于宋高宗绍兴二十七年。开头的"百花过尽绿阴成，漠漠炉香睡晚晴"两句，写立夏百花谢尽、绿树成荫、满眼新绿的景物特色，在充满生机的一片新绿中，透出了日常中的一丝娴静。诗人静静地高卧于晚晴中，"漠漠炉香"袅袅升起，平静而恬淡。

"山深四月始闻莺"一句，与白居易的"人间四月芳菲尽，山寺桃花始盛开"有异曲同工之妙。诗人大病后，恢复健康本就满怀喜悦，再加上听到了黄莺的歌唱声，喜悦倍增。而新愈、新绿、"始闻莺"的新鲜感，交织成了立夏节气之时的新夏感事。如果说诗人对景物的描写，是感事的一部分，那么，他所感的时政之事，才是诗人的本意。"近传下诏通言路，已卜余年见太平"这两句，是诗人庆幸自己在余年之时，终于得见太平，由衷的期待和欣喜之情跃然纸上。同时，也反映出当时的政治对他的长期压抑，以及对秦桧主政误国的不满。

诗的后部分转述时事，诗人将自己内心的欣喜推向高潮，若狂之态，"唯有涕纵横"，表现了诗人不仅为圣主的开明而欣喜，也为自己能亲眼见到国家太平而高兴。"圣主不忘初政美"一句，既含讽刺之意，又有感激之情。同时，也透露出诗人时刻不忘国家的拳拳爱国之心。

清代诗评家方东树在10卷本的论诗之作《昭昧詹言》中，是这样评价陆游这首诗的："前半新夏，后半感事。情真语朴，意境绝佳。"

在此之前，陆游虽然早已声名远播，但没有官家的身份，社会地位显然是非常低下的。这次出任瑞安主簿，陆游的身份地位全然不同于以往，可谓是生活的一个转折点。因此，云门寺僧在陆游从瑞安回来时，专门请他为云门寺写一篇文章，来扩大云门寺的影响。因为在云门寺西的云门草堂求读、生活若干年，陆游与云门寺僧素有交情，所以没有推辞。宋高宗绍兴二十七年十一月十七日，陆游写下了《云门寿圣院记》，后被收录在《渭南文集·卷第十七》之中：

云门寺自晋唐以来名天下，父老言昔盛时，缭山并溪，楼塔重复，依岩跨壑，金碧飞踊，居之者忘老，寓之者忘归，游观者累日乃遍，往往迷不得出，虽寺中人或旬月不相觌也。入寺，稍西石壁峰为看经院，又西为药师院，又西缭而北为上方。已而少衰，于是看经别为寺曰显圣，药师别为寺曰雍熙，最后上方亦别曰寿圣，而古云门寺更曰淳化。一山凡四寺，寿圣最小，不得与三寺班，然山尤胜绝。游山者自淳化，历显圣、雍熙，酌炼丹泉，窥笔仓，追想葛稚川、王子敬之遗风，行听湍声，而坐荫木影，徘徊好泉亭上，山水之乐，餍饫极矣。而亭之旁，始得支径，逶迤如线，修竹老木，怪藤丑石，交覆而角力，破崖绝涧，奔泉迅流，喊呀而喷薄，方暑，凛然以寒，正昼仰视，不见日景。如此行百余步，始至寿圣，崭然孤绝。老僧四五人，引水种蔬，见客不知拱揖，客无所主面去，僧亦嗒不知辞谢。好奇者或更以此喜之。今年，予来南，而四五人者相与送予至新溪，且曰："吾寺旧无记，愿得君之文，磨刻崖石。"予异其朴野而能知此也，遂与为记。然忆为儿时往来山中，今三十年，屋益古，竹树益苍老，而物色益幽奇，予亦有白发久矣，顾未知予之交辞亦能少加老否？寺得额以治平某年某月，后九十余年，绍兴丁丑岁十一月十七日，吴郡陆某记。

作为瑞安主簿，陆游的官职并不高，相当于瑞安县的二把手，但这丝毫不影响陆游勤政爱民。他在瑞安任主簿期间，恪尽职守，秉公做事，深得当地百姓的喜爱和敬重。

此时，他与有着同样遭遇的上司永嘉（今浙江省永嘉县）太守张九成志趣相投，惺惺相惜，对当前的美好形势均心存快意。两个人同宿江心寺，都有一种他乡遇知己的美妙感觉。而且，诗人用他巧妙的构思，把这种美好的心情，用一首《戏题江心寺僧房壁》诠释得淋漓尽致：

> 使君千骑驻霜天，主簿孤舟冷不眠。
>
> 也与使君同快意，卧听鼓角大江边。

张九成生于宋哲宗元祐七年（1092 年），卒于宋高宗绍兴二十八年（1159 年），是南宋著名的理学家。他为官清正廉明，不附权贵。因为主张抗金，反对议和，屡遭秦桧的陷害。先是被贬职，后被革职，不久又被扣上莫须有的罪名，谪居南安军（今江西省大余县境内）长达 14 年之久。秦桧死后，张九成才被重新起用。

张九成是一个爱才之人，对他而言，陆游虽是个晚辈后生，但他非常欣赏陆游的学识才情，以及强烈的爱国情怀，认定陆游将来必成大器。

瑞安主簿这个官职虽然不大，但有一个理解、支持自己的上司，陆游工作起来也是得心应手。况且，朝野之中，主和派已经有所收敛，正是主战派有所作为的时候，因此，陆游踌躇满志，对前途充满信心，心情也非常愉悦。

闲暇之余，神采飞扬的陆游兴致勃勃地游览瑞安江。这里轻云飘动，碧波流荡，海天相连。云水一色中，海鸥悠然飞翔，锦鳞怡然自得地游泳。诗人顿时心胸开阔，遐想联翩，欢悦之中写下了《过瑞安江·俯仰两青空》，诗中借景寓情，表达了自己第一次出仕的好心情：

> 俯仰两青空，舟行明镜中。
>
> 蓬莱定不远，正要一帆风。

开头的"俯仰两青空，舟行明镜中"两句，是说这一天秋高气爽，万里无云，陆游荡舟飞云江上。陆游仰望青天，辽阔无边；俯视江面，又见青天。这仰俯之间出现的"两青空"，既展现了天空、江面的宽阔，又巧妙地运用比喻，暗示出飞云江的平静、清澈、明亮。这两句，看似仅有简单的十个字，却有极大的艺术概括力和丰富的容量。

瑞安江即飞云江，是浙江省境内的第四大河，三国吴时称作罗阳江，晋时称安阳江，从唐朝开始叫瑞安江。因其横渡瑞安江的渡口叫飞云渡，唐昭宗天复三年（903 年），又改名为飞云江。

诗人被眼前的美景吸引着，流连忘返，深深地陶醉在大自然的乐趣中，但"蓬莱定不远，正要一帆风"这两句笔锋一转，借用蓬莱仙岛，比喻诗人旅途的目的地。此时，目的地已经不远了，只需要借助一帆风力，就能顺利到达。这两句诗，语句清新流畅，有着极深的寓意。看似诗人在生动地描绘大自然的美景，实则巧妙地寄寓了自己政治上的抱负。诗人希望秦桧死后，朝野中出现的这种清明之气能继续下去，也希望自己在政治上能得到支持，从而实现自己"驱金兵，收复中原"的凤愿。

诗中的"蓬莱仙境"，绝不是表面中的世外桃源，而是诗人探索生活道路的理想之地，是一切美好、欢乐、光明事物的象征。结尾的"正要一帆风"一句，说明诗人不想贪图苟安的平静生活，而是热切希望扬起生命的征帆，乘风破浪，向着美好的未来奋进。

纵观整首诗不难发现，诗人正是抓住了飞云江风平浪静的特点，先把飞云江写得清澈、温柔、缠绵和质感，再把自己的所见所闻，以及感受，巧妙地融进文字中，以有限的形象寄寓无限深邃的情思，并用短短的二十个字准确地表达出来。可以说，这首诗不仅是写景诗，还是抒情诗，同时更是一首寓意深刻的哲趣诗。

后来，瑞安人为了纪念陆游，在瑞安县署后面的公园里修建了放翁祠。之后，又在放翁祠的前面修建了放翁亭、放翁池，小桥流水，静谧雅致。只是，这些统统湮没在历史的烟雨中，唯有《过瑞安江·俯仰两青空》跨越时间的长河，一直在瑞安广为流传，至今风采依然。

04 宁德有闲，亲近山水

宋高宗绍兴二十八年（1158 年）初，冬还恋恋不舍之时，南风已经悄然吹来，春迫不及待地登场了。枝头春意盎然地绽开了桃红，绿连带着希望，痒痒地生发出来。陆游在老师曾几和名臣辛次膺的共同推荐下，被正式任命为宁德（今福建省宁德市）主簿。不久，又调入京师，任敕令所删定官。

拿着宁德主簿的调令，正在患病期间的陆游竟不药而愈。对于一个男人而言，估计没有什么能比找到"上马击狂胡，下马草军书"的舞台更重要的了。他打点行装，怀揣调令，告别妻儿，水陆兼程，奔赴任所。这一次，既没有繁文缛节，也没有依依惜别。此时此刻，在陆游心里唯有对未来的憧憬和期待。

陆游一路走，一路赏，眼睛里时不时地流露出怡然和兴奋的神情。天上的白云，似乎也感受到了陆游的喜悦，大朵大朵地飞过他头顶的蓝天。各种花也不甘示弱，竞相开放，斑斓着，热闹着，满世界甜腻腻的香味席卷、冲撞着陆游。

途经平阳（今浙江省平阳县）县衙时，在县令卢炎盛情相留之下，陆游做了短暂停留，并写下了一首《平阳驿舍梅花》，描绘了平阳驿舍雅致的冬日景色：

> 江路轻阴未成雨，梅花欲过半沾泥。
> 远来不负东皇意，一绝清诗手自题。

随着宁德的越来越近，道路越来越崎岖，村庄也越来越稀少。每走很远的路程，才会遇到一个村庄，而且村庄里也是零零散散只有几户人家。此时，陆游的思想开始变得复杂起来，眼睛里不时闪过失望与幽怨，孤寂与凄凉。

宁德位于闽东北，原是一个县的称谓，后因明嘉靖年间这里所修的城形似蕉叶，也叫蕉城。当时的宁德地广人稀，人口还不到四万。尽管"宁德"两字，取自唐文宗开成年间（836—840年）的长溪县的宁川和古田县东北地的感德场，有着历史的厚重感，但与繁华热闹的江南名城山阴相比，难免显得贫穷、落后、冷清。而这，也是陆游一踏上这片土地最直观的印象。

陆游一扫之前的单纯乐观，开始理性起来，甚至达到了"不以物喜、不以己悲"的宁静淡远的境界。这境界，就像注入他的血液里一样，几乎贯穿了他在宁德任职的300多个日日夜夜。

作为主簿，陆游可谓是操办琐事的官。官职不高不说，也没什么实权，很难有所作为，但他工作非常勤勉务实。春耕时节，他走进田间地头，检查春耕，考察民情，在他所作的《出县》和《还县》两首诗中，就充分得以体现：

出县

> 匆匆薄领不堪论，出宿聊宽久客魂。
> 稻垄牛行泥活活，野塘桥坏雨昏昏。
> 槿篱护药才通径，竹笕分泉自遍村。
> 归计未成留亦好，愁肠不用绕吴门。

还县

> 霁色清和日已长，纶巾萧散意差强。
> 飞飞鸥鹭陂塘绿，郁郁桑麻风露香。

南陌东村初过社，轻装小队似还乡。

哦诗忘却登车去，枉是人言作吏忙。

这两首诗，堪称陆游做宁德主簿工作的"调查报告"，不仅完美地将宁德美轮美奂的田园风光活灵活现地呈现给了读者，也体现了他对乡村生活的热爱，以及对大自然的缱绻依恋。同时，抒发了诗人因困于主簿位上的烦琐事务，离抗金报国的志向越来越远的苦闷之情，也流露出诗人客宦思归的情绪。

透过诗句的字里行间，不难看到，一个鲜活的陆游正风尘仆仆地穿梭在田间地头，考察农情。乡村的小路上，似乎处处都留下了他的足迹，农户的土房前，依稀可辨他与百姓拉着家常的身影。陆游完全没有官老爷的架子，这也足见他高贵的政治品质。

由于县衙公务不多，陆游时常走出衙门，融进大自然的怀抱。就在到任后那年的春夏相交之际，陆游乘着一叶扁舟，沿着霍童溪逆流而上。一溪碧水，两岸叠翠，美丽的景色尽收诗人眼底。诗人甚至有了一种画中游的感觉，由衷地感叹大自然的神奇，多日来的孤独感一扫而光。之后，他弃舟登岸，兴致勃勃地登上盛产各种珍贵草药的霍童山，远眺十里"小桂林"。夜晚，陆游便在霍童山的支提寺下榻。

支提寺坐落于海拔 700 多米、"群峰环绕、状似莲花"的支提山西，不仅是整个霍童山的中心，也是支提山观赏盛景的中心，更是我国著名的佛教圣地，素有"不到支提枉为僧"之说。"支提"在梵语里是"聚集福德"的意思。支提寺以"支提"命名，那是开了禅林先河，在全国也找不到二家。另外，这里还是灭恶生福的天冠菩萨的道场，一切天龙八部，都以礼拜天冠菩萨而求天福增长。天冠菩萨与其眷属一千人常住支提寺，开坛说无上妙法，感应得龙王涌山现地，护持华严经，护持天冠菩萨。

大凡名寺，住持也非一般俗僧。陆游在支提寺得遇高僧，并且一见如故。

陆游与高僧秉烛夜谈，话题从佛学经典铺展开去，连绵不绝，如同淙淙流淌的霍童溪，彼此都被对方渊博的学识所吸引。由此，陆游写下了千古名篇《访僧支提寺》：

高名每惯习凿齿，巨眼忽逢支道林。

共夜不知红烛短，对床空叹白云深。

满前钟鼓何曾忍，匝地毫光不用寻。

欲识天冠真面目，鸟啼猿啸总知音。

此外，陆游还做了笔记：

支提山有吴越王钱弘俶紫袍一领，寺僧升椅上，举其领，而袍犹拂地，两肩有汗迹。

既作诗，又写笔记，陆游之所以对支提寺情有独钟，是因为他遇到了高僧这个知己。宁德是个偏僻之地，得遇和自己一样博学多才的雅士，对陆游而言，这样的机会实在不多，所以他特别珍惜。

其实，宁德不过是陆游职业生涯的一个小小驿站，但他留给宁德的却是无限荣光。

宋高宗绍兴二十八年（1158年），宁德重修城隍庙，知县陈君泽将写记文一事交给了陆游。

城隍庙就是供奉城隍神的庙宇，是城市的保护神。"城"指的是城池；"隍"指的是干涸的护城河，两者皆为保护城市安全的军事设施。老百姓最初的祭拜，也只是出自对城池本身的崇拜，从宗教学的角度看，也不过是自然崇拜的范畴。到了汉代，城隍开始人格化，成为城池的保护神，老百姓都希望能够得到他的庇护。因此，城隍神都是由一些公忠正直的人担任，多数在历史上确有其人。唐宋时期，城隍的职能逐渐扩大，被列入政府祀典。

自从接受写记文这个任务后，陆游多次深入民间，多方了解，实地调查研究，这才动笔写下《宁德县重修城隍庙记》一文：

斯人之生，食稻而祭先啬，衣帛而祭先蚕，饮而祭先酒，畜而祭先牧，犹以为未则。凡日用起居所赖者皆祭，祭门、祭灶、祭中溜之类是也。城者，以保民、禁奸，通节内外，其有功于人最大，顾以非古黜其祭，岂人心所安哉？故自唐以来，郡县皆祭城隍，至今世犹谨。守令谒见，其仪在他神祠上。社稷虽尊，特以令式从事，至祈禳报赛，独城隍而已，则其礼顾不重欤？

宁德为邑，带山负海。双岩、白鹤之岭，其高摩天，其险立壁，负者股栗，乘者心悸；飞鸾、官井之水，涛浪汹涌，蛟鳞出没，登舟涕泣与父母妻子别，已济者同舟更相贺。又有氛雾之毒，蜑、鳌、蛇、虫、守宫之毒。邮亭逆旅，往往大署墙壁，以道出宁德为戒。然邑之吏民独不得避，则惟神之归，是以城隍祠比他邑尤盛。祠故在西山之麓，绍兴元年，知县事赵君诜之始迁于此。二十八年五月，权县事陈君泽复增筑之，高明壮大，称邑人尊祀之意。既成，属某为记。

某曰："'幽显之际远矣，惟以其类可感，故名之祭者，必思其嗜好'。夫神之所以为神惟正真，所好亦惟正直。君党无愧于此，则采涧之毛，挹行潦之水，足以格神。不然，丰豆硕俎，是谄以求福也，得无神之意异耶？既以励君，亦以自励，又因以励邑人。"

文中记载了当时全国的城隍信仰情况，深入分析了天灾人祸繁多是当地城隍信仰盛行的原因，也是宁德城隍文化兴盛的主要原因。但从城隍的职能性质来看，司法阴暗也是城隍信仰盛行的原因，现实里无法排解实现的，就会成为人们的心结，须找到精神寄托，才可消遣。

陆游在文中还提出了一个重要观点："神惟正直。"中国的神不同于希腊神话中的神，多数在历史上确有其人，如武圣爷关羽、妈祖娘娘林默等，都是由真人演变而来，皆因生前正直，做了很多好事，后来才被供奉为神。在陆游看来，神必须正直、公正。

时间是历史的印记，文字是历史的解说。在历史上，《宁德县重修城隍庙记》不单单是一篇庙记，还是一座时空隧道。后来的人们正是通过这座时空隧道，更好地了解了南宋时期的宁德社会，以及民风、民俗，宁德也因为陆游而锦上添花，既有了文化的积淀，又增加了知名度。

05 北邻会友，结交知己

从支提山回来后，陆游越发沉淀下来。他收敛起少年时的轻狂和孤傲，开始面对现实，广交朋友。

宋高宗绍兴二十八年（1158 年）的冬天，陆游和宁德友人来到了南际山。这时候的南际山，梅花开得稀稀落落，凋零的花瓣落得满地都是。趁着酒意，陆游诗兴大发，随口吟出了《卜算子·咏梅》：

> 驿外断桥边，寂寞开无主。已是黄昏独自愁，更著风和雨。
>
> 无意苦争春，一任群芳妒。零落成泥碾作尘，只有香如故。

这首词的意思是：驿站之外的断桥边，梅花孤单寂寞地绽开了花，无人过问。暮色降临，梅花无依无靠，已经够愁苦了，却又遭到了风雨的摧残。梅花并不想费尽心思去争艳斗宠，对百花的妒忌与排斥毫不在乎。即使凋零了，被碾作泥土，又化作尘土了，梅花依然和往常一样散发出缕缕清香。

陆游以梅花自况，咏梅的凄苦以泄胸中抑郁，感叹人生的失意坎坷。赞梅的精神又表达了青春无悔的信念，以及对自己爱国情操和高洁人格的自许。

词的上阕着力渲染梅的落寞凄清、饱受风雨之苦的情形。梅花清幽绝俗，出于众花之上，可是如今竟开在郊野的驿站外面，紧临着破败不堪的"断桥"，自然是人迹罕至、寂寥荒寒、备受冷落、令人怜惜了。无人照看与护理，其生死荣枯全凭自己。"断桥"已失去沟通两岸的功能，唯有断烂木石，更是人迹罕至之处。由于这些原因，它只能"寂寞开无主"。"无主"既指无人照管，又指梅花无人赏识，不得与人亲近交流而只能孤芳自赏，独自走完自己的生命历程而已。"已是黄昏独自愁"写梅花的精神状态。身处荒僻之境的野梅，虽无人栽培，无人关心，但它凭借自己顽强的生命力也终于长成开花了。可是，由于地势使然，野梅虽历经磨难而独具清芬，却无人能领略其神韵。那么，野梅为何又偏在黄昏时分独自愁呢？因为白天它尚残存着一线被人发现的幻想，而一到黄昏，这些微的幻想也彻底破灭了。黄昏又是阴阳交替、气温转冷而易生风雨的时辰，所以，除了心灵的痛苦之外，还有肢体上的折磨，"更著风和雨"。这内外交困、身心俱损的情形，将梅花之不幸推到了极处，野梅的遭遇也是词人以往人生的写照，倾注了词人的心血。

词的下阕写梅花的灵魂及生死观。梅花生在世上，无意于炫耀自己的花容月貌，也不肯媚俗与招蜂引蝶，所以，在时间上躲得远远的，既不与争奇斗妍的百花争夺春色，也不与菊花分享秋光，而是孤独地在冰天雪地里开放。但是，这样仍摆脱不了百花的嫉妒，可能会被认为自命清高、别有用心。正像梅花"无意苦争春"一样，对他物的侮辱、误解也一概不予理睬，而是"一任群芳妒"，听之任之。走自己的路，让别人去说吧！同时，不论外界舆论如何，我以不变应万变，只求灵魂的升华与纯洁，即使花落了，化成泥土了，轧成尘埃了，我的品格就像我的香气一样永驻人间。这种精神，不正是词人回首往事不知悔、奋勇向前不动摇的人格宣言吗？"群芳"在这里代指"主和派"小人。这两句，表现出陆游性格孤高，决不与争宠邀媚、阿谀逢迎之徒为伍的品格和不畏逸毁、坚贞自守的峥嵘傲骨。最后几句，把梅花的品格再推进一层："零落成泥碾作尘，只有香如故。"前句承上阕的"寂寞开无主""黄昏独自愁""更著风和雨"等凄惨境遇。"零落成泥碾作尘"这句七个字四次顿挫："零落"，不堪雨骤风狂的摧残，梅花纷纷凋落了。落花委地，与泥水混杂，不辨何者是花，何者是泥了。从一个"碾"字，显示出摧残者的无情，被摧残者承受的压力之大。结果呢，梅花被摧残、被践踏而化作灰尘了。而作者的目的，绝不是单为写梅花的悲惨遭遇，引起人们的同情。从写作手法说，这是铺垫，是蓄势，是为了把下句的词意推上最高峰。虽说梅花凋落了，被践踏成泥土了，被碾成尘灰了，但"只有香如故"，那别样的香味，却永远如故，一丝一毫也改变不了。末句具有扛鼎之力，它振起全篇，把前面梅花的不幸处境，风雨侵凌，凋残零落，成泥作尘的凄凉、衰飒、悲戚，一股脑儿抛到九霄云外去了。词人借梅言志，曲折地写出险恶仕途中坚持高洁志行，不媚俗，不屈邪，清真绝俗，忠贞不渝的情怀与抱负。词人以梅自喻，在对梅的赞咏中，显示自身身处逆境而矢志不渝的崇高品格。

陆游终归还是个性情中人，真正地做到了词酒趁年华。就在吟完这首词后，酒过三巡，微微有些醉意的陆游，抬眼望向远处的瀑布。这瀑布宛如害羞的少女，披着一层银纱，俏立风中，轻轻地哼着小调。恍惚间，陆游仿佛看到前妻唐婉身着白衣，正在向他不停地挥手。顿时，思念之情油然而起。他呆呆地望着那瀑布，不自觉地伸出手，他想拉住她，告诉她若不是母亲棒打鸳鸯，他又岂愿分开？他的爱情早在她离去的时候，随着她一起走了。这时，两人分开多年后的沈园偶遇，又出现在脑际，陆游想告诉唐婉，她送过来的那杯酒，他品味到的岂止是酒，还有她的深情。两行热泪潸然而下，陆游一下子回到了现实，他一仰头喝下了手中的酒。

也许就是这次酒中的幻觉，陆游把南际山当成了思念前妻唐婉的境地。事实上，也不全是陆游的幻觉，这瀑布本就叫夫妻瀑，它轻轻地从岩石上浮起，清朗、明快，不仅流得飘逸，还被微风温柔地梳理着，远远望去，呈现出"人"字形；从近处看，又仿佛一对恋人，含情脉脉地望着彼此。

或许正是这样的意境，使陆游对唐婉的思念有了温床。因而，在宁德期间，他常常一个人来到南际山，饮酒伤怀，任思念生根、发芽。也或许是心灵得到了慰藉，陆游竟有了一丝衰老之感，几乎不再写诗论文。在他流传下来的9000多首诗词中，在宁德创作的，几经考证，也不过聊聊四五首，这足以说明其中的缘由。

实际上，陆游在宁德结交了很多的朋友，几乎包含了各行各业的人士。值得一提的是，进士出身的县尉朱景参，和陆游有着同样浓浓的爱国情怀，都希望自己建功立业后，像范蠡一样功成身退。志趣相投，两个人成为知己，还曾相约游览了北岭的一座佛寺。

不巧的是，那天西风簌簌，寒雨扑面，给人一种凄凉之感。尤其当陆游看到庭前的荔枝树上挂着的一串串晚红荔枝，在雨水的冲刷中摇摇欲落，一种青春易逝、未能建功立业的悲戚感油然而生，甚至有了看淡荣辱的归隐之心。《青玉案·与朱景参会北岭》这首词就是在这样的心情之下一气呵成：

西风挟雨声翻浪。恰洗尽，黄茅瘴。老惯人间齐得丧。千岩高卧，五湖归棹，替却凌烟像。

故人小驻平戎帐，白羽腰间气何壮。我老渔樵君将相。小槽红酒，晚香丹荔，记取蛮江上。

这首词，虽然写的是陆游和友人喝酒品荔枝的情景，但却有着词的刚健语气和情调，一如他固有的风格，豁达而豪气。"西风挟雨声翻浪"作为全词的开篇，看似写景，却烘托了词人的心境。"恰洗尽，黄茅瘴"两句，词人以摧枯拉朽之笔，写出了秋风秋雨终于赶走了难熬的瘴气。此时，压抑在词人心头许久的郁闷之情一扫而光，心境格外澄明。紧接着，借着一句"老惯人间齐得丧"，说自己历尽人间万事，早就看淡了得失荣辱。想想自己刚刚 34 岁，还正当盛年，可白发却早早地安营扎寨，就有了叹老嗟悲的资格了。"千岩高卧，五湖归棹，替却凌烟像"三句，表面上看，词人要拜访崇山峻岭，泛舟五湖四海，纵情于山水之间，实际上却表达了词人的归隐之意。可以说，整个上阕，透露出词人不再追求功名的萧散苍凉。

而下阕六句，说的都是将来的事情。结尾的"小槽红酒，晚香丹荔，记取蛮江上"三句，显然与"苟富贵、勿相忘"有着异曲同工之妙。词人酒酣耳热，戏谑着朋友，虽是再现了词人和朋友豪爽相处、毫无芥蒂的情感，但纵观词人一生，他并不是轻言失败之人，却为什么写下如此调笑之言呢？事实上，正是这句戏谑之言，才使得整首词有了丰富的情感内涵，不能不说词人的高明。

相比自己的归隐，词人尤其在下阕里，写出了朱景参腰佩宝剑，气势如虹地驻扎在军营中的春风得意，字里行间无不透露出自己对朋友能够建功立业的向往，以及对朋友寄予的希望。他多么希望，朋友得意的时候，不会忘记他这个老朋友。曾经，自己也曾怀揣建功立业的雄心壮志，可现在，除了光阴虚度、事业无成之外，一种衰老之感，就像个幽灵一样，常常啃噬着他的心灵。虽然词人有些消极，但整个下阕，却不失词人寄希望于未来和对建功立业的强烈渴望。

蕉城蒲村晚熟的荔枝，肝胆相照的好友，都深深地镌刻在了陆游的记忆里，以至于经历近半个世纪的风风雨雨后，陆游仍念念不忘，81 岁时，他提笔写下《予初仕为宁德县主簿而朱孝闻景参作尉情好甚……》：

> 白鹤峰前试吏时，尉曹诗酒乐新知。
> 伤心忽入西窗梦，同在埔村折荔枝。

作这首诗时，陆游还写了序：

> 予初仕为宁德县主簿，而朱孝闻景参作尉，情好甚笃，后十余年，景参下世，今又几四十年，忽梦见之平生，觉得感叹不已。

对与好友举杯畅饮的美好回忆和无限眷恋，随着诗中的文字缓缓流淌。就在陆游写完这首诗不久，他又作了五律《绍兴中予初仕为宁德主簿与同官饮酒食蛎房甚……》：

> 昔仕闽江日，民淳簿领闲。
> 同寮飞酒海，小吏擘蚝山。
> 梦境悠然逝，羸躯独尔顽。
> 所嗟晨镜里，非复旧朱颜。

陆游还作了七律《道院杂兴》：

> 早岁知闻久已空，岿然犹有灞城翁。
> 东楼谁记倾春碧，北岭空思擘晚红。
> 冉冉流年霜鬓外，累累荒冢绿芜中。
> 琳房何日金丹熟？老鹤犹堪万里风。

诗文之中，饮酒、食蛎、折荔枝等情景尽述笔端。透过这三首诗，人们看到了他在宁德为官时特有的细节。《道院杂兴》看似念及晚熟的荔枝，实际却是怀念好友朱景参。

在宁德期间，陆游还抽空去了一趟福州，拜会了福建路提点刑狱公事樊茂实。说起两人的相识，还有一段小插曲。有一次，樊茂实来视察工作，县令本就有口吃的毛病，再加上有些紧张，因此，在回答问题的时候，说话结结巴巴，这令樊茂实有些不悦。陆游察觉后，就代替县令做奏报。陆游语言练达，从容不迫，奏报得详略有致，樊茂实听后很是满意。

樊茂实是一名文学大家，著名理学家张九成就曾在《寄端砚与樊茂实因作诗以遗之》中写到了樊茂实："樊子文章有余地，汪汪万顷谁敢窥。"樊茂实早就听说陆游的诗写得极好，这次又见他张弛有度，心里很是喜欢。尤其通过交谈，与陆游的爱国主战思想更是息息相通，不由得更加欣赏陆游。樊茂实回去后，主动写了一封奏状，极力荐举陆游为福州决曹，也就是樊茂实属下的一名文官，评语是"有声于时，不求闻达"。这封荐举信，无疑是对陆游的肯定，也让陆游获得了难得的出仕机会，只是陆游把事情搁下了，一直没有去拿这封荐举信。

这次两人再见面，虽时隔了几个月，但樊茂实并没有忘记荐举信一事，便问陆游："主簿为什么不来取奏状呢？"陆游笑着回答："如若我来取奏状，那便不是'不求闻达'，这岂不辜负了提刑的美意？因此不敢。"樊茂实哈哈一笑，还是催促书吏把荐举信交给陆游。那个时候，被荐举的人必须自己拿着荐举信，到临安（今浙江省杭州市）投寄，但陆游仍然没有投寄。可是，樊茂实爱才心切，与辛次膺并无二致，甚至有过之而无不及。他除了处处宣传陆游，还亲自荐举了陆游。

不久，陆游果然成为福州决曹，做了樊茂实属下的一名文官。对此，陆游记载说："绍兴己卯庚辰之间，余为福州决曹。"

06 古道赏石，观海听涛

宋高宗绍兴二十九年（1159 年），在福建路提点刑狱公事樊茂实的极力荐举之下，陆游离任宁德主簿一职，到福州担任福州决曹。决曹是宋代的官名，主罪法事，就是掌握地方的刑法治安，管理罪犯和处理诉讼事宜。

对陆游而言，这不仅是一个节点，更是一个转折点。他甚至有一种感觉，在仕途上，他已经踏上了一展抱负的征程。

陆游沿着罗宁古道一路南下。罗宁古道起于福建省罗源县，终于福建省宁德市，是闽浙古道福州到温州古官道的一段。这条古道建于唐玄宗天宝年间，繁荣于宋代，可行人走马。

罗宁古道风光秀丽，是古代文人雅客来往于福州和宁德之间的重要通道。毫无疑问，陆游从不缺少欣赏美景的热情。一路上，他尽情地呼吸着清新的空气，路旁的绿树野花尽收眼底。在他的眼里，这里的天空似乎格外蓝，以至于他迈出的脚步都非常地铿锵有力，仿佛能听到清亮的回声。他不由自主地再一次流露出激动和喜悦的眼神，就如同绍兴二十八年初春南下赴任宁德主簿时一样。

当陆游走到罗宁古道的走马岭路段（今福建省福州市境内）时，无意间发现道旁的荒草荆棘中，裸露出一块圆圆的大石头，上面还刻有大字。他停下前行的脚步，走进大石，见上面的"树石"两字古朴、飘逸。陆游懂得书法，觉得这块石头来历不凡。于是，他叫随从清理掉周围的荆棘杂草，"才翁所赏树石"六个大字赫然而显。陆游惊喜不已，忙上前抚摸着那六个大字，看得随从丈二和尚摸不着头脑。他忙解释说："这个才翁，就是诗人苏舜钦的哥哥苏舜元，是北宋著名的大书法家。"可是，陆游没有告诉随从，他是才翁的铁粉。

随从听了陆游的话，笑着对他说："大人上任途中遇到奇石，这可是一个好兆头啊！"陆游有些不解，随从忙解释说："大人才高八斗，谁人不知谁人不晓？大人就是才翁，赏石就是赏识，此番上任，大人必受赏识。"

上任途中，得遇偶像 100 多年前的真迹，陆游确实有些激动，他仰天大笑说："如果真如你所言，我一定好好谢你！"后来，陆游把这段小插曲写进了 10 卷本的《老学庵笔记》中。

只是陆游自己也没想到，这次离开，他再也没有回过宁德，但作为他仕途的起点，陆游对它有着特殊的情感。在以后的岁月里，宁德一直让陆游魂牵梦萦，常常忆起。他 81 岁时，曾连续作了三首诗，吟咏这段经历，足见这种怀念愈老愈加刻骨铭心。

陆游到福州就任决曹，负责掌管刑狱，是隶属于福州府的一个部门。相比陆游之前的主簿一职，决曹的官阶并不高多少，用现在的话说，基本就是平调。尽管官阶没有什么变化，但陆游的心境却有了翻天覆地的变化，因为他太喜欢福州的环境了。

也难怪陆游喜欢福州。福州三山鼎峙，一水环流，素有三山之称。尤其是宋英宗治平二年（1065 年），张伯玉知福州，编户植榕，绿荫满城，福州榕城的美名从此声名远播。福州不仅是一座美丽的城市，而且底蕴深厚，很多的历史名人在此任职，位居唐宋八大家之列的曾巩就是其中之一，他在福州所写的诗作《城南二首》，清新而壮丽，历来被诗家所赞叹。

其一

雨过横塘水满堤，

乱山高下路东西。

一番桃李花开尽，

惟有青青草色齐。

其二

水满横塘雨过时，
一番红影杂花飞。
送春无限情惆怅，
身在天涯未得归。

陆游在福州期间，虽然也留下了很多的诗篇，但由于他公务实在繁忙，
几乎没有时间饮酒赋诗。他刚到福州，就赶上福州大旱。尽管他既不是主
官，也不负责农业，甚至还没来得及熟悉这座城，就成了大忙人。老百姓听
说新来的决曹写得一手漂亮的文章，就请他代写《祈雨文》。陆游关心百姓
疾苦，毫不犹豫地答应下来。于是，陆游挥笔写下了《福州城隍昭利东岳庙
祈雨文》：

闽之风俗，祭祀报祈，比他郡国最谨。以其祠庙之盛，甲于四方。斧
斤丹垩，靡有遗巧，重门杰阁，焕然相望。则神之所以福其人者，亦宜与他
郡国异，而自夏讫秋，骄阳为害，水泉浅涸，草木焦卷，多稼弥野，将茂而
槁。夫幽显之际虽远，然岂有享其奉而部恤其害者？惟神聪明宜动心焉。

文中，陆游先说福州习俗好，百姓对神仙最尊敬。接着，直接指出"岂
有享其奉而部恤其害者"。或许，城隍爷真的"聪明宜动心"，就在陆游的文
章刚写完一两日，福州城隍爷就耕云布雨，普降甘霖。万物复苏之际，陆游
又责无旁贷地写了一篇《福州谢雨文》：

吏受命天子，牧养百姓，神受命上帝，保卫一方，其责则均。然而祠
宇貌像，孰与府寺之雄。牺牲醴币，孰与廪饩之厚。巫觋尸祝，孰与官属之
盛。吏惰政纰，无以格丰年之祥。不自责而望神，宜拒而弗享矣。区区之
祷，曾未信宿，云兴东山之麓，雨被千里之内，雷发而不怒，风行而不疾，
祁祁砭砭，如哺如乳。起视四野，莫不沾足，愁叹之声，变为欢谣。呜呼。
吏之愧于神多矣。酒冽牲肥，乐歌送迎，匪报也，以识吏之愧也。

时至今日，刻有陆游祈雨文和谢雨文的石碑，还保存在福州东岳庙内。

祈雨一事过去后，陆游立即投入政务中。大凡有诉讼案子，他必亲自审理，然后多方取证，不枉不纵。但凡来伸冤的，他绝不盲断，而是访谈街坊邻居，多听大家的意见，然后再加以辨证鉴别，既不冤枉一个好人，也不放纵恶人。为此，他也得罪了不少有钱有势的人。

有一位好心人劝他说："决曹，权重俸薄，何费其力哉？"陆游回答说："有一道楹联，流传甚广，上联是：'得一官不荣，失一官不辱，勿说一官无用，地方全靠一官。下联是：吃百姓之饭，穿百姓之衣，莫道百姓可欺，自己也是百姓。'"随即，他铺纸蘸墨，书了一联："与百姓有缘，才来到此；期寸心无愧，不负斯民。"那位好心人仔细端详这副联，见书迹飘逸，犹如蛟龙出海，啧啧赞叹，甚至爱不释手了，陆游便把这副联送给了那位好心人。

陆游不仅诗文出名，而且书法造诣也非同一般。他的行书学的是杨凝式，草书学的是张旭，但他在传统的基础上，增加了自己的创新，形成了自己的书法风格，把行书和草书写出了蛟龙出海的磅礴气势。他的书法代表作《自书书卷》（八首），行草功力深厚，与自己气壮山河的爱国诗篇相映衬，纵横飘逸，潇洒遒劲。中国儒学集大成者、宋代理学家朱熹在提到陆游的书法时，是这样评价的："笔札精妙，意境高远。"明代书画收藏家、文学家张丑也用四个字评论陆游的书法："书迹飘逸。"虽然陆游没有被列入"宋四家"，但他的书法，可以与苏轼、黄庭坚、米芾、蔡襄等四大家齐名，甚至超过他们，只是他的书法，被诗词的精妙给掩盖了。

那位好心人得到陆游的墨宝，小心翼翼地珍藏起来。以后，大凡有新决曹到任，他必将此联送堂上展示，让其自己领悟其内涵。

陆游担任福州决曹期间，除了忙于办理案子，还多次出海考察。

陆游第一次出海，还是早秋，当时雨过天晴，陆游和三位同僚乘船远行。一路上，大家高谈阔论，有说有笑。船工也被这浓郁的气氛感染了，遥指东南说："船行五日，就可到达流求（今台湾省）。流求在泉州之东，其侧有小岛，曰彭湖，流求与澎湖烟火相望。"陆游对同僚说："这流求岛孤悬海外，多年难兴。三国时期，吴国孙权派将军卫温和诸葛直，率甲士万人进入此岛，那时称其夷洲，至今已九百年，代代有人去岛。"

大家又让船工讲一讲关于大海的故事，于是，船工便滔滔不绝地说起了妈祖。他说，妈祖不是传说，而是确有其人。妈祖叫林默，是福建莆田人。她自幼聪颖，精通天文、气象和医术，尤其善于驾舟，经常在海上救人，而且惠及流求。在一次海难中，她为救人而死。乡民们为了纪念她，建起了妈祖庙，福建和流求都有妈祖庙。

听完妈祖的故事，陆游望着辽阔的大海，吟咏着曹操的《观沧海》。此时，诗人浮想联翩，随之自作了一首《感昔》：

> 行年三十忆南游，稳驾沧溟万斛舟。
> 常记早秋雷雨霁，柁师指点说流求。

流求入诗，陆游是第一人。流求第二次进入他的诗，是在《步出万里桥门至江上》中：

> 久坐意不怿，掩卷聊出游。
> 一筇吾事足，安用车与驹。
> 浮生了无根，两踸蹋百州。
> 常忆航巨海，银山卷涛头。
> 一日新雨霁，微茫见流求。
> 西行亦足快，纵猎南山秋。
> 腾身刺猛虎，至今血溅裘。
> 命薄每自笑，校尉略已侯。
> 短剑隐市尘，浩歌醉江楼。
> 颇疑屠博中，可与共奇谋。
> 丈夫等一死，灭贼报国雠。
> 徙倚万里桥，寒日堕前洲。

之后，陆游又到闽江口琅岐岛考察。琅岐岛三面环江，东面环海，素有闽江口的明珠之称，风景秀丽，名胜古迹众多。陆游领略过很多的风景名胜，但他一到这里，还是被眼前的秋季美景吸引住了，在《航海》这首诗中，他把琅岐岛比喻成了蓬莱：

我不如列子，神游御天风。

尚应似安石，悠然云海中。

卧看十幅蒲，弯弯若张弓。

潮来涌银山，忽复磨青铜。

饥鹘掠船舷，大鱼舞虚空。

流落何足道，豪气荡肺胸。

歌罢海动色，诗成天改容。

行矣跨鹏背，弭节蓬莱宫。

可能是因为出生在船上的缘故，陆游对大海有着别样的深情，就是在病中，也曾到过福州闽江的南台（今福建省福州市仓山区）。

南台风景秀丽，名胜众多，从福州到南台，必经过一座浮桥。所谓浮桥，就是把船首尾连接在一起。汹涌的江涛，壮观的浮桥，构成了独特的自然景观，成为当地一绝。陆游来到南台的时候，尽管身体有恙，但面对美景，仍然诗兴大发，吟诵了一首《度浮桥至南台》：

客中多病废登临，闻说南台试一寻。

九轨徐行怒涛上，千艘横系大江心。

寺楼钟鼓催昏晓，墟落云烟自古今。

白发未除豪气在，醉吹横笛坐榕阴。

这首诗的意思是：客居在外，病魔缠身，不能登山临水。听说胜境南台山，试着前去寻它一寻。无数的车马，缓缓行驶在浪高流急的江面浮桥上，千百条船儿连结在一起，横跨于大江的中心。光孝寺楼里，钟鼓声声，从早到晚催着时光逝去，四周村落云烟袅袅，从古至今一直飘散着。白发已生，却不能消除我心中的豪气，带着酒后的浅醉，在一片榕树的树荫里，吹起横笛。

这首诗是陆游早期律诗中的佳作。诗人病后登临南台，在跃跃欲出、急于欣赏外面风景的心情的驱使下，缓步前行，临江眺望。诗中表现了浮桥的伟丽、南台的雄浑，借江山来抒发心中的万千豪情。全诗意境阔大豪迈，于晓畅流动中显示了豪壮瑰伟的风格。

陆游从去南台写起，但开篇却从题外落笔，说自己因为生病，长时间没有登山临水了。然后，笔锋一转，说南台非同一般，故而特来寻访，回到文中正题，曲折、有致。看似短短的两句，却写出了诗人到了福州，忙于工作，身体又多病，来南台，并非是兴之所至的游山玩水，而是听说南台壮阔，特意寻访。

紧接着，浮桥的磅礴气势随着笔端喷薄而出，这也恰是引起诗人兴趣的地方，诗人急切地盼望着一睹为快。而且，就写法来说，诗人虚实结合，既是写景，也是抒情，体现了诗人征服大自然的气魄，熔铸了诗人建功立业的热望，折射出诗人的向往、意趣和追求。

"寺楼钟鼓催昏晓，墟落云烟自古今"两句，是写至南台所见所闻。诗人登台而听到寺楼的钟鼓声，看到升腾在村落间的云烟，顿生感想，思绪悠悠。因钟鼓声，想到它在早晚催促人们须及时有所作为。继而放眼远望，闽江两岸村落之间，云霞掩映，烟雾升腾，顿悟古往今来，人世变迁，悠悠不尽。而自然界的变化，自循轨迹，并不因人的意志而变更。

最后两句和开头相照应，是诗人意绪的自然归结。雄浑壮阔的景象激发了诗人的豪情。他觉得时间不等人，自己的抱负还没有实现，唯有更加努力才行。可一念及抱负，他又难免有些伤感，于是，诗人醉中拈笛，抒发情怀。表面上看，诗人有些抑郁之感，但他并不消沉，渴望更加强烈，信念更加坚定。也正是这一信念，激励着诗人在以后的岁月中，时刻不忘恢复中原大业，慷慨激昂地奋击抗金，讴歌呐喊。

陆游的这首诗，不同于他的后期诗作，这是他初仕不久，渴望有所作为、一展宏伟抱负的心情写照。虽是游记之作，但慷慨激昂，更多的是一种奋进之气。而他后期的诗作，大多流露出报国无门、壮志难酬的叹息和愤慨，两者还是有着显著的差别的。

第四章

悬知寒食朝陵使

驿路梨花处处开

01 调任临安，踏香入京

陆游来福州担任决曹一职不到一年，因为政绩突出，百姓拥护，得到了宋高宗赵构的赏识和重用。宋高宗绍兴三十年（1160 年）正月初，陆游被调往临安（今浙江省杭州市），入朝为敕令所删定官，负责编纂、颁布法令和起草国书、文告等事务。

福建与浙南、浙西地区丘陵密布，溪流纵横，道路崎岖，闽浙间的陆路交通非常不便，因此，陆游选择走水路去临安。他带领随从经括苍（今浙江省临海市境内）、东阳（今浙江省金华市）北上，到温州登陆。

人生的道路，心情是动力。一路上，陆游轻松而快乐。这并不是因为职位上的高升，而是他觉得，自己站在了人生新的起跑线上，向施展抱负建功立业，实现光复中原的宏伟目标又迈出了坚实的一步。陆游回想起在福州的岁月，那时每日忙于政事，饮酒都成了一件很奢侈的事。可他酷爱饮酒，似乎没了酒，连吟诗的激情都没了。自从上船以后，陆游再没离开过酒，海给了他不一样的情怀。

清晨，耀眼的阳光透过云层洒入海面，蔚蓝的天空中，海鸥展翅飞翔，到处寻找食物。海静静的，仿佛明镜一般，倒映着蓝天白云，犹如一块碧玉，就连涛声也轻柔起来，似乎还沉湎于梦境。

白天，波纹叠着波纹，浪花追着浪花，海浪镶着波花织成的银边，一会被前面的波浪卷入浪谷，一会儿被后面的波浪推上浪尖，一轮刚刚过去，新的一轮又已来临。陆游仔细体会着其中的节奏，觉得波浪是大海的心跳。他的心，随着波浪涌动，那是一种从未有过的奇妙感觉。他真实地体会到了生命的跳动，博大而强烈。

傍晚，望着天水相接、浩浩荡荡、深不可测的大海，陆游领悟着海纳百川的坦荡与浩气，沉浸在岁月流逝又无痕的感叹中。他醉了，而诗情醒了。于是，诗人便有了《海中醉题时雷雨初霁天水相接也》：

> 羁游那复恨，奇观有南溟。
> 浪蹴半空白，天梁无尽青。
> 吐吞交日月，澒洞战雷霆。
> 醉后吹横笛，鱼龙亦出听。

船行至永嘉（今浙江省永嘉县）、括苍，陆游几乎便是无日不醉了，诗也屡屡信手拈来，这首《自来福州诗酒殆废北归始稍稍复饮至永嘉括苍》就是其中之一：

> 尊酒如江绿，春愁抵草长。
> 但令闲一日，便拟醉千场。
> 柳弱风禁絮，花残雨渍香。
> 客游还役役，心赏竟茫茫。

两个月后，船到了东阳，陆游再次做短暂停留。陆游对东阳并不陌生，20多年前，6岁的陆游和家人在此躲避战乱，直到9岁时才离开东阳。他清楚地记得，当时，自己和安福寺的高僧依依惜别，不忍离去，还作了一首《别安福寺僧》：

> 避乱到安福，与僧常往还。
> 东溪分别去，黄鸟正鸣恋。

饱经战乱的生活感受，群情激昂的抗敌气氛，给童年的陆游留下了极其难忘的印象，并使他受到了深刻的爱国教育。这首诗，反映了陆游与寺院高僧之间的真挚友情和不忍离去的惜别之情。

故地重游，备感亲切，陆游面对哺育过自己的东阳山水，热情奔放，欣然命笔，写下了《东阳道中》：

> 风敧乌帽送轻寒，雨点春衫作碎斑。
>
> 小吏知人当著句，先安笔砚对溪山。

陆游是春天来到东阳的，他看到这里的景色，便触景生情，写下了这首诗。

春天的东阳城内，荼蘼花团锦簇，香气扑鼻而来。陆游清楚地记得，他离开福州时，福州的荼蘼花开正旺，香气浓郁。福州地处南方，气温较高，每年正月，荼蘼花就开始盛开了。荼蘼花的花季不是很长，大概半个月。而浙江气温稍低一些，每年的农历三月末开始盛开。因此，陆游离开福州两个月后，东阳的荼蘼花热情地迎接了诗人的到来。诗人投桃报李，深情地写下一首《东阳观酴醾》，诗中荼蘼花的浓香扑鼻而来：

> 福州正月把离杯，已见酴醾压架开。
>
> 吴地春寒花渐晚，北归一路摘香来。

这首诗是说，正月离别福州时，已是酴醾花开得满架了。而吴地春寒，行到东阳，酴醾花才刚刚开放，北归路上，酴醾花一路相随。诗人"一路摘香"，北归的路途并不寂寞，显示出诗人的青春活力。

其实，植物的生长，主要受日照和降水的影响，而日照和降水，是随着纬度和海拔的变化而变化。白居易在《大林寺桃花》中，就曾写了"人间四月芳菲尽，山寺桃花始盛开"这两句千古名句，揭示了植物在不同海拔的生长差异，海拔越高，花开越晚。无独有偶，陆游的这句"吴地春寒花渐晚，北归一路摘香来"，则揭示了植物在不同纬度的生长差异，纬度越高，花开越晚。

作为唐、宋两个时代的著名诗人，白居易和陆游都有着非常敏锐的观察力。白居易的《大林寺桃花》和陆游的《东阳观酴醾》两首诗，都给后人上了一堂大自然的常识课。而且陆游诗中指明，浙江比福建天气寒冷，所以即便是同一种植物——酴醾，花自然开得也要晚些。

也正是这样的时间差，陆游把十五天花期的酴醾花，足足看了两个月，直到他离开东阳，十几天后到达临安，迎着酴醾花的芳香入京，真的是一件非常幸运的事情。

此后几十年，陆游再没到过东阳。直到年近古稀，陆游慕名郭氏石洞书院，才第三次来到东阳。那时，书院的主师席是南宋著名的哲学家叶适。叶适字正则，号水心，世称水心先生，是永嘉学派的代表人物。在政治上，他积极主张抗金，反对议和。在学术上，他主张功利实用，反对理性空谈，而这两方面，也恰恰是陆游乐于与书院论文、酬答的原因。

郭氏石洞书院位于东阳最佳之地，环境幽静，风物优美。尤其是石洞周围的郭氏山林十景，文人墨客纷纷以诗记之，陆游对十景也分别作了题咏。他在游十景之一的"小烂柯"时，从传说中仙人的弈棋，联想到抗金卫国的战争，以及在这场战争中，可能出现的与棋局类似的局面，便题写了《小烂柯》这首诗：

山中一枰棋，尘世底事无。

若复见胜负，与彼亦何殊。

山光水色中，渗透着爱国忧民的忠愤热流，抒发了诗人慧眼独具的深邃见解。

在郭氏山林，陆游共写了 16 首诗，其余的 15 首为：

倚剑

悬瀑若剑立，空潭如镜平。

未能照魑魅，且用斩长鲸。

清旷亭

胜游谢车马，从此始青鞋。

俗士洗褊心，达人增旷怀。

月峡

我昔溯三峡，仰天如匹练。
安得中天月，正用此时见。

壶天阁

吾庐在目中，日可理轻策。
乃知壶中天，端胜缩地脉。

飞雪

我昔游青城，六月对雪山。
吴蜀渺万里，安得在此间。

笙鹤亭

兹山多异境，飞仙亦税驾。
勿遣俗客来，恐妨笙鹤下。

阙云关

白云如高人，择友尚傲世。
朱门客三千，一点不可致。

药圃

采芝夏黄公，卖药韩伯休。
吾友子郭子，高趣可与侔。

玉佩

群仙停鹤驭，玉佩摇空山。
金丹定分子，往缀通明班。

倾月

种梧待凤雏，此计乃可笑。
不如看月堕，与子舒清啸。

玉泉

摘玉毁珠玑，蒙庄有深旨。
向郭不能传，千载付吾子。

高碧岩

我诵明逸诗，豹林不可到。
斯山幸不远，何日敧纱帽。

韫玉岩

苍崖韫白璧，欲上渺无路。
但照太史占，虹气贯宝婺。

石井

酌泉咽冰玉，肺腑生惨凛。
老夫桑苎家，颇欲续水品。

桂壑

小山有桂枝，名自骚人传。
我欲辨其族，衰病空慨然。

在东阳的经历，深深地镌刻在了陆游的脑海里，直到暮年都难以忘怀，一首《杂诗》这样写道：

家本徒寿春，遭乱建炎初。
南来避狂寇，乃复遇强胡。
于时两两髦，几不保头颅。
乱定不敢归，三载东阳居。
人事固难料，今乃八十余。
努力未死间，读我先人书。

虽然这都是后话，但无一不体现出诗人寄意恢复、誓为国家报仇、为人民建功立业的高尚情怀。

宋高宗绍兴三十年（1160年）的春夏之间，陆游赶到了临安，走马上任敕令所删定官。

初到京城，虽然陆游的官职低微，但他的才情与气魄早已闻名朝野。与他结交的人，都不是泛泛之辈。可是，敕令所删定官所负责的工作，并不是很重要。除了生活安定以外，陆游的壮志依旧难酬，他的《诉衷情·青衫出入九重城》这首词，就充分地体现了这一点：

> 青衫初入九重城。结友尽豪英。蜡封夜半传檄，驰骑谕幽并。
>
> 时易失，志难成。鬓丝生。平章风月，弹压江山，别是功名。

这首词的意思是：当初我作为低级官吏进入京城，结识的朋友都是英雄豪杰。起草重要文书，用蜡封固并连夜传送，骑着马奔驰传告中原人们。时机容易失去，壮志难酬，两鬓已生白发。只好写文章品评风月，指点山川，建立另外一种功名。

这首词的上阕是词人在忆旧。"青衫初入九重城，结友尽豪英"两句，写词人早年的政治生活。"青衫"，宋朝时九品官服是青色的。陆游由福州决曹被荐举到临安，以九品官入京改职，言"青衫"十分贴切。陆游为官期间交识的同辈人士，多是一时俊彦，所以说"结友尽豪英"。"蜡封夜半传檄，驰骑谕幽并"两句，写词人担任礼部郎中兼实录院检讨官时的活动，反映出当时的政治形势是很鼓舞人的。宋孝宗即位后，欲有所作为，遂恢复起用主战派的著名人物张浚，筹划进取方略。

词的下阕是词人在抒愤。"时易失，志难成，鬓丝生"三句，既是词意的转折，表现出词人激动的心情，也是词人政治经历的转折。"时易失"，先就大局而言，就是说，好景不长，本来满有希望收复中原的大好机会，竟被轻易地断送了。宋孝宗赵昚操之过急，张浚志大才疏，北进结果遭到符离之败，反而又结成了屈服于金人的隆兴和议。这些史实，概括在这一短语之中，表现出了陆游的痛惜之感。就个人方面说，正因为整个政治形势起了变化，自己壮志未酬，而白发早生，以致成终身大恨。结尾"平章风月，弹压江山，别是功名"三句，写词人晚年家居的闲散生活和愤懑情绪。"平章风月，弹压江山"是相对上阕结交豪英，夜半草檄而言的。那时候，终日所对的是英雄豪杰，所作的是羽书檄文。而此时，终日所对的则是江山风月，所作的则是品评风月的文字，成了管领山川的闲人。天壤之别的场景，令词人痛心疾首，透出无奈之态。风月的品评，山川的管领，原是"闲者"的事，与"功名"二字沾不上边，而结句却说"别是功名"，这是幽默语，是自我解嘲，也是激愤语，是对那些加给他"嘲咏风月"罪名的人的有力反击。

陆游写这首词时，已经 36 岁了。整首词，词人率意而写，不假任何的雕琢，语明而情真。并通过上阕忆旧、下阕抒愤的对比，反映出陆游的不平静心情。

在临安的那段日子，陆游除了工作，还结交了周耘、刘凤仪、周必大、史浩、陈俊卿、芮晔、冯方、李浩、吕祖谦等一批知心好友。有时，他和三五个好友一起游览西湖，和一两个知己煮酒论诗，生活过得很是安稳、闲淡。

02 志趣相投，知己必大

在陆游众多的朋友和知己当中，周必大无疑是一个独特的存在，两个人之间的关系，一直被一些人所耻笑。究其原因，就是周必大后来做了丞相，成为一人之下万人之上的朝廷重臣。地位的悬殊，给了人们足够的想象空间。一些人甚至认为，周必大过于谨慎，不肯替陆游说话荐举。但实际上并非如此，两人一直都心心相印，其关系更是无可厚非。

周必大一生地位显赫，名誉远播，与胡铨、欧阳修、杨邦乂一起，并称为"庐陵四忠"。无论是辅佐朝廷，还是主政地方，都始终秉持刚正不阿、清廉执政、爱国爱民的作风，是一位极富才干的政治家。他主张强兵、富国、安民、政修，并且积极落实到行动上。他主持制定了"诸军点试法"整肃军纪；积极主张发展商业贸易，增加国库收入；以人为本，减赋赈灾；主张选拔人才，考察官吏，固职守。

周必大不仅在政坛上叱咤风云，文学造诣也不容小觑，堪称"九流七略，靡不究通"，诗词歌赋"皆奥博词雄"。他身体力行，力矫社会不正文风，写出了大量的文学作品。清朝政治家、文学家纪昀在《四库全书总目》中，是这样评价周必大的："著作之富，自杨万里、陆游外，未有能及者。"

当然，陆游和周必大相识的时候，周必大还没有这些成就。陆游比周必大大一岁，对于两人的相识，陆游在《祭周益公文》中写道：

某绍兴庚辰，始至行在，见公于途，欣然倾盖。得居连墙，日接嘉话，每一相从，脱帽褪带，从容笑语，输写肝肺。邻家借酒，小圃锄菜，荧荧青灯，瘦影相对。西湖吊古，并辔共载，赋诗属文，颇极奇怪。淡交如水，久而不坏，各谓知心，绝出流辈。

当时，临安（今浙江省杭州市）被称为行在所。这篇祭文中说，两人相识在临安，并且两人还是邻居，周必大就住在陆游的隔壁。现在看来，两人的相识，有着偶然性，也有其必然性，诗词以及激昂的爱国热情，就是两个人友谊的桥梁。

相识之初，尽管两人相差一岁，但陆游的知名度远超周必大，周必大很钦佩陆游。两人相熟以后，周必大时常向陆游讨教作诗之法。宋末元初著名的诗文批评家方回在《瀛奎律髓》中说："公尝问诗法于放翁，对云：'当法子由。'"陆游告诉他多去学学苏辙。为什么要学习苏辙，而不是学习苏轼呢？周必大在《跋苏子由和刘共父省上示座客诗》中写道：

吾友陆务观，当今诗人之冠冕，数劝予哦苏黄门诗。退取《栾城集》观之，殊未识其旨趣……快读数过，温雅高妙，如佳人独立，姿态易见，然后知务观于此道真先觉也。

意思是说：我的朋友陆游是当今第一大诗人，他多次劝我要学苏黄诗派的笔法。因此，周必大开始仔细研读苏辙的诗集，但最初总是不得要领，直到读过几遍后，渐渐品味到了其中的妙处，他不无感慨地说：陆游兄确实是一位真正懂诗的好友。

闲暇之余，陆游与周必大这两个有着相同志趣爱好的人，常常凑在一起就着小酒小菜，谈古论今，吟诗作赋，亦师亦友。

周必大居馆内栽种很多海棠，一到夏末，花蕾红艳，似胭脂点点。花开后，又渐变成粉红色，犹如晓天明霞，让陆游很是艳羡。

一直以来，陆游对海棠都是情有独钟，尤其对竹节海棠，更是另眼相看。当初，陆游母亲逼着他与唐婉分手，分别的时候，唐婉就曾送给陆游一盆花。陆游说是相思红，而唐婉泪水涟涟地说是断肠花，但实际上，那盆花就是竹节海棠。传说竹节海棠是一位佳人思念心上人的眼泪所化，因此，竹节海棠也叫相思红，或是断肠花。陆游喜欢海棠，众人皆知，尤其是他46岁入蜀后，写下了大量的海棠诗，他也因此一度被称为"海棠癫"。

这一天，陆游与周必大两人又在一起喝酒作诗，无意间，就聊起了各自喜欢的花。周必大得知陆游喜欢海棠，就豪爽地说："务观兄喜欢海棠，这有何难，我居馆里的海棠花开正艳，待明日我折些送与务观兄便是。"而过后，周必大就把这事给忘了。陆游左等右等，始终没有收到周必大的海棠，眼见着花期即将过去，就想催促一下周必大，可又不好意思直说，于是，便写下了这首《周洪道学士许折赠馆中海棠以诗督之》：

> 嫣嫣柔丝不自持，更禁日炙与风吹。
>
> 仙家见惯浑闲事，乞与人间看一枝。

周必大看了陆游的诗后，才恍然想起自己许诺的事情，便回了一首《许陆务观馆中海棠未与而诗来次韵》：

> 莫嗔芳意太矜持，曾得三郎觱篥吹。
>
> 今日若无工部句，殷勤犹惜最残枝。

这两首诗，不难看出陆游与周必大两人关系的密切程度。只是造化弄人，周必大如同他的名字一样，官越做越大，而陆游就没有周必大那么幸运。两人的官阶虽然越差越大，但并不影响他们之间的友谊。

可是后来发生的一件事，却成为一些人诟病陆游和周必大友情的理由。

宋孝宗淳熙六年（1179年）秋，陆游被任为江西常平提举，主管粮仓、水利事宜。第二年（1180年），江西闹水灾，陆游号令各郡开仓放粮，并上奏朝廷告急，请求开常平仓赈灾。十一月，陆游奉诏返京，等待任命。

陆游左等右等，总算等来了一个不错的空缺。就在大家都以为陆游能补这个空缺时，却横出枝节，给事中赵汝愚以"不自检饬、所为多越于规矩"为由，借机弹劾陆游。陆游愤然辞官，重回山阴。

陆游一向洒脱，对此倒没有多想，但陆游的另一个好友吕祖谦却看不下去了。吕祖谦不仅是陆游的朋友，而且也是陆游的老师曾几的外孙，更是陆游另一个老师吕本中的侄孙。在吕祖谦看来，虽然陆游有些不修边幅，但有内秀，是难得的人才。

此时，吕祖先最不满意的人，就是周必大，他认为，周必大既然是陆游的知己，关键时候就应该挺身而出，帮陆游说说好话。况且，周必大当时是参知政事，也就是副丞相，完全有这个实力。因此，吕祖谦对周必大说："子直庶几善道，而于事物似未尽谙。如陆务观疏放封驳，岂为过当？方人才难得之时，其词翰俊发，多识典故，又趋向实不害正，弃暇使过亦何妨？公与子直厚，胡不语之。"

无论从哪方面看，吕祖谦对周必大的问责都很在理。但此时，周必大有口难言。他刚刚出任参知政事，就算他想提携人才，可他毕竟也是副职，受多方掣肘。在周必大的心里，他觉得他比谁都懂陆游，比谁都想帮陆游，只是心有余而力不足。

这次没有帮上陆游，周必大心里也很不是滋味。淳熙九年（1182 年），周必大在《与陆务观书》中给陆游写道："某力小任重，已非所安，年衰气索，又觉难于支吾。"他是说，因为自己能力所限，难以给友人提供更大的帮助。

后来，周必大努力地向朝中荐举陆游。他在《学士添员御笔回奏》中这样写道："此外惟有陆游大段该博，尤知本朝典故，辞章实为独步。并乞睿照。"俗话说得好：朝中有人好做官。既然周必大这么帮陆游说话，可为什么陆游一直没有得到重用呢？这也是人们不解的地方。

但是，周必大想帮陆游谋个好职位的说法，确有其事。宋代理学家魏了翁在给宋代学者倪思撰写的墓志铭中，就有这样一句话："淳熙十六年正月，上问丞相曰：'学士院阙人，谁可者？'周文忠公进奏数人，公与其一，然意主陆游，上持以命公。"

除了在朝中做出努力，周必大更是找各种机会夸奖陆游是当今第一大诗人。他在《跋陆务观送其子龙赴吉州司理诗》中这样写道：

　　吾友陆务观，得李、杜之文章，居严、徐之侍从，子孙众多如王、谢，寿考康宁如乔、松。诗能穷人之谤，一洗万古而空之。

陆游固然是千里马，但单有懂他的人不行，还必须有伯乐，有一个足够欣赏他的人才行。

03 召至行在，赐身进士

宋高宗绍兴三十一年（1161 年）九月，金主海陵王完颜亮御驾亲征，统帅百万金兵，分四路南下，豪言统一华夏，兴国百业。

金国四路大军出击的方向是：第一路自海道进攻都城临安（今浙江省杭州市）；第二路自蔡州（今河南省汝南县）出发，进攻荆州（今湖北省江陵县）；第三路由凤翔进攻大散关（今陕西省宝鸡市西南），待命入川。第四路由完颜亮亲自统领 32 万总管兵，进军寿春（今安徽省凤台县）。

战争初期，金军节节胜利，旌旗招展，军马嘶鸣，杀气腾腾，不可一世；而宋军这边，连丢城池，节节败退，一路向南。

李宝率领军队和民兵，首先发起了绝地反击，致使金军的三路水军溃不成军。就是这次胜利，给南宋广大军民以极大的鼓舞和信心。

绍兴三十一年十二月，均州（今湖北省丹江口市）知府、监管内安抚使武巨派乡兵总辖杜隐北进抗击金军，一度收复了西京（今河南省洛阳市）。这时，陆游在临安（今浙江省杭州市）任大理司直兼宗正簿。当他听到宋军收复西京的消息后，兴奋不已，挥笔写下了一首《闻武均州报已复西京》：

白发将军亦壮哉，西京昨夜捷书来。

胡儿敢作千年计，天意宁知一日回。

列圣仁恩深雨露，中兴赦令疾风雷。

悬知寒食朝陵使，驿路梨花处处开。

这首诗的意思是：武巨将军虽然已经老了，但仍然英勇豪迈，收复西京的捷报昨夜传来。金人痴心妄想要永占中原，可哪里知道，上天永远保佑我大宋兴泰。大宋列祖列宗的仁泽深如雨露普降，大赦诏令快似疾风迅雷。可以料想，明年寒食祭扫宋先帝陵墓的使者，将通过梨花盛开的驿道而到达洛阳。

可是，金军后院起火，战争的局势便急转直下。留守京师的完颜亮的从弟完颜雍发动金朝政变，自立为皇帝，是为金世宗。完颜雍即位后，改元大定，下诏废除完颜亮，由此开始了他长达 29 年的统治历程。

完颜雍登基为帝的消息很快传到前线，一些南征的金国将士纷纷从前线逃回，来拥戴完颜雍。随着逃回官兵的增多，军队的军心开始动摇，并丧失斗志。但海陵王完颜亮为了保住自己的颜面，不肯半途而废无功而返，继续统率大军从和州（今安徽省和县）渡江进攻南宋。

当金军行进到采石矶（今安徽省马鞍山市西南）一带时，宋军文官虞允文以不足两万的兵力，大败 40 万金兵。宋军的这次以少胜多，让"采石之战"成为中国历史上有名的经典战例。

惨败的完颜亮虽然已经处在了孤立无援的境地，可他仍然没有退兵的意思，而且还勒令金军将士"三日渡江不得，将随军大臣尽行处斩"。没想到，在完颜亮的高压之下，军队内部发生了兵变。在瓜洲（今江苏省扬州市境内）渡江作战时，完颜亮被金军将领完颜元宜等人杀害，时年 40 岁。

完颜亮死后，金国大军无主，金兵只好全线撤退，宋军借机夺回了两淮。

金军的败退，使南宋的抗击金国、收复中原的事业，出现了前所未有的大好局面和进攻条件。

面对这样的局势，作为大理司直兼宗正簿的陆游，欣然写下了一首《玉碟所迎驾望见周洪道舍人》：

自卜河桥宅，清谈喜屡陪。

今年见腾踔，不恨老氛埃。

晓放宫门钥，霜雕辇路槐。

班回独小立，为待绣鞍来。

陆游担任大理司直兼宗正簿一职不到半年，就被提拔为枢密院编修官。枢密院是南宋的军事领导机构，而编修官就相当于秘书一职。陆游的这次调任，一是他的才能使然，二是因为有他老师曾几的极力荐举，同时，还有朝中朋友的帮忙。

此时，面对抗金的大好形势，朝中的抗战派大臣极力主张乘胜追击，一鼓作气，不给金军留下喘息的机会。但也有人提出，即使守势以待，也应全线向北推进二百里，扩大前线纵深，以求蓄势待发。

在朝中，陆游积极鼓动抓住胜机迅速北进。他和许多大臣联起手来，一起呼吁请出老将军张浚来统帅军队，完成恢复中原的大业。

可出人意料的是，宋高宗赵构和宰相陈康伯等人，竟然提出趁此机会向金国求和。赵构和陈康伯的态度，顿时引起了朝廷上下的一片哗然，反对声四起，声讨之声不绝于耳。

面对如此乱局，陆游不惧风险，挺身而出，上疏高宗。他在奏疏中直言：金人内有政变，外有溃败，根基不稳，人心浮动，军力、国力大减，已无力南顾，正是我收复河山的最佳时期。他写道："应乘连捷之势，击溃败之军，不可复留残寇，长为国家之忧。万望圣上决断！"

朝野上下虽然是一片主战之声，但对这大好的抗金形势，高宗赵构却视而不见，一心偏安于江南一隅，再次主张与金国议和。而此时，赵构已经完全控制不了局面了。面对举国上下的群情激奋，骑虎难下的赵构于绍兴三十二年（1162年）六月，宣布退位，当上了太上皇，将皇帝位让给了皇太子赵昚，是为孝宗。第二年（1163年），宋孝宗改国号为隆兴。

宋孝宗赵昚在民间长大，与南宋时期的一些皇帝有着很大的不同。赵昚很是开明，既关心武事，期望收复失地；也对文学兴趣浓厚。他与高宗赵构的治国举措不同。他励精图治，锐意进取，试图恢复，统一山河。为此，他实行了一系列拨乱反正的政策。他重用抗战派人士，为赵鼎、张浚、岳飞等大批受迫害的文臣武将平反昭雪，对那些健在者进行重新起用并委以重任。

与李纲、赵鼎、胡铨并称"南宋四名臣"的李光和他的儿子李孟光，都从流徙地归来。李孟光获任台州（今浙江省台州市）知州。

当年，李孟光遭贬峡州（今湖北省宜昌市），其父李光贬至海南岛。陆游为他们送别时，曾问他们遭贬的原因。他们说，在秦桧病危时，对朝廷秘而不宣，秘密谋划让自己的儿子秦熺接任宰相。李光谋划将此事及早禀报皇上，结果被秦桧的心腹陆仲高告密。其实，秦熺是秦桧的养子，也是秦埙的父亲。

陆仲高虽然是陆游的发小，但他是一个典型的得势小人。小时候，陆游和陆仲高一起玩耍、学习。陆游从小就聪明，家境又比陆仲高好，陆仲高在陆游面前处处居下风。久而久之，陆仲高就对陆游心生不满，视其为眼中钉、肉中刺。成年后，陆游和陆仲高更是道不同不相为谋。为此，陆游作了一首《送仲高兄宫学秩满赴行在》：

> 兄去游东阁，才堪直北扉。
> 莫忧持橐晚，姑记乞身归。
> 道义无今古，功名有是非。
> 临分出苦语，不敢计从违。

宋高宗绍兴二十年（1150年），陆仲高投到丞相秦桧门下，陆仲高任诸王宫大小学教授，因此，陆游在诗中予以规傲。陆游和陆仲高生逢乱世，帝王昏聩、奸佞当道，两个人都面临着所有读书人都会面临的问题：功名与道义，到底哪个重要？人们往往有两类选择：一种选择，是舍道义而就功名。陆仲高年轻时，正是走了这样一条路。因此，他选择了去向秦桧告李光的密。其实，陆仲高还是李光的侄女女婿，陆仲高的品质之恶劣，可见一斑。另一种选择，就是像陆游这样，坚决维护道义，至少是维护心中的道义原则。

李光和他的儿子李孟光平反重用后，当年告发秦桧政敌李光作私史事的密告者陆仲高，被贬谪到雷州（今广东省雷州市）。被贬后，陆仲高说："若知今日，何必当初？悔之晚矣。"

宋孝宗即位后，大刀阔斧地清除秦桧余党，明令这些人今后不得进入朝廷；简政强军，裁减省、部、寺、监冗员，收编抗金义军和官军一同作战；

兴修水利，严管质量，定期检查，违者严惩；鼓励农民耕田植桑，及时赈济灾民，放宽灾区税赋。南宋一时气象一新，朝野寄予厚望。

宋孝宗早就听说过陆游，也读过流入宫中的陆游的诗作，心里特别欣赏陆游。有一天，孝宗赵昚和周必大一起谈论国事。期间赵昚问道，现今可有李白这样才华的人？周必大说有，这个人就是陆游。陆游也因此有了"小李白"之称。随后，陆游的朋友右丞相史浩、黄祖舜等人也竭力推荐陆游，夸赞陆游有才能，文章写得好，而且还精通古代的典章制度。

于是，孝宗下旨召见陆游。作为一个八品官员，能被孝宗单独召见，也足以说明了孝宗对陆游的重视。

当孝宗问起治国安邦之策时，陆游不慌不忙，从容地回答说："金人诡诈，胜时急进，败时喘息，以和议为诱饵，随机撕毁。对金作战，应从长远计，须谋而后动。"

赵昚又问道："何为谋而后动？"

陆游回答说："当以大兵与舟师十之九，固守江淮，控扼要害，养精蓄锐；以十之一，与其游击对峙，伺机而动，他袭我，我亦袭他，来而不往，非礼也。扰其军心，出奇制胜，速出速战速归。待要地抚定，条件具备，方可用重兵，以图恢复。如此，则进有辟国拓土之功，退无劳师失备之患，实为天下之至计也。"

陆游的精辟见解，让孝宗感到非常惊讶，但他没露出一点声色。他在心里琢磨，太上皇主和，他要如何才能做到主战。况且，朝中重臣大多都顺从高宗，他该怎样破除掣肘。陆游主张的持久抗战固然是好，可这不仅需要将帅人才、能战之军，还需要强盛国力，且势必旷日持久，要等到何时？

虽然高宗不是孝宗的生父，但孝宗非常孝顺。尽管他很想振作国势，但在抗战北伐一事上，还是不愿违背高宗的意思。因此，在听完陆游的见解后，孝宗赵昚没再做进一步的表态。

事后，赵昚对吏部交代说：陆游力学有闻，言论剀切，赐以进士出身。

04 轮对上言，力主北伐

进士是中国古代科举殿试及第者之称。中国古代科举制度一般分为院试、乡试、会试和殿试四级。通过院试可称为"秀才"，通过乡试可称为"举人"，通过会试可称为"贡士"，通过殿试则称为"进士"。显然，进士是科举考试最高等级的及第者。进士出身，是一个人的一种资历，也是一种荣耀。

宋代，无论是北宋，还是南宋，都一直奉行重文轻武的基本国策。朝气蓬勃的文化氛围，自然造就了一大批的文学大家，尤其是诗词文人。这种状况，在面临外来侵略时，官员队伍文武结构不合理的问题便暴露出来，武官队伍明显羸弱。当时，坊间甚至传言道："一个收复失地、战功彪炳的将军班师回朝的场面，还没有状元及第风光。"

赵眘即位后，很快就赐陆游进士出身。这一赏赐，无疑为陆游打通了仕途上的上升空间。陆游的《三山杜门作歌·高宗下诏传神器》这首诗，记录的就是当时受封赏时的心情：

高宗下诏传神器，嗣皇御殿犹挥涕。

当时获缀鹓鹭行，百寮拜舞皆歔欷。

小臣疏贱亦何取，即日趋召登丹陛。

呜呼！桥山岁晚松柏寒，杀身从死岂所难！

其实，这首诗实际是陆游的晚年作品，但诗人回忆起当年的情景时，仍然难抑无比激动的心情。

宋高宗于宋钦宗靖康二年（1127 年）在南京应天府（今河南省商丘市）即位，改元建炎，到宋高宗绍兴三十二年（1162 年）禅位于皇太子赵眘，在位长达 36 年之久。期间，南宋朝政大权一直被以奸臣丞相秦桧为首的主和派所把控。而力主抗金北伐的陆游，一直被秦桧等权臣排挤和打压。陆游三次参加殿试，三次都与进士功名擦肩而过。为此，陆游曾这样感叹道："自悲薄命，久摈名场。"于是，科场惨败，成了陆游心里挥之不去的阴影。俗话说得好：一朝天子一朝臣。宋孝宗即位后，很快就弥补了陆游一生没能进士中榜的遗憾。

诗人在《三山杜门作歌·高宗下诏传神器》这首诗里，讲述自己在经历三败考场之后，已经到了 38 岁的年龄，可此时，诗人却时来运转，得到了刚刚继任皇位的宋孝宗赵眘的赏识，被赵眘亲赐进士出身，内心无比激动。在这首诗中，陆游讲到高宗赵构下诏禅位、孝宗即位时，心中激动不已，甚至连眼泪都流下来，而当时，朝廷的文武百官也是激动不已，对一个新时代的到来充满了无限的期待。

诗人有幸得到新任皇帝的赏识，与众大臣一起上朝，就像鸟一样整齐地排列着，心情自然是既庄重，又新奇。赵眘皇帝非常贤明，而诗人却没有机会表现才能，但却得到了赵眘皇帝的特别欣赏，恩赐进士出身，还召见了自己，这简直是一件不可思议的事情。于是，诗人表示，愿意为孝宗皇帝坚贞不屈，赴汤蹈火，杀身成仁，从而深深地表达了诗人对宋孝宗的无比感激之情。

据推算，陆游在晚年写这首诗的时候，赏识他的宋孝宗赵眘已经去世了。陆游出生在宋徽宗时期，然后历经宋钦宗、宋高宗、宋孝宗、宋光宗，卒于宋宁宗时期。陆游的这首诗，应该是宋宁宗时期写的。陆游回想起当年的情景，心情十分激动。显然，这完全不是诗人为了向赵眘皇帝表决心。如果是向皇帝表决心，也应该是对当时的宋宁宗赵扩表决心。这充分说明，时间过去这么久了，可诗人对孝宗皇帝当时的赏识赐进士出身，还记忆犹新，感激之情十分真挚。

孝宗皇帝即位之时，知贤任能考核官员实属当务之急，在这样的背景下，陆游在官员们的推荐之下，依靠极佳的口碑脱颖而出，才得以被孝宗赵昚皇帝赐予进士出身。

在推荐人当中，就有一个人叫周必大。周必大是陆游的好友，两个人一直来往亲密，可以称得上是经得起考验的朋友。后来，周必大官至丞相封益国公。

陆游得以任用，还有两位非常重要的推荐人，一个是参知政事史浩，另一个是同知枢密院事兼权参知政事黄祖舜。这两个人都是朝廷的重臣，身居要职。在被赐予进士身份之前，陆游已经被调到了枢密院。枢密院与中书省号称"二府"，中书省管文、枢密院管武，是朝廷的最高机关。陆游在枢密院担任编修，说明他在被赐予进士身份之前，就已经进入了南宋朝廷的核心领导机构，但只是一个八品官员而已。而史浩和黄祖舜两个人作为陆游的上司，在皇帝面前推荐陆游是最有发言权的。他们二人在推荐陆游时说，陆游善辞章谙典故，史学诗学功夫都很高，是一个难得的人才。

在周必大和史浩、黄祖舜的推荐下，陆游获得了施展抱负与才华的机会，并得到宋孝宗赵昚皇帝的单独召见。在这次召见中，陆游对孝宗皇帝提出的许多问题，都胸有成竹对答如流。

召见结束后，孝宗皇帝非常高兴地做出决定，对陆游恩赐荣誉，赐进士出身。得到这一恩赐，对于陆游来讲，简直就是天大的荣耀。在此之前，他已经是科场三败。由于受到以秦桧为首的主和派官员的排挤打压，陆游对功名已经不抱什么希望。因而，殿试不能及第，似乎成了陆游的终身遗憾。而现在，得到了孝宗皇帝的召见，并被赐予进士出身，从而弥补了这一遗憾，这无疑是难得的荣耀，陆游的心中怎能不激动呢？所以，陆游说道："惟是科名之赐，近岁以来，少有此比，不试而与，尤为异恩。"

对于孝宗皇帝的特殊信任，陆游一开始胆战心惊地不敢相信，还写了好几封信加以推辞。陆游到底出于什么原因推辞进士出身这一荣耀，人们也许无法得知。但是，他对孝宗皇帝的感激之情，是发自肺腑的。因此，陆游便说为了感谢孝宗皇帝的知遇之恩，他宁愿为孝宗皇帝赴汤蹈火，在所不辞。

由此，陆游怀着报答孝宗皇帝知遇之恩的激动心情，勤勉为政，竭尽全力地为朝廷出力献策。

宋高宗绍兴三十二年（1162 年）九月，也就是陆游来到行在临安的第二年，由参知政事史浩提举，陆游由枢密院编修官，被提拔为编类圣政所检讨官，从而进入了国家核心机构。

陆游抱着对孝宗皇帝知遇之恩的感激之情，勤勉为政，殚精竭虑地为朝廷出力献策。

宋朝时期，有"轮对"制度，在朝重臣、高官、能吏，都有轮流进见皇帝的机会。届时，回答皇帝的"垂询"，或是陈述本人"奏请"。通过这样的诏对，皇帝便可以了解下情，考察官员所思所想，检验官员的德、才、能、绩。陆游也有这样的机会。绍兴三十二年十一月，陆游也准备了书面材料，即《上殿札子》，来应对皇帝的"诏对"：

陛下初即大位，乃信诏令以示人之时，前日数十条，或曰，"当置典宪"，或曰，"当议根治"，或曰，"当议显戮"，时谓叮咛切至，赫然非常之英断也。若复为官吏将帅，一切玩习，漫不加省，一旦国家有急，陛下诏令戒敕之语，将何加此，而欲使人捐肝脑以卫社稷乎？"周官"冢宰以正月之吉，始和、布治于邦国都鄙垂象之法，徇以木铎，曰："不用法者国有常刑。"正月，周正，今之十一月也。正岁，夏正，今之正月也。自十一月至正月，若未甚久，而申敕告戒，侔以刑辞，已如此其严。今命下累月，而有司或恬然不以为意，臣窃惑之。欲望圣慈以所下数十条者申谕中外，使恪意奉行，毋或失坠，仍命谏官御史及外台之臣，精加考核，取其尤沮格者与众弃之，不惟圣泽速得下究，亦使文武小大之臣，耸然知诏令之不可慢如此，实圣政之所当先也。

陆游的观点十分明确，就是通过信诏令、尚质实、重德泽这三点举措，来整顿纲纪。另外，针对朝廷内外的弊端，陆游上奏了《条对状》七条：

一、有国之法，当防其微，人臣之戒，尤在于逼……自今非宗室外家，虽实有勋劳，毋得辄加王爵。

二、小臣干办于外，既衔专命，又无统属，造作威福，矜诧事权，所在骚然，理有必致……若朝廷或有大事，势须遣使，即乞于廷臣中遴选材望，庶几不负任使。

三、自古有国，设官分职，非独下不得僭上，上亦不得侵下……顷者遂有以师傅而领殿前都指挥使者……近复有以太尉而领閤门事者……渎乱名器，莫此为甚。

四、臣欲望圣慈令三省具诸路监司姓名，精加讨论，其不足当委寄者，例皆别与差遣，选有才智学术之士代之。

五、欲望圣慈特命有司除凌迟之刑，以明陛下至仁之心，以增国家太平之福。

六、夫宦寺之臣，自古所有，然晚唐以来，始进养子，童幼何辜，横罹刀锯……今道路之言，咸谓员已信冗，司局皆溢，而日增岁加，未闻限止。

七、惟是妖幻邪人，平时诳惑良民，结连素定，待时而发，则其为害，来易可测……欲乞朝廷戒敕监司守臣，常切觉察，有犯于有司者，必正典刑，毋得以习不根经教之文，例行阔略。

陆游上奏提出的这七条意见，看似件件都是小事，但却是从朝廷的实际出发，不仅涉及了社会安定，也表现了陆游的仁爱之心。

05 挚友成大，生死之交

陆游宽以待人，勤勉为政，幸运之门再一次为他开启。就在他来圣政所工作不久，他一生的知己、战友、文友范成大，也调到了临安，担任秘书省正字一职，掌管校正文字事宜。

范成大比陆游小一岁，出身和陆游一样高贵。范成大是战国时期越国名相范蠡的后人，族祖是北宋大名鼎鼎的文豪范仲淹，父亲范雩官至秘书郎。他 13 岁熟读经史，14 岁已通文辞，29 岁考中进士。之后，范成大仕途一路顺畅，曾四任封疆大吏，53 岁时担任参知政事一职，也就是当朝的副宰相，是南宋前期政治地位比较高的作家。后来，范成大与杨万里、陆游、尤袤，合称为南宋"中兴四大诗人"。

两个人初识之时，正值血气方刚、才华横溢的年龄。因为他们都喜欢诗词，所以常常相邀出游，在一起赏景、饮酒、作诗。随着接触时间的增多，他们惊讶地发现，他们都主张收复中原失地，尽快进行北伐，两个人对国家未来命运的看法，如出一辙。相同的兴趣爱好，相近的政治志向，很快拉近了彼此之间的距离，两个人之间的友谊快速升温，大有相见恨晚之感。但是，两个人相处没多久，陆游便因为太过忠心、正直，不懂官场的委婉、圆滑，遭遇了仕途上的第一次滑铁卢，被朝廷贬出了临安。

陆游被贬，他的朋友们虽然都愤愤不平，可又无可奈何，他们或多或少也有怕牵连到自己的想法。此时，范成大始终陪伴在陆游左右，给他信心和温暖。就在陆游出京的时候，范成大在酒馆里为陆游饯行，除了鼓励陆游，还写下了《送陆务观编修监镇江郡归会稽待阙》这首五言诗：

> 宝马天街路，烟篷海浦心。
>
> 非关爱京口，自是忆山阴。
>
> 高兴余飞动，孤忠有照临。
>
> 浮云付舒卷，知子道根深。
>
> 是说云门好，全家住翠微。
>
> 京尘成岁晚，江雨送人归。
>
> 边锁风雷动，军书日夜飞。
>
> 功名袖中手，世事巧相违。

诗中的"高兴余飞动"一句，是写陆游虽然遭贬，但情绪高昂，壮志不变的执着坚毅。"孤忠有照临"一句，是说陆游忠心耿耿，皇天可鉴，你千万不要灰心，早晚有重新起用的那一天。这是范成大对陆游的理解，也是对陆游的安慰。"世事巧相违"一句，意思是你现在遇到的这些不顺心的事，只是一个偶然，你要相信自己，相信未来。这些诗句，无一不饱含了范成大对陆游的友情。同时，也流露出对陆游的赞扬和鼓励之情，期望他一如既往，积极进取，不负满腹才华。

这次送别后，陆游与范成大虽然彼此思念，但一直没有见面的机会。直到宋孝宗乾道六年（1170 年），范成大担任资政殿大学士，出使金国路过江苏镇江，刚好陆游也在镇江停留。这时，两个人已经八年没见面了。镇江的意外重逢，让两个人都喜出望外。范成大在镇江金山寺玉鉴堂备下酒宴，宴请陆游。席间，二人推杯换盏，畅叙友情。

而两个人的再一次相见，已是五年后的事情了。

宋孝宗淳熙二年（1175）十月，范成大在知静江（今广西壮族自治区桂林市）府兼广西经略安抚使任上，被任命为知成都府，兼四川制置使。淳熙二年六月，范成大正式到达成都履职，成为四川军事行政长官，管辖成都、潼川（今四川省三台县）、利（今四川省广元市境内）、夔（今四川省北部一带）四道。

而此时，陆游正在成都为官，担任成都府路安抚司参议官兼四川制置使司参议官。

范成大是主帅，陆游是参议官，两人又走到了一起。尽管官职有别，范成大要比陆游的职位高，但两个人乃诗文知交，又同怀北伐收复中原故土的爱国志向，仍然情同手足，常常把酒论诗词，互相唱和。

淳熙二年秋天，范成大在成都举行了阅兵大典。陆游精神抖擞地站在主席台上，参阅范成大所统领的南宋大军。阅兵大典结束后，陆游显得异常高兴，写下了《成都大阅》这首诗：

> 千步球场爽气新，西山遥见碧嶙峋。
> 令传雪岭蓬婆外，声震秦川渭水滨。
> 旗脚倚风时弄影，马蹄经雨不沾尘。
> 属櫜缚裤毋多恨，久矣儒冠误此身。

这首七言律诗笔法多变。首联的"千步球场爽气新，西山遥见碧嶙峋"、颔联的"令传雪岭蓬婆外，声震秦川渭水滨"、颈联的"旗脚倚风时弄影，马蹄经雨不沾尘"，不仅点明了大阅兵的时令，环境鲜妍可爱，也写出了阅兵场上的盛大声势和风吹雨雾的特点，表达了诗人收复长安与汉中的愿望。"令传雪岭蓬婆外，声震秦川渭水滨"两句，从听的角度，运用夸张的手法，写阅兵将士们号令声传山外，声震远方，渲染出了阅兵的盛大气势和雄壮军威。尤其是"声震秦川渭水滨"一句，写声音震动了千里之外金人占据的秦川渭水，表现出了成都阅兵声势的雄壮。"旗脚倚风时弄影，马蹄经雨不沾尘"两句，是用写实的手法，写风吹得旗影不停地闪动，借以暗指士兵训练有素，驰马轻盈快捷。而"马蹄经雨不沾尘"一句，则写雨水尘，骏马飞驰，阅兵场上尘埃不扬。尾联的"属櫜缚裤毋多恨，久矣儒冠误此身"，写诗人身着军装参加阅兵，心情非常高兴，但由于朝廷腐败，不思恢复，诗人为国效力的壮志难以实现，因而喜悦之中带有壮志难酬的慨叹。

整首诗中，充满喜悦，可又有着无限感慨。

可以说，在四川的那段日子，是陆游最快乐的一段时光。清代词人沈雄在《古今词话》中，就记载了陆游和范成大在四川共处时的情形："范致能为蜀帅，务观在幕府，主宾唱酬，短章大篇，人争传诵之。"可见，他们两个人的诗文是非常受文人雅士欢迎的。在陆游和范成大的唱酬之中，关于海棠的诗篇最为著名，而且流传甚广。

成都的春天，处处可见海棠的身影。尤其在阳光的照射下，花朵散发出旖旎变换的色彩，仿佛一位娇俏迷人的女子，在光影间舞动着自己轻灵的身姿。贾岛就曾发出"昔闻游客话芳菲，濯锦江头几万枝"的向往；苏东坡也曾为海棠留下"只恐夜深花睡去，故烧高烛照红妆"的一抹浪漫温柔。对于酷爱海棠的陆游和范成大来说，又怎会错过海棠花开的时节呢！他们几乎走遍了成都附近的海棠花园，赏遍了成都的海棠名花，并留下了许多赏海棠的不朽名篇。

宋孝宗淳熙三年（1176 年），陆游受范成大的邀请，参加了他在成都西园锦亭举行的一场别开生面的观赏海棠宴会。面对着美丽的海棠，陆游情不自禁地放声歌唱，他在《锦亭·天公为我齿颊计》中写道：

> 天公为我齿颊计，遣饫黄甘与丹荔；
>
> 又怜狂眼老更狂，令看广陵芍药蜀海棠。
>
> 周行万里逐所乐，天公於我元不薄。
>
> 贵人不出长安城，宝带华缨真汝缚。
>
> 乐哉今从石湖公，大度不计聋丞聋。
>
> 夜宴新亭海棠底，红云倒吸玻璃锺。
>
> 琵琶弦繁腰鼓急，盘凤舞衫香雾湿。
>
> 春醪凸盏烛光摇，素月中天花影立。
>
> 游人如云环玉帐，诗未落纸先传唱。
>
> 此邦句律方一新，凤阁舍人今有样。

这首诗，描写了夜宴新亭观赏海棠的盛大场面，赞赏了范成大为歌咏海棠花所作的诗词，表现了诗人与范成大一起合作共事的愉快心情，也表达了诗人对范成大的感激之情。尤其是"乐哉今从石湖公，大度不计聋丞聋"两句，更是陆游的肺腑之言，真实地记录了两个人之间的深厚情谊。

陆游与范成大之间除了这样的诗词唱和外，还互相支持、互相帮助地做了许多其他事情。宋孝宗淳熙三年，陆游为范成大的诗集《西征小集》作序，就是《范待制诗集序》。陆游在序言中这样写道："公自桂林入蜀地，舟车鞍马之间，有诗百余篇，号《西征小集》，尤隽伟，蜀人未有见者。"序言写道："公素以诗名一代，故落纸墨未及燥，士女万人，已更传播，被之乐府弦歌；或题写素屏团扇，更相赠遗。"陆游在序言中高度评价了范成大的诗歌成就，充分表达了他对范成大的尊重和崇敬之情。

陆游的一生，很喜欢园林景观中水亭的清雅别致，总共写了 8 首关于水亭的诗词，《水亭有怀》就是其中的一首：

> 渔村把酒对丹枫，水驿凭轩送去鸿。
> 道路半年行不到，江山万里看无穷。
> 故人草诏九天上，老子题诗三峡中。
> 笑谓毛锥可无恨，书生处处与卿同。

宋孝宗淳熙四年（1177 年）春天，范成大得了一场大病。病中，范成大意志消沉，万念俱灰，竟萌生了归隐山林之意，于是，他作了一首《枕上》，打算"烧药炉边过此生"：

> 一枕经春似宿醒，三衾投晓尚凄清。
> 残更未尽鸦先起，虚幌无声鼠自惊。
> 久病厌闻铜鼎沸，不眠惟望纸窗明。
> 摧颓岂是功名具，烧药炉边过此生。

陆游看到这首诗后，见范成大的雄心壮志几乎消磨殆尽，就和诗一首来开导他，这首诗就是《和范舍人病后二诗末章兼呈张正字》：

> 放衙原不为春醒，澹荡江天气未清。
> 欲赏园花先梦到，忽闻檐雨定心惊。
> 香云不动熏笼暖，蜡泪成堆斗帐明。
> 关陇宿兵胡未灭，祝君垂意在尊生。

在这首诗中，陆游以"胡未灭"来祝范成大"垂意在尊生"，将朋友范成大的生命意义，提高到了国土恢复的高度上，激励之情跃然纸上，这不亚于一服灵丹妙药。但对范成大的消沉落寞，陆游的内心很是生气，于是，他在酒后又作了一首《题醉中所作草书卷后》：

> 胸中磊落藏五兵，欲试无路空峥嵘。
> 酒为旗鼓笔刀槊，势从天落银河倾。
> 端溪石池浓作墨，烛光相射飞纵横。
> 须臾收卷复把酒，如见万里烟尘清。
> 丈夫身在要有立，逆虏运尽行当平。
> 何时夜出五原塞，不闻人语闻鞭声。

这首诗，虽然是诗人的酒后之作，但诗一开篇，就给人一种磅礴气势。诗人自认为胸中藏着万卷兵书，可是却没有用武之地。烛光映照之下，诗人醉中狂书，笔势如银河从天而下，手中的笔，无疑成为他心中的刀与剑。"丈夫身在要有立"，是陆游的人生看法、做人准则，大丈夫要立志有所作为。当时，陆游不会想到，他这一句看似简单的七字诗，却成为无数后人的人生箴言。

多年共事交往中，陆游与范成大在快乐时把酒言欢，在愁苦时互相劝慰，两个人之间的感情不断升华。

谁也没想到，淳熙二年秋天的那次阅兵，却无形之中加速了两个人的再次分离。范成大老成持重，人们都不会认为他能做出一些出格的事情来。于是，一些别有用心的人便把矛头指向了陆游，认为陆游会鼓动范成大北伐，担心范成大被陆游拖下水。有了这些人的煽风点火，南宋朝廷便于淳熙四年（1177 年）四月，一纸诏书将范成大召还朝廷。

五月下旬，范成大离开成都，启程还朝。陆游不忍别离，送了一程又一程，陪着范成大走了十多天，行程达二百多里，直到眉州（今四川省眉山市）才挥泪告别。二人一路行走，一路唱和，留下了大量的诗篇。陆游在《新津小宴之明日，欲游修觉寺，以雨不果，呈范舍人》这首诗中写道：

> 风雨长亭话别离，忍看清泪湿燕脂。

酒光摇荡歌云暖，不似西楼夜宴时。

这首诗中的前两句，尽现了诗人与友人依依惜别的感人场景：风雨交加，长亭分手，泪流满面。而后，诗人笔锋一转，将昔日西楼的欢乐情景与今日别离的心酸场面相对照，用昔日宴赏海棠的欢乐，来反衬今日离别的痛苦。

分手之际，陆游还写了一首《送范舍人还朝》：

平生嗜酒不为味，聊欲醉中遗万事。

酒醒客散独凄然，枕上屡挥忧国泪。

君如高光那可负，东都儿童作胡语。

常时念此气生瘿，况送公归觐明主。

皇天震怒贼得长，三年胡星失光芒。

旄头下扫在旦暮，嗟此大议知谁当？

公归上前勉书策，先取关中次河北。

尧舜尚不有百蛮，此贼何能穴中国。

黄扉甘泉多故人，定知不作白头新。

因公并寄千万意，早为神州清虏尘。

在一首《送范舍人还朝》之后，陆游又写了一首《和范舍人永康青城道中作》：

风驱雨压无浮埃，骖騑千骑东方来。

胜游公自辈王谢，净社我亦追宗雷。

岷山楼上一徙倚，如地始辟天初开。

廓然眼界三万里，山一螺垤水一杯。

世间幻妄几变灭，正自不满吾曹咍。

丈夫本愿布衣老，达士讵畏苍颜催。

君看神君岁食羊四万，处处弃骨高成堆。

西山老翁饱松麦，造物赋予何辽哉！

范成大也在分别之际，写下了《慈姥岩与送客酬别》《次韵陆务观编修新津遇雨，不得登修觉山，经过眉州三绝》《余与陆务观自圣公所分袂，每别辄五年，离合又常似六月，似有数者。中岩送别至挥泪失声，留此为赠》等等。他在《次韵陆务观慈姥岩酌别二绝》写道：

其一

送我弥旬未忍回，可怜萧索把离杯。
不辞更宿中岩下，投老余年岂再来！

其二

明朝真是送人行，从此关山隔故情。
道义不磨双鲤在，蜀江流水贯吴城。

范成大的每一首诗，词语之中无一不饱含着感情色彩，不仅表达了对陆游这位知交弥旬远送的感激，也抒发了自己即将与好友别离的惆怅和痛苦之情。

陆游和范成大的这种深情厚谊一直保持着。

宋孝宗淳熙八年（1181 年）秋，陆游终于结束了东奔西跑的仕宦生涯，领了个奉祠的官职，回到山阴（今浙江省绍兴市境内）故里隐居。奉祠是一种只领俸禄不任职事的虚职。自宋神宗元丰以来，凡五品以上的官员，年老不能任事的，都可以享受这种待遇。陆游奉祠还乡，便可以远离朝廷，规避小人，疏狂自适。这个时期，陆游已是儿孙满堂，家中经济生活负担非常重。由于他一生常耻为身谋，退职还乡后，赖以谋生的家产不是很多，家里的生活是比较拮据的，日子过得很不轻松。

回到山阴后，陆游以书为伴，尤其常读范成大的诗，范成大出使金国写下的日记《揽辔录》和相关诗文，他读了一遍又一遍，并写下了一首《月夕睡起独吟有怀建康参政》：

月上虚堂一榻横，断香漠漠欲三更。
隔帘清露挟秋气，绕树惊鸦啼月明。
只怪梦寻千里道，不知愁作几重城？
苦吟更恨知心少，西望金陵阙寄声。

在这首诗中，充分地展现了诗人对建康任上的好友范成大的思念之情。

宋光宗绍熙四年（1193 年）九月，范成大去世。得知老友去世的消息，陆游悲恸不已，写下了《范参政挽词》《梦范参政》等悼念回忆范成大的诗。陆游在《范参政挽词》中写道：

> 屡出专戎阃，遄归上政途。
> 勋劳光竹帛，风采震羌胡。
> 签帙新藏富，园林胜事殊。
> 知公僝去日，遗恨一毫无。

陆游在《梦范参政》中写道：

> 梦中不知何岁月，长亭惨淡天飞雪。
> 酒肉如山鼓吹喧，车马结束有行色。
> 我起持公不得语，但道不料今遽别。
> 平生故人端有几？长号顿足泪进血。
> 生存相别尚如此，何况一旦泉壤隔。
> 欲怀鸡黍病为重，千里关河阻临穴。
> 速死从公尚何憾，眼中宁复见此杰？
> 青灯耿耿山雨寒，援笔诗成心欲裂。

在这首诗中，陆游对知己范成大给予了高度的评价：于国，他是政绩显赫的功臣，于己，他是一个情深义重的深交。一句"平生故人端有几"，饱含着无限深情，诗人分明是在说，我这一辈子，能够称得上"朋友"二字的，能有几个呢？范成大走了，陆游的情绪濒临崩溃的边缘。"速死从公尚何憾"，是说我如果能追随他而去，我这人生也没什么遗憾了。

《送陆务观编修监镇江郡归会稽待阙》中"孤忠有照临"，曾经是范成大对陆游的安慰和理解；而这首《梦范参政》中的"速死从公尚何憾"，是陆游对范成大的崇敬与佩服，更是他对知己的生死相酬。

第五章

出师一表真名世

千载谁堪伯仲间

01 仗义执言，被贬镇江

　　陆游和范成大的友谊，是文学史上的佳话，更是后世文人的典范。但是，在临安（今浙江省杭州市）的时候，二人交往的时间并不长。那时，陆游与史浩来往最多，两人时常聚在一起饮酒聊天，无话不说。而陆游仕途上的第一次滑铁卢，正与史浩的闲聊有着直接的关系。

　　史浩出生于宋徽宗崇宁五年（1106 年），卒于宋光宗绍熙五年（1194年），比陆游大 19 岁，南宋政治家、词人，明州（今浙江省宁波市境内）鄞县人。史浩的祖父和父亲都是大地主，叔叔是副丞相，家境殷实。别看史浩含着金汤勺出生，长在富贵之家，可他 19 岁时，就承担起了长子长孙的责任。他恪尽孝道，对弟弟疼爱有加。这也养成了他遇事能忍，处事多思的性格，可谓是少年老成。

　　由于他从小勤奋好学，29 岁就考中了进士。先是在温州做小官，后被提拔到京城，负责皇族子孙的教育，很受宋高宗赵构的宠信。

　　宋孝宗赵昚继位后，史浩升至参知政事，也就是副丞相位置。后来，又升为丞相，仕途一路通畅。史浩在任期间，做过最大快人心的一件事，就是给岳飞平反。单凭这一点，许多人都说史浩是个好官。

史浩虽然积极主张抗金，可他偏偏又不懂军事，是一个软弱的主战派。由于他在长江沿线的战略部署偏于保守，也没有足够的威望和能力调动前线的大将，因此，他虽主张抗金，却又觉得金国太强，南宋太弱，所以，他不主张明着打，而是想出一条浑水摸鱼的计策。这条计策，就是利用传单，调动起北方义军和金国官员的积极性，利诱他们起来造反，然后趁金国大乱之际，南宋出兵，一举消灭金国，收复失地。

宋孝宗觉得这个主意不错，便叫还是编修官的陆游帮史浩起草传单。陆游对其中封王的承诺提出异议。由于史浩坚持己见，陆游最终还是按照史浩的意思，起草了《蜡弹省札》。结果果如陆游所料，南宋期待的金国大乱并没有出现，史浩之计，以失败而告终。

陆游心心念念的是北伐，故而时刻关注着局势，一心期待宋孝宗赵昚大刀阔斧地整顿朝廷弊端，以收复失地。

自从宋孝宗把陆游从枢密院调到圣政所后，陆游就怀着感恩的心，积极献言献策，不停地给孝宗提意见，完全不计个人得失。那时，圣政所是所有文人眼中的肥差，最容易获得皇帝欢心而升官。也正是因为耿直的个性，陆游早把宋高宗得罪了。

当时，有个叫杨存中的大将军，娶了几十个老婆，哪个老婆给他生儿子，就奖赏铜钱百万。他的那些老婆都很争气，每个都给他生了儿子，都拿到了赏钱。这得多大的一笔钱啊？可他的俸禄又能有多少呢？

有一次，杨存中出去闲游，恰巧碰到一个算命先生，便请他给自己算算。算命先生无疑是口上讨生活，自是见什么人说什么话，便阿谀奉承地说，大将军相貌堂堂，将来一定能封王。杨存中高兴坏了，当即打赏那个算命先生五百万铜钱。

陆游知道了这件事，在宋高宗让文武百官大胆提建议的时候，就马上给宋高宗上札，说岳飞曾经有言：文臣不爱钱，武将不惜死，方能天下太平。可现在武将都贪财，这些人有钱了，谁还肯用心打仗呢？因此，必须刹住贪污腐败风。为了杀一儆百，可以先剥夺杨存中的兵权。

宋高宗一听，立刻火冒三丈。因为杨存中是他最信任的人，曾在战场上奋不顾身地救过他的命，中央军因此一直由杨存中统领，而且二十年不曾变动。在宋高宗眼里，陆游的这个建议，无异于砍掉他的左膀右臂，简直就是居心叵测。

陆游见宋高宗不听谏议，便联合其他官员一起上书，非让宋高宗罢免杨存中。宋高宗怕引起众怒，最终不得不罢免了杨存中，让他养老去了。

因为这件事，宋高宗对陆游极为不满。偏巧宋孝宗又是个孝子，这也使得陆游的仕途忽明忽暗，一路坎坷。

有一次，陆游给宋孝宗上言说：陛下刚登大宝，正是严肃纲纪法制的时候，务必要严禁官吏将帅的吃喝玩乐之风，坚决杜绝这些不良风气，杜绝严重败坏官德官品的不良嗜好，诚望陛下和大臣们一起响应，和大家一齐杜绝这些不良风气。

宋孝宗大为不解，就问陆游为什么要杜绝这些东西。陆游回答说：皇上喜欢什么，下边的大臣就会更甚。尤其那些为了牟取私利的人，一旦知道皇上的爱好，就会投皇上所好，换取皇上的欢心，来达到自己的目的。从前，楚灵王喜欢男子有纤细的腰身，朝中的一班大臣，唯恐自己腰肥体胖，失去宠信，每天都只吃一顿饭，有的甚至不吃饭，最后好多人都被活活饿死。而吴王喜欢剑客，结果很多老百姓身上都有剑伤的疤痕。所以，皇上要多读书写字，引领社会风尚，除此之外，不应该再有别的嗜好。

宋孝宗听了陆游的奏请，觉得很有道理。于是，他就告诉陆游，他会和官吏将帅一起洁身自好，专心致力于国事，身体力行，引导国人。

得到宋孝宗的回应，陆游特别兴奋，觉得皇帝金口玉言，一定能这样做。果真是这样，那不久的将来，南宋就会国风正，民风淳，国家日益强大。

但是，自从宋孝宗继位后，虽有意收复，可他不仅受太上皇掣肘，还在用人上出了问题。

在赵昚还是太子时，便很宠信自己的门客龙大渊和曾觌。继位后，赵昚不顾众人反对，执意重用龙大渊、曾觌二人，封龙大渊为左武大夫、枢密院副都承旨；封曾觌为武翼郎带御器械。两人均兼皇城司和管皇城卫戍。

龙大渊和曾觌大权在握后，不仅不严格要求自己谨言慎行，反而恃宠而骄，行事乖张，使得士大夫中的那些奸猾寡耻之人暗中攀附，结党营私。

可宋孝宗不但不知道，还经常把两人招进宫内，陪他喝酒、聊天。而曾觌一喝酒就忘乎所以，君臣之间毫无顾忌，更别说礼制了。

对此，朝中大臣很是不满，便在私底下议论纷纷。谏议大夫刘度、中书舍人张震和殿中侍御史胡炎都是耿直之人，都先后上言，谏请孝宗皇帝对待龙大渊、曾觌两人要张弛有度，万万不可听之任之。

而孝宗皇帝非但没有采纳谏言，还把三人痛斥了一顿。

一气之下，刘度上奏请辞。

宋孝宗没有挽留，而是把刘度和张震一起贬谪、外放了。而胡炎虽然没被贬谪、外放，可再也没被重用过。

一次，参知政事史浩和曾觌参加宫中内宴。曾觌喝得高兴时，瞧见旁边一个宫女貌美如花，就对孝宗皇帝说："把她赐给我吧！"可孝宗皇帝不但不恼，还笑嘻嘻地说："好啊！朕就把她赐给你。不过空口无凭，曾爱卿得给她一个定情信物。"于是，曾觌拿过笔，便在那个宫女的手帕上题了一首词。

史浩看在眼里，恨在心上。可他行事谨慎，并没有声张。回去后，他邀陆游一起喝酒、闲聊。两人谈诗论词，说古论今。酒至微醺时，史浩就把他在宫中看到的情景，一五一十地告诉了陆游。说到最后，史浩甚至义愤填膺地拍着桌子说，皇上怎么能这么纵容曾觌呢！

陆游一听，气血上涌。他一贯主张尊人主，抑权臣，上次就论罢免杨存中，这次就想进言黜去龙大渊、曾觌。于是，陆游立刻放下酒杯，想闯宫见驾，给孝宗皇帝提意见。可他又马上意识到，自己官阶不够，即便闯宫，也会被挡回来。思来想去，陆游找到了参知政事张焘。于是，他不顾风险，把史浩说的这件事告诉了张焘，说曾觌花言巧语，迷惑圣上，请张焘依职奏知圣上，否则将来有一天，曾觌的势力根深蒂固了，想除都除不掉了。另外，陆游还说，作为一国之君，皇上就不应该招人进宫中宴饮、亲近，人们做事，大多都败在细节上，那些聪明勇敢的人，大多是被他所溺爱的人或事物逼到困境的。

张焘听陆游这么一说，觉得很有道理，便去见孝宗皇帝，并劝孝宗皇帝不要和臣子瞎胡闹，否则臣子就会无法无天了。

听得张焘的话，孝宗皇帝虽然心存惭愧，但却矢口否认："根本没有这回事，我只是让曾觌进来聊国事，没有和他喝酒，更没让他给宫女题词。"

张焘是个直性子，接口就说："皇上别蒙我了，陆游刚刚告诉我的，他可是忠君爱国的好官，肯定不会乱说的。"

孝宗皇帝听后，便勃然大怒，厉声呵斥道："陆游就是个搬弄是非的小人，早就应该离开临安了。"

孝宗皇帝发怒后，并没有处理这件事的始作俑者史浩，而是把矛头对准了官小职微的陆游，这也是为了杀一儆百。

宋孝宗隆兴元年（1163 年）五月，陆游被调离临安，任镇江府通判。

陆游求治心切，当自己的满腔热情被浇了一盆冷水后，不胜感慨，便作了一首《感兴》：

> 少小遇丧乱，妄意忧元元。
>
> 忍饥卧空山，著书十万言。
>
> 贼亮负函贷，江北烟尘昏。
>
> 奏记本兵府，大事得具论。
>
> 请治故臣罪，深绝衰乱根。
>
> 言疏卒见弃，袂有血泪痕。
>
> 尔来十五年，残虏尚游魂。
>
> 遗民沦左衽，何由雪烦冤。
>
> 我发日益白，病骸宁久存。
>
> 常恐先狗马，不见清中原。

陆游的心里觉得很委屈，他根本不知道自己做了史浩的替罪羊。官场中，本就曲折微妙，陆游不明白其中的奥妙，还求治心切，进言过急，也只能是空怀良好愿望了。

陆游离京前，周必大、范成大、韩元吉等友人分别设宴为陆游钱行，作送别诗。韩元吉在《送陆务观得倅镇江还越》一诗中写道：

> 高文不试紫云楼，犹得声名动九州。
>
> 金马渐登难避世，蓬莱已近却回舟。
>
> 烧城赤口知何事，许国丹心惜未酬。
>
> 归卧镜湖聊洗眼，雨余万壑正争流。

范成大在《送陆务观编修监镇江郡归会稽待阙》一诗中写道：

> 宝马天街路，烟篷海浦心。
>
> 非关爱京口，自是忆山阴。

高兴余飞动,孤忠有照临。

浮云付舒卷,知子道根深。

是说云门好,全家住翠微。

京尘成岁晚,江雨送人归。

边锁风雷动,军书日夜飞。

功名袖中手,世事巧相违。

话别之时,一位朋友对陆游说:"武官怕死不敢战,文官怕死不敢谏,国势必衰。务观兄,国之栋梁,他日可待也。"意思是说,如果武将怕死不敢上战场,文官怕死不敢上谏言,那国势势必越来越衰弱。务观兄是国家的栋梁之材,将来一定可以一展抱负的。

陆游心知这是大家安慰自己,但他并不后悔自己所做的事。在他看来,自己被贬镇江,也不过是为自己的愚钝埋单。他在《出都》一诗中写道:

重入修门甫岁余,又携琴剑返江湖。

乾坤浩浩何由报,犬马区区正自愚。

缘熟且为莲社客,伻来喜对草堂图。

西厢屋了吾真足,高枕看云一事无。

从整首诗来说,是陆游情感的自然流露,但从诗的创作方法来说,与之前有了明显的差别,但这还仅仅是个开始。

陆游离开京都临安,并没有直接去任上,而是回了山阴。九个月后,也就是第二年(1164年)二月,陆游才到了任上。

02 偶像张浚，忘年之交

宋孝宗隆兴二年（1164 年），陆游来到镇江，上任通判一职。

镇江通判这个官职，相当于现在的副市长。凭陆游的才学和韬略，当个市长都绰绰有余，可孝宗皇帝偏偏给他安排一个副市长的职务，目的就是要压压陆游的傲气，让他学乖一点，别再一个劲地给皇上和朝廷提意见。

可孝宗皇帝还真是想多了。陆游担任镇江通判，不过是一个闲职，只是审查一下红头文件，然后在上面签上自己的名字而已，工作既没难度，也激发不起陆游的热情。好在不久，张浚巡视两淮时来到了镇江。

张浚生于宋哲宗绍圣四年（1097 年），卒于宋孝宗隆兴二年（1164 年），汉州绵竹（今四川省绵竹市）人，西汉留侯张良的后人，北宋末至南宗初的名臣、学者。

张浚一直是陆游的偶像，也是陆游最敬佩的人之一。陆游常说，他最敬佩的人有两个，一个是武将岳飞，一个是文臣张浚。

虽然张浚是文官，可他却是文武双全，既管民政，又能带兵，指挥过很多的大型战役。南宋初年，金国元帅完颜宗翰率领大军入侵江南，就被张浚打得落花流水，大败而去。宋高宗绍兴元年（1131 年），金国另一个元帅金兀术从山西进攻四川，张浚统帅宋军再次获得完胜。宋高宗绍兴四年，金兀术贼心不死，又带着十万大军卷土重来，进攻扬州，吓得宋高宗落荒而逃。这时，张浚率领韩世忠、刘光世等大将，从容渡过长江，直捣金兀术的后路，打得金兀术丢盔卸甲，大败而归，张浚成了金兀术心头的阴影。

一直以来，陆游都把张浚当作自己的人生楷模，渴望着有朝一日也能像张浚一样，指挥众将大败金军。

陆游早就认识张浚，可谓是忘年交。张浚和陆游的父亲陆宰同朝为官，而且非常熟悉。宋高宗绍兴二十六年（1156 年）春，也就是秦桧死后四个多月时，陆游写了一首《二月二十四日作》来评价张浚：

> 棠梨花开社酒浓，南村北村鼓冬冬。
> 且祈麦熟得饱饭，敢说谷贱复伤农。
> 崖州万里窜酷吏，湖南几时起卧龙？
> 但愿诸贤集廊庙，书生穷死胜侯封。

开头"棠梨花开社酒浓，南村北村鼓冬冬"这两句，生动地描写了春社日农村的热闹景象，棠梨花儿开了，社酒已酿得浓浓，四面的村子里，到处是鼓声咚咚，给人们展现出了一幅生机勃勃的春日图画。接下来的三、四句，笔锋一转，写农民只不过暂且祈求麦熟能吃饱饭，不能再说谷贱伤农。诗人之所以这样写，含义深刻，表达了诗人对农民的深切同情。接着，"崖州万里窜酷吏，湖南几时起卧龙"这两句，诗人由此展开了联想，觉得那些残害百姓的贪官污吏，都应该受到窜逐。同时，他也希望朝廷能够尽快地起用抗战志士张浚，使天下贤才云集朝廷，让有才能的贤人来治理国家。结尾两句，诗人进一步表明自己的强烈愿望：只要天下贤人都能云集朝廷，为国出力，国家中兴有日，就算自己穷死在小山村，亦胜于封侯。这充分表现了诗人不计一己之穷，唯愿国家中兴的崇高精神。

诗人用"棠梨花开"起兴，塑造了一幅春社日的美好景象。继而又用"社酒浓""鼓冬冬"进行更细致的描绘，反映出春社日的欢乐、热闹。这种从视觉、嗅觉、听觉三个角度来表现的方法，是陆游常用不衰的艺术手法。

诗中的"社"，指的是古代祭拜土地神的节日，有春社和秋社之分。"谷贱伤农"，指的是粮食丰收了，商人却压低米价，农民们因此受到损失。"崖州"，不是具体的地名，代表的是辖境，指如今的海南省三亚市一带。"酷吏"指的是秦桧的死党酷吏曹泳。宋高宗绍兴二十五年（1155年）十月，曹泳被免除户部侍郎代理尚书兼知临安（今浙江省杭州市）府一职，贬逐到新州（今广东省新兴县）。绍兴二十六年（1156）正月，又调任崖州编管。

"湖南"，在宋代是荆湖南路的简称，现在属湖南。诗中的"卧龙"，原本指的是三国时的蜀相诸葛亮。诗人用在这里，借指宋抗金名将张浚。张浚因为主张抗战，屡遭秦桧排挤。宋高宗绍兴二十五年十二月，秦桧虽然已经死了，可张浚依旧被贬在湖南郴州。

张浚一直是主战派的一面大旗，诗人把张浚比作卧龙，希望朝廷能早点起用张浚，抗击金兵，收复山河，充分展现了诗人忧国忧民的思想感情。

孝宗皇帝继位后，张浚终于被起用。但宋军在河池战役中失败后，原已收复的失地又沦陷了。就在史浩主张放弃两淮时，却遭到了张浚的坚决抵制，这也导致了史浩计划的夭折。张浚被起用不久，就晋升为枢密使、都督江淮东西路军马，而陆游为枢密院编修官，两人成了上下级。

后来，张浚赴建康都督江淮军马，陆游欣然呈上了《贺张都督启》：

恭审诞膺册书，首冠枢府。运筹决帷幄之胜，遂定庙谟；假钺督中外之军，仍专阃寄。耕田凿井，举皆涵养之余；寸地尺天，莫匪照临之旧。岂无必取之长算，要在熟讲而缓行。

在陆游看来，北伐是一件持久抗战的事情，因此，他在此文中除了表达对张浚的敬意，也是为张浚出谋划策，期望他不要急于求成，不要打没把握的仗。这也是朝野上下一片反攻呼声中，最冷静的见解和善意的提醒。

张浚也很赏识陆游。他对陆游说："吾子异时当以功名显。吾少时在熙河从事，曲琦授兵法，所谓'老曲太尉'也。今当以付子。"

张浚以世谊长辈兼擅使相职权，打算把自己私藏的兵法送给陆游。但陆游觉得自己不过是纸上谈兵，不堪重用，便婉言谢绝了。

可是，张浚最终忘记了陆游不要急于求成的提醒。宋孝宗隆兴二年（1164年）五月，张浚督师北伐，相继攻克灵璧（今安徽省灵璧县）、虹县（今安徽省泗县）等州县。但由于仓促出兵，准备不足，在接连几个小胜后，最终兵败符离（今安徽省宿县北部）。本就抗金意志不太坚定的孝宗皇帝顿失信心，主和派趁机反攻主战派，张浚因此被降职为江淮宣抚使。

隆兴二年七月，宋孝宗赵昚起用宰相汤思退与金国谋和。金国要求割让海（今江苏省连云港市境内）、泗（今江苏省盱眙县）、唐（今河南省唐河县）、邓（今河南省邓州市）、商（今河南省洛阳市境内）等五州土地，但孝宗不肯答应。十二月，孝宗皇帝起用张浚为枢密使，督江淮东西路军马，准备再度挥师北伐。

张浚以右丞相身份奉命巡视，督视江淮兵马，驻节镇江，恰与陆游重逢。故人重逢，陆游得到了张浚的特殊礼遇。

张浚北伐的雄心不改，而陆游亦力说张浚用兵，二人可谓是志趣相投，惺惺相惜。两个人一见面，便开门见山，就时局和军事等问题展开探讨。张浚主张迁都南京，陆游也认为临安只是个逃命的好地方，而非复国的理想之地；张浚主张在四川练兵，然后找准时机从金国西路打开缺口，陆游也主张在四川练兵，先收复防守薄弱的陕西，再东下收复中原。交谈之中，很多想法两个人都是不谋而合。

两个人聊了整整一天，仍意犹未尽。在张浚看来，陆游任镇江通判，是上天派陆游来施展大才的，因此，他对陆游说："官于此，天相吾子也。此郡宿兵，大多老将，可时从之游。"这是张浚在勉励陆游学习军事，多和镇江的老将来往。

在镇江期间，陆游身体不是很好，常常生病。他在《病中简仲弥性唐克明苏训直》这首诗中写道：

移疾还家暂曲肱，依然耐久北窗灯。

心如泽国春归雁，身是云堂旦过僧。

细雨佩壶寻废寺，夕阳下马吊荒陵。

小留莫厌时追逐，胜社年来冷欲冰。

这也正是陆游以"素不知兵，又多病，未尝识诸将"为由，再一次婉拒张浚的缘由。

张浚非但没有生气，反而热情地邀请陆游到军中工作。陆游答曰："方以愚戆，不敢安于朝，岂敢复累公。"

见陆游如此态度，张浚也不再多说什么。他表示，自己回朝后，一定力荐陆游入军，帮他的老部下吴璘练兵备战。

在与张浚交往期间，陆游还同张浚幕府中的陈俊卿、张孝祥、王质等人士来往频繁，并结下深厚的友谊。后来，陆游在《送任夷仲大监》这首诗中，追忆了他们的交游：

> 往者江淮未彻兵，丹阳邂逅识耆英。
> 叩门偶缀诸公後，倒屣曾蒙一笑迎。
> 敢意痴顽成后死，相从髣佛若平生。
> 小诗话别初何有，一段清愁伴橹声。

陆游的热情再次被点燃，他和这些志同道合的人士一起筹划大计，满怀期望地等着朝廷的调令。可他哪里知道，他的希望竟然再次破灭。

张浚回去后，积极备战。可宰相汤思退是主和派，位高权重，坚决不同意在四川练兵。就在宋孝宗赵昚摇摆不定之时，金国强烈要求孝宗皇帝割让唐州、邓州，并说不给就派兵来攻打。而此时，张浚的部将已经冲杀出去，但结果却是大败而归。于是，汤思退趁机指使龙大渊、王之望上奏"兵少粮乏，楼橹器械未备；人言委四万守泗州非计"，还说张浚练了那么多年的兵，一点效果都没有，白白浪费了国家的钱财。尤其尹穑也火上浇油，弹劾张浚飞扬跋扈。当年，若不杀岳飞就不能合议，所以，高宗赵构和秦桧才合作了那次杀抗金英雄的勾当。这一次，宋高宗又故伎重演，和宰相汤思退合谋，逼迫孝宗皇帝罢免了张浚，而且还假惺惺地授其少师、保信军节度使、判福州。

张浚心灰意冷，没有接受新职，而是恳辞回家了。宋孝宗隆兴二年（1164年）八月，张浚病逝于回家的途中，葬于湖南衡山。

陆游和张浚往来的诗词，没有流传下来，但从陆游二十二年后写的《书愤》中可见一斑：

> 早岁那知世事艰，中原北望气如山。
> 楼船夜雪瓜洲渡，铁马秋风大散关。
> 塞上长城空自许，镜中衰鬓已先斑。
> 出师一表真名世，千载谁堪伯仲间。

《书愤》这首七言律诗，是陆游七律中的名篇之一，大约作于宋孝宗淳熙十三年（1186年）春天。时年62岁的陆游挂着一个空衔，蛰居山阴家中已经整整6年。他写下这首诗时，刚接到朝廷的诏书，被以朝奉大夫、权知严州军州事起用。也正是这样的背景下，陆游在这首诗中一面追怀往事，一面重新立誓报国，一种笔调，寄寓了双重感情。

诗的前四句，是回顾往事。"早岁"指的是两个时间段，一个是宋孝宗隆兴元年（1163年），陆游39岁时，在镇江府任通判；另一个是宋孝宗乾道八年（1172年），陆游48岁时，在南郑（今陕西省汉中市一带）任王炎幕僚事。在南郑时，他亲临抗金战争的第一线，北望中原，收复故土的豪情壮志坚定如山。"塞上长城空自许，镜中衰鬓已先斑"两句，则分别记叙了两次值得纪念的经历：宋孝宗隆兴元年，主张抗金的张浚以右丞相都督江淮诸路军马，楼船横江，往来于建康、镇江之间，军容整齐、浩荡，士气高昂。诗人满怀收复故土的胜利希望，通过"气如山"这三个字，形象地再现了他当年的激奋心情。可是，就在不久前，张浚兵败符离，损兵折将，狼狈南撤，第二年便被罢免了。诗人的愿望，成了到不了的远方。追忆往事，令人扼腕叹息。另外，发生于宋孝宗乾道八年的事，也使诗人感慨不已。当时，王炎以枢密使身份出任四川宣抚使，积极筹谋进兵关中、恢复中原的军事部署。陆游在军中，常常到各个边防点巡防检查。有一次，夜间骑马过渭水，与小股金兵发生了遭遇战。后来，陆游追忆此事，写下了一首《岁暮风雨》：

> 念昔少年时，从戎何壮哉！
> 独骑兆河马，涉渭夜衔枚。

陆游曾几次亲临大散关第一线，在后来的岁月中，他通过《江北庄取米到作饭香甚有感》这首诗，追忆了这段战斗生活：

> 我曾从戎清渭侧，散关嵯峨下临贼。
> 铁衣上马蹴坚冰，有时三日不火食。

那时，陆游北望中原，胸怀激烈，浩气如山。可世事多变，担任四川宣抚使的王炎被调回临安，宣抚使府中幕僚也随之解散，北征又一次成了泡影。"楼船夜雪瓜洲渡，铁马秋风大散关"，虽然只有十四个字，但却饱含了极其丰富的愤激和辛酸的感情，读来令人动容。

岁月不居，壮年已逝，志未酬而鬓先斑，这对于赤心为国的诗人来说，是一件寝食难安、痛心疾首的事情。陆游年少之时就读兵书，不但是一位诗人，还满腹韬略，一直以战略家自负。但遗憾的是，穷其一生，都未能一展所长。

陆游在五言律诗《送王景文》中写道：

张公遂如此，海内共悲辛。
遗虏犹遗种，皇天夺老臣。
深知万言策，不愧九原人。
风雨津亭暮，辞君泪满巾。

虽然这是一篇陆游送别友人的诗作，但诗却由张浚立意。尤其是"张公遂如此，海内共悲辛。遗虏犹遗种，皇天夺老臣"这四句，不仅抒发了陆游对张浚的怀念，也为张浚的离世发出了悲鸣。

宋孝宗淳熙八年（1181年），张浚的次子、著名思想家张栻的弟弟张杓远赴湖南衡山为父亲扫墓，闲居在临安的陆游听说后，一同去衡山前往悼念。他在《去年与左京口遇王嘉叟从张魏公督师过焉魏公》写道：

河亭挈手共徘徊，万事宁非有数哉！
黄阁相君三黜去，青云学士一麾来。
中原故老知谁在，南岳新丘共此哀。
火冷夜窗听急雪，相思时取近书开。

这首诗，通过对往事的追忆，尽现了陆游对故人张浚的深切哀悼之情。

03 游甘露寺，词多景楼

宋孝宗刚刚即位之时，决心改变南宋朝廷屈辱求和的政策，立志在抗击金兵、收复中原上有所作为，以挺起大国的脊梁。为此，他起用了主战派核心人物张浚。张浚请朝廷发布诏书出兵北伐，号召中原人民奋起抗战，配合宋军收复失地。这一做法本身并没有什么错误，但符离（今安徽省宿州市境内）之败，张浚负有不可推卸的责任。可责任都归在张浚头上，就有失偏颇。

当时，朝廷腐败就像一张多米诺骨牌，张浚脱不了孝宗皇帝的手掌。孝宗赵昚大可独断专行，但他非常孝顺，而且没有底线，受太上皇掣肘。张浚北伐仅仅过了十天，就以失败而告终。太上皇赵构屈己求和的阴影，时时笼罩在南宋朝廷的上空。而张浚离世后，也意味着主战派的大旗倒了，主和派占了上风。于是，南宋与金国签订了宋金"隆兴和议"。这是继宋金"海上之盟"、宋金"绍兴和议"之后，宋朝与金国签订的第三个不平等盟约。

宋人南渡以后，对于建都，两种主张甚是激烈。主和派主张建都临安（今浙江省杭州市），主要理由有两个：一是不会引起敌人的猜疑；二是敌人南侵的时候，水路、旱路都可逃跑，以免屈己投降。而主战派竭力反对建都临安，他们主张建都关中（今陕西省中部地区）或者南阳，最差也得建都建康（今江苏省南京市）。

在此期间，陆游与张浚在讨论天下形势的时候，一直认为建都建康为上。因为从建康渡江，通过皖北，可以随时收复东京，利于北伐。

张浚被罢免后，其幕府也都受到罢斥解散，但定都一事的争议一直在持续。

为此，王质上了《万言策》。

王质生于宋高宗绍兴五年（1135 年），卒于宋孝宗淳熙十二年（1185 年），南宋时期著名的经学家、诗人、文学家和爱国志士，也是一名坚定的抗战派核心人士。他博通经史，文思敏捷，才华横溢，深受中书舍人张孝祥父子器重。但他性格耿直，迭遭打击，多次罢官，多次入幕府，始终壮志难酬。《宋史》称他为"俸祠去国""负其有位之才"。张浚出任江淮都督时，爱惜王质之才，聘为幕僚。

王质上了《万言策》后，陆游也上了《札子》，主要内容是：

伏闻北虏累书请和，仰惟主上圣武，相公威名，震叠殊方，足以致此，而天下又方厌兵，势且姑从之矣。然某闻江左自吴以来，未有舍建康他都者。吴尝都武昌，梁尝都荆渚，南唐尝都洪州，当时为计，必以建康距江不远，故求深固之地，然皆成而复毁，居而复徙，甚者遂至于败亡。相公以为此何哉？天造地设，山川形势，有不可易者也。车驾驻跸临安，出于权宜，本非定都，以形势则不固，以馈饷则不便，海道逼近，凛然常有意外之忧，至于谶炜俗语，则固所不论也。今一和之后，盟誓已立。动有拘碍，虽欲营缮，势将艰难。某窃谓及今当与之约：建康、临安、皆系驻跸之地，北使朝聘，或就建康，或就临安。如此，则我得以闲暇之际，建都立国，而彼既素闻，不自疑沮，黠虏欲借以为辞，亦有不可者矣。

陆游上这道札子的时候，当时的丞相只有汤思退一人。汤思退和陆游颇有渊源。当年陆游因"喜论恢复"被黜落时，汤思退就是主考官。那时，尽管他曾袒护陆游，但还是与董德元等其他几位考官作弊，将秦桧的孙子秦埙"定为第一"，还大量录取了秦桧的亲党子弟。最后，宋高宗赵构亲自将秦埙定为殿试第三。这场舞弊事件虽然使天下为之切齿，但却成为汤思退执政的关键表现。

秦桧死后，汤思退于绍兴二十七年（1157 年）六月出任右相；绍兴二十九年九月，汤思退由右相升为左相。陆游在自己所上的《贺汤丞相启》中写道：

恭审显膺典册，进冠公台。廷告未终，搢绅相庆。邮传所及，夷夏归心。焕君臣嘉会之逢，侈庙社无疆之福。恭惟某官民之先觉，国之宗臣，精义探系之微，英辞鼓天下之动。至诚贯日，历万变而志意愈坚。屹立如山，决大事而喜愠不见。一昨力辞重任之降，屈居次辅之联，三年有成，九功惟叙，方当诏令之诞布，孰测谋谟之所从。凡有大政事之慰斯民，咸曰右丞相之告于上。虽家置一喙以颂德，士予千金而示恩，窃揆其情，未至于此。

盖庙堂之寄，代天而理物。帷幄之算，经远而折冲。平居用小大之材，欲其披肝胆以自尽一旦付疆场之事，欲其捐性命而不辞。自非有以素服众心，则将谁与共济大业。晋文侧席于子玉，回纥下拜于汾阳。王商以忠謇立朝，则单于不敢仰视。平津以婘婳充位，则淮南谓若发蒙。自昔论世之盛衰，莫如置相之当否。譬犹震风凌雨之动地，夏屋愈安。鸿流巨之稽天，方舟独济。人望所属，国体自尊。今者大明弥亮之勋，正席辩章之任。守文致理，将见隆古极治之时。应变制宜，必有仁人无敌之勇。圣主以此属元辅，学者以此望真儒，行或使之，天所命也。某猥以孤远，辱在记怜。如其少谖衣食之忧，犹能颂中兴之盛德。必也遂老江湖之外，亦自号太平之幸民。穷达皆出于恩私，生死不忘于报称。

这虽是一篇贺启，但却是一篇美文。启中，敬意殷殷，辞藻优美，既给了汤思退美的享受，也让汤思退享受了钦赞的甘怡。尤其在结尾，诗人表达了自己的心意："某猥以孤远，辱在记怜。如其少谖衣食之忧，犹能颂中兴之盛德。必也遂老江湖之外，亦自号太平之幸民。穷达皆出于恩私，生死不忘于报称。"既有被举用的请求，也暗示自己即便不能进身，也为做一个太平盛世的平头百姓而庆幸，有恩私之盼，也有生死以报的决心，言辞婉曲周致之至。"辱在记怜"，看上去口气过于谦卑，但以陆游当时的地位、资历、年龄而言，一点都不为过。当初杜甫献"三大礼赋"，韩愈有"三上丞相书"，都是不得不为的途径，不存在所谓的屈辱。汤思退感其心，悦其文，自然也就乐意荐举陆游，这才有了后来的陆游调任临安。

汤思退为官清廉，办事谨慎。但他执政后，主张宋金合议，并奉旨割让疆土，极力排挤主战派张浚。就私人感情来说，陆游和汤思退的关系还是比较要好的，但陆游所提出的主张，是继承了张浚的看法，定都建康，坚定不移。

陆游的札子上去后，犹如泥牛入海。陆游本就是闲职，如此一来，更是无事可做，百无聊赖。那种压抑沉闷之情，尽现在了《逍遥》这首诗中：

台省诸公日造朝，放慵别驾愧逍遥。

州如斗大真无事，日抵年长未易消。

午坐焚香常寂寂，晨兴署字亦寥寥。

时平更喜戈船静，闲看城边带雨潮。

诗中，陆游仅仅通过"日抵年长"四个字，就道尽了无所事事过日子的煎熬，让人充分体会出诗人的心仿佛被压抑得就要炸开了。但诗人随即笔锋一转，以"时平"两字转入一己的落寞情绪，相比于烽烟战火"更喜戈船静"，只要不再燃起战火，自己不得其用也没什么，可以"闲看城边带雨潮"。这一妙转，不仅说出了仕途上的无奈，也写出了诗人不以一己为念的豁达。

闲来无事，陆游还把高祖陆轸的《修心鉴》拿出来，刻字后题了跋。

在镇江，陆游与好友、镇江知府方滋过从甚密。

方滋生于宋徽宗崇宁元年（1102 年），卒于宋孝宗乾道八年（1172 年），字务德。他虽以门荫入仕，但为人务实，无论在哪个任上，都务尽其职，严厉而不苛刻，经理财赋，缓而不弛，政绩显著。

方滋曾两次出使金国，谈吐自然，应答自如，不卑不亢，备受金人敬重。在他任镇江知府期间，金兵大举来犯，江淮岸边的老百姓纷纷渡江。方滋则日夜守在江边，打开旧港让老百姓停船，并发放食物，堪称是在职一任，造福一方，深受百姓爱戴。

方滋很欣赏陆游的文采，尤其陆游身上的那股浩然正气更是让他敬仰。而陆游也敬佩方滋的为人，二人常常一起出游，赏景赋诗。

镇江的北固山，位于长江之滨，素有"三国山"的美誉。在北固山后峰的山顶上，雄踞着一座古寺，就是有名的甘露寺。这座甘露寺，是三国东吴所建，刘备曾在此招亲。也正是孙刘联姻的故事，使得千百年来，无数的文人墨客登临北固山，即景抒情，壮怀激烈地留下了许多气壮山河的壮丽诗篇。唐宋八大家之一的曾巩离乡宦游时，曾登临此楼，写下一首《甘露寺多景楼》：

> 欲收嘉景此楼中，徒倚阑干四望通。
> 云乱水光浮紫翠，天含山气入青红。
> 一川钟呗淮南月，万里帆樯海餐风。
> 老去衣衿尘土在，只将心目羡冥鸿。

这首诗，表现了曾巩心有不安的状况，不甘平庸的情怀。在陆游之后，南宋大词人辛弃疾也曾登临北固山观景抒怀，留下《南乡子·登京口北固亭有怀》这首千古绝唱：

> 何处望神州？满眼风光北固楼。千古兴亡多少事？悠悠。不尽长江滚滚流。
> 年少万兜鍪，坐断东南战未休。天下英雄谁敌手？曹刘。生子当如孙仲谋。

有一天，方滋邀请陆游和一些名流雅士游览北固山。当人们登上多景楼，才发现多景楼早已不复当年风采。大家极目远眺，淮南草木尽收眼底，可因为连年战祸，周围一派萧条景象，为此，人们连连叹息，感慨不已。于是，方滋下令，招揽能工巧匠，重新修缮多景楼。

一个多月后，也就是宋孝宗隆兴二年甲申（1164 年）十月，多景楼旧貌换新颜，壮观恢复如初。于是，方滋再邀大家登楼赴宴。40 岁的陆游和大家登临故地，心中不胜感慨，乘兴作了一首《水调歌头·多景楼》：

> 江左占形胜，最数古徐州。连山如画，佳处缥缈著危楼。鼓角临风悲壮，烽火连空明灭，往事忆孙刘。千里曜戈甲，万灶宿貔貅。
> 露沾草，风落木，岁方秋。使君宏放，谈笑洗尽古今愁。不见襄阳登览，磨灭游人无数，遗恨黯难收。叔子独千载，名与汉江流。

陆游的这首词，情景相生，感慨横集，于潜气内转，百折千回中，透露出沉着凝重，悲慨苍凉。

上阕开头"江左占形胜，最数古徐州。连山如画，佳处缥缈著危楼"这四句，从广阔的空间范围、地理方位着笔，由江左到徐州，由群山到北固，然后落在高高的多景楼上。登上高楼，极目远眺，山峰相连，仿佛一幅丹青水墨般一一铺陈在眼前，四周云雾缭绕，如若置身仙境。在江东一带，据有险要之势的地方，鬼斧神工，得天独厚，如若屏障一样雄伟的镇江当数第一，词人巧用一个"占"字，更有一种稳重而切实的感觉。词人采用了比喻、衬托的手法，由大到小、由远及近地写出了烟云缥缈中，似有若无地矗立着高楼的盛景。

上阕结尾"鼓角临风悲壮，烽火连空明灭，往事忆孙刘。千里曜戈甲，万灶宿貔貅"这五句，由江山形胜、兵家必争，转向了悠久的时间进程和残存的历史陈迹。第二句中的"古"字便是关键点，既若隐若现，又平中寓奇。接着，诗人又用"临风"与"连空"，对鼓角悲壮，烽火明灭，加以点染，更凸显出了场面的壮阔和气象的豪雄。而写到"往事忆孙刘"一句时，诗人又将历史上的攻守征战，凝聚于孙权、刘备两个人物身上，既是具体的落实，也是总括和结束。然后，诗人再用"千里曜戈甲""万灶宿貔貅"来补缀、缝补，词的韵味就更加饱满，更加醇厚了。

下阕开头"露沾草，风落木，岁方秋"这三句，三字一句，九字为三顿。原是说露珠结在草上，风吹黄叶飘动，正当金秋时节。但节奏峻急，露草风枝，秋容惨淡，情绪渐转低沉。把词从江山历史，过渡到了现实的生活情景，也就是知府方滋邀集同僚登临多景楼的这次游赏盛会。于是，词人连用妙笔，一边把笔墨集中在了使君方公的身上，一边又借助方公，抒发了自己的心绪，笔法灵活而别致。

中间"使君宏放，谈笑洗尽古今愁"这两句，是说方滋的气魄宏大豪放。感今愁，怀古忧，全被你谈笑间一扫而光。"宏放"和"谈笑"是外在的，但却在顾盼酬应中，凸显出了方滋的风度与神采。"洗尽古今愁"则是内在的，抒发了词人内心的忧郁与痛苦。单从字面上看，是"洗尽"和"同销"，但实际上，是洗不尽、销不了的。词中的这两句重新振起，展开今日俊彦登楼、宾主谈笑挥斥的场面，敷色再变明丽。"古今愁"是结上启下。"古愁"启"襄阳登览"下意，"今愁"是指当前。当前，让词人可愁的事情实在是太多了。前一年，张浚北伐，兵败符离，南宋从此不敢言兵；孝宗皇帝侈谈恢复，实则给钱乞和，腼颜事金；眼下自己又被逐出临安，通判镇江，去君愈远，一片谋国之忠，永无以自达庙堂之上。君国身世之愁，纷至沓来，故而诗人重言之曰"古今愁"。但志士的心，并没有成灰。事实上，山东、淮北来归者数十万，可见民心足恃，国事可为。这一层，包含着丰富复杂的情感，色彩声情，错综而富有层次感，于苍凉中见明快，飞扬中现真情。

下阕结尾"不见襄阳登览，磨灭游人无数，遗恨黯难收。叔子独千载，名与汉江流"这五句，以"不见"二字引领，一气贯通，既与上文中的"孙刘"呼应，又承接了功勋卓著的历史人物，就是西晋开国元勋羊祜。意思是说，君不见羊祜曾登临岘山、观赏襄阳？慨叹那数不胜数的登山贤士，都湮灭于历史的长河中，默默无闻。他们的遗恨难受，空令人黯然神伤。独有羊祜传扬千古，他的英名如同浩浩汉江，千古流长。"不见襄阳登览，磨灭游人无数，遗恨黯难收"，以古况今，抒发了自己壮志难酬、压抑不平的心情。"襄阳遗恨"，指的是羊祜一生志在灭吴，可有生之年未能亲手克敌、成这一大业，留下遗恨。词意在这里略作一顿，以高唱转为歌拍，"叔子独千载，名与汉江流"二句，借羊祜劝勉方滋，希望他能像羊祜那样，为渡江北伐做好部署，建万世之奇勋，垂令名于千载，寄予一片希望。

这首词，虽是记一时兴起之作，但词人引经据典，寓千古兴亡，容量宏大，寄慨遥深，不仅增加了词文的欣赏性和艺术性，更重要的是借此表达了词人的情怀和抱负。在一片主和声中，词人这般抒发自己的感慨，其浩然正气似乎穿过历史的烟云，扑面而来。

纵观全词，词人先是高歌猛进，再低回婉转，收放自由，既没有李清照的委婉多情，也不像辛弃疾那样的豪迈奔放，却显得更加内敛积蓄，意境深沉，耐人寻味。

陆游的朋友毛开步韵作了一首《水调歌头·次韵陆务观陪太守方务德登多景楼》：

襟带大江左，平望见三州。凿空遗迹，千古奇胜米公楼。太守中朝耆旧，别乘当今豪逸，人物眇应刘。此地一尊酒，歌吹拥貔貅。

楚山晓，淮月夜，海门秋。登临无尽，须信诗眼不供愁。恨我相望千里，空想一时高唱，零落几人收。妙赏频回首，谁复继风流。

同行的另一位词人、书法家张孝祥，把毛开的这首词书写了下来，并镌刻在了岩石上。

04 平调隆兴，遭到弹劾

陆游登北固山回来后一个月，刚调任鄱阳（今江西省鄱阳县）郡守的韩元吉来到了镇江。

韩元吉生于宋徽宗政和八年（1118 年），卒于宋孝宗淳熙十四年（1187年），字无咎，号南涧，南宋著名词人。韩元吉的词多抒发山林情趣。他两次参加进士考试，皆落第不取，后因先祖的关系，蒙荫入仕。

在临安（今浙江省杭州市）时，韩元吉与陆游相处得非常好。其实，两人还有另外一层关系：韩元吉是陆游的老师曾几女儿的亲家公，也就是陆游好友吕祖谦的岳父。当初，陆游离开临安时，韩元吉前去送行，并作了《送陆务观得倅镇江还越》这首送行诗：

> 前年边马饮江水，烽火瓜州一水间。
> 正使楼船多战士，要须京岘作重关。
> 平戎得路可横槊，佐郡经时应赐环。
> 把酒赋诗甘露寺，眼中那更有金山。

韩元吉到镇江，是为了看望自己的母亲。宋孝宗隆兴初年，韩元吉的哥哥韩元龙任淮东总领官，总领所就在镇江，因此他母亲也跟着他的哥哥来到镇江并居住在了这里。

他乡遇故知，两人游金山登焦山，观《瘗鹤铭》石刻，饮酒唱和，留下的诗篇无一不见证了他们的友情。他在《赤壁词·招韩无咎游金山》这首词中写道：

禁门钟晓，忆君来朝路，初翔鸾鹄。西府中台推独步，行对金莲宫烛。蹙绣华鞯，仙葩宝带，看即飞腾速。人生难料，一尊此地相属。

回首紫陌青门，西湖闲院，锁千梢修竹。素壁栖鸦应好在，残梦不堪重续，岁月惊心，功名看镜，短鬓无多绿。一欢休惜，与君同醉浮玉。

"赤壁词"是词牌名，也称"念奴娇""百字令""酹江月""大江东去"，双调一百字，前后阕各四仄韵。这首词，上下两阕铢两悉称，应照钩锁，严丝合缝，在篇章结构上具有匀称的特色。

词的上阕，词人独辟蹊径，从回忆中的为官之路开始落笔，运用对比的手法，以刚刚起飞的鸾凤与鸿鹄相比。继而说他辗转于枢密院、中书省等中央政府的重要部门，独步于前列，并且得到皇帝的赏识和倚重。"蹙绣华鞯，仙葩宝带"两句，词人以绣花的坐骑垫子、镂玉的袍带装饰，衬托出韩元吉的高官显爵，足见诗人用词华美，已臻极点。紧接着，诗人用"看即飞腾速"收住，点明了韩元吉的官职步步高升、飞黄腾达的情况。"飞腾"指的是飞黄腾达，形容官职升迁得很快。而接下来的"人生难料"四字，把对过去的回忆，转换到当前的现实中来，难以预料的是，两人在镇江得以重逢。词的整个上阕，用富丽堂皇的词藻，称颂韩元吉在京城做官时，飞黄腾达、仕途通畅的得意状况。

词的下阕也是从回忆处下笔，而表述的是词人自己。与韩元吉的"仕途通畅"相对照，着重写自己"穷困"的一面。先写自己前几年在京城时萧条的处境。虽然身居帝京，临近西湖美景，但也不过是寂寞闲庭中深锁修竹而已，粉壁上的题字估计还完好如初，而往事都已经成为残破的梦忆，不堪重续了。"青门"暗示的是荣枯事异，"在"是句尾语助词，通常表示肯定的语气。而"不堪"两字，则正面点出了失职的怨郁。词人通过"岁月惊心，功名看镜，短鬓无多绿"三句，把回忆收束在了岁月流逝、功名无成的感慨之中。"惊心"和"看镜"，由杜甫诗《江山》中的"勋业频看镜，行藏都倚楼"引申而来，说的是年华如流水一样逝去，词人功名未成的焦灼之情，是"招饮"的本意所在。"绿"是"黑"的借字，在诗词中，通常用青鬓、绿鬓指代黑色的鬓发。最后，用"一尊"和"相属"，与题目中的"招"字照应。结束的"一欢休惜，与君同醉浮玉"两句，是从"一尊相属"的友谊引申而来：老友重逢，只有同醉方可尽欢。

词的前八句，说的都是韩元吉上朝时驰趋皇路，转眼腾宵。紧接着以"人生难料"转折入题，笔力健劲。转头处追忆旧游，别开一境，功名易老，唯有及时行乐，一醉方休耳。下阕的感叹与上阕中的"人生难料"一句，下阕的"同醉"与上阕中的"一尊"，前后呼应，章法周密。无咎殆康衢误跻，放翁特招其漫游。"素壁栖鸦应好在，残梦不堪重续，岁月惊心，功名看镜，短鬓无多绿"几句，说春梦易醒，而慰藉之意也浮出水面。

在镇江，陆游与韩元吉相处了两个月，彼此唱和的诗词作品共有 30 多篇。这些唱和诗，当时被合集刊刻。

相聚的时光总是很短暂。当韩元吉离开镇江进入倒计时时，陆游无限感伤，便在《浣溪沙·和无咎韵》这首词中写道：

懒向沙头醉玉瓶，唤君同赏小窗明。夕阳吹角最关情。

忙日苦多闲日少，新愁常续旧愁生。客中无伴怕君行。

这首词，委婉有致。在一起相处的两个月中，陆游和韩元吉两个人常在一起游山赏江景，饮酒赋诗，金山、焦山、北固山等处，都留下了他们的足迹。可分别在即，没有什么能比两人在一起多说说话更重要的了。也正是在这种情况下，词人才会"懒向沙头醉玉瓶"，相聚的时间实在是太宝贵了。词人之所以这么写，在杜甫的《醉歌行》中可找到本源：

陆机二十作文赋，汝更小年能缀文。

总角草书又神速，世上儿子徒纷纷。

骅骝作驹已汗血，鸷鸟举翮连青云。

词源倒流三峡水，笔阵独扫千人军。

只今年才十六七，射策君门期第一。

旧穿杨叶真自知，暂蹶霜蹄未为失。

偶然擢秀非难取，会是排风有毛质。

汝身已见唾成珠，汝伯何由发如漆。

春光澹沱秦东亭，渚蒲牙白水荇青。

风吹客衣日杲杲，树搅离思花冥冥。

酒尽沙头双玉瓶，众宾皆醉我独醒。

乃知贫贱别更苦，吞声踯躅涕泪零。

《浣溪沙·和无咎韵》的头一句就是这么来的，不但词语极相近似，而且透露出分手离别的含义。既然懒得再去观景饮酒了，那更好的选择便是"唤君同赏小窗明。夕阳吹角最关情"。"关情"指的是牵动情怀。黄昏时分吹起的号角，最能牵动人的情怀。夕阳引发依恋之情，暮角引发凄凉之感，此情此感，共同组成了一种适于促膝倾谈的环境气氛。因此，词人才说它"最关情"。但此时，词人所说的"情"却因为它的千头万绪，而难以表述得清晰具体。

下阕中的头两句，依照《浣溪沙》词牌子的要求，要对偶，而这也恰恰是作者最着力的地方。可陆游在词中写的对联，就像白话文一样浅显。把忙和愁说得概括而笼统，是不是陆游不得要领呢？不是的。词结尾"客中无伴怕君行"这一句，以直言无隐、真情流露打动读者的心，并将依依惜别之情和盘托出，让人们看到了词人的寂寞。这和半年以前"中原北望气如山"，形成了强烈的反差。而韩元吉说的"平成横槊"，人们终是没有机会读到了，"佐郡赐环"也不知是何年了。"夕阳吹角最关情"一句是闲处写情，意、境兼得；"忙日苦多闲日少，新愁常续旧愁生"两句直率真切，一如唐代诗人的风格。

镇江对于陆游和韩元吉来说，是一个特殊的存在。在这里，两个人度过了一生中相处最多的一段岁月，乃至于以后的书信来往中，常常忆及这段美好时光。镇江分别后，两个人依旧见少离多，靠书信传达着彼此的情谊。陆游时常梦到韩元吉，并作《梦韩咎咎王季夷诸公》一首，记录了这件事：

积雪欲照夜，老鸡方唱晨。

诸公逝已久，幽梦忽相亲。

话旧殷勤意，追欢见在身。

悠然又惊觉，抚枕一悲辛。

陆游还作了《开书箧见韩无咎书有感》这首诗：

老觉人间万事非，幽栖幸已脱尘鞿。

残年得饱不啻足，旧友半空谁与归？

开眼不妨成一梦，翦翎何至羡群飞。

龙图老子今安在？把卷灯前泪满衣。

通过上面的两首诗，足见陆游与韩元吉之间友谊的深厚。后来，陆游在出任提举福建常平茶盐公事时，曾暂时回到山阴休假。启程前，韩元吉前去送行。就在分手之际，韩元吉写下赠别诗《送陆务观福建提仓》：

觥船相对百分空，京口追随似梦中。

落纸云烟君似旧，盈巾霜雪我成翁。

春来茗叶还争白，腊尽梅梢尽放红。

领略溪山须妙语，小迁旄节上凌风。

宋孝宗隆兴二年（1164 年），南宋年号改为"乾道"。如果说隆兴体现了南宋建国的意义，那么乾道则体现了南宋统治的强硬。

宋孝宗乾道元年（1165 年）七月，因为平调到隆兴（今江西省南昌市）府任通判军州事，陆游离开镇江，经建康（今江苏省南京市），取道隆兴。

知道陆游要离开了，很多朋友设宴送行。陆游的心里充满了离愁别绪，不知道等待他的新的职位是什么。隆兴距离抗金前线更远了，陆游的心里有些失落。因而，他在《浪淘沙·丹阳浮玉亭席上作》一词中这样写道：

绿树暗长亭，几把离尊。阳关常恨不堪闻。何况今朝秋色里，身是行人。

清泪浥罗巾，各自消魂。一江离恨恰平分。安得千寻横铁锁，截断烟津？

这首词，开篇即采用回忆的方式，写往昔我送友人。接着词人笔锋一转，状绘今日友人送我。最后通过幻想写不忍分离之情，把离情别意写得缠绵悱恻，读来余味绕梁。

上阕开头"绿树暗长亭，几把离尊"两句，再现了词人昔日送别友人的情景。坐落在长江边上的浮玉亭，是词人经常涉足的地方。暮春时节，陆游曾多次到此送友远行。饯行宴就设在绿树繁茂、浓荫蔽日的亭子里。词人不停地举起酒杯，向挚友频频劝酒，殷殷话别，但行人和送者皆心绪不宁，为即将的离别感伤不已。

"阳关常恨不堪闻"一句，描写的就是这种恨别之情。"阳关"是唐代词人王维《送元二使安西》一诗的代称，也称为《渭城曲》。王维的这首诗，将人类的友谊写得极为真挚、感人。因此，这首诗当时就被谱上乐曲，作为"送别曲""友谊歌"而广为传唱，世称"阳关曲"或"阳关三叠"。词人这里说"阳关常恨"，是因为别时与友唱阳关，唱罢阳关别故人，而他经常与友分别，故谓"常恨"。正因"常恨"，故再听到阳关唱起，就"不堪闻"了。"不堪"，是禁不起之意。

上阕结尾"何况今朝秋色里，身是行人"两句，写词人送行时的情景。陆游这次离开京口赴隆兴任职，正是草木枯黄，冷落清秋节。从前，常在春残花尽时与人分别，对方是行人，自己就已经伤心不已了；今日，秋风萧瑟，落叶飘飘，自己成了即将远行的人，将别辞故人而远去，其悲伤之情，更倍增于过去。此时此刻，词人的离情别恨和远行之悲，盈满于怀，溢于言表。

词的下阕写的仍然是离情。饯行宴马上就要结束了，别离在即。居人和游子依依惜别，互相安慰着彼此。但一想到别后天各一方，音讯难达，又禁不住黯然神伤，潸然泪下。下阕开头"清泪浥罗巾，各自消魂"两句，极其生动地再现了居人和游子之间真诚而又深厚的友谊。而接下来的"一江离恨恰平分"一句，语颇隽永，意蕴深邃。离愁别恨，本就是十分抽象的东西，无法用语言来描述。在中国古典诗词中，大多都以江水之无穷，来比喻无尽的愁情，可真正写得耐人寻味的名篇佳句，却寥若辰星。陆游的《浪淘沙·丹阳浮玉亭席上作》这首词即景抒情，说离别的悲愁多得如同眼前滔滔不绝的江水，一半给了居人，一半给了自己这个游子。

如此描写，不但把离恨的深重具体化、形象化，而且能使人掂量离恨的轻重，体会分别的痛苦，这和李煜的"问君能有几多愁，恰似一江春水向东流"有着异曲同工之妙。

下阕结尾"安得千寻横铁锁，截断烟津"两句，更是联想奇出，匠心别具。词人幻想着如果能有一把千寻铁锁，就可以把长江截断、锁住。这样，我就不能远行了，居人也能将我留住，这该是多好的一件事啊！可这是不可能的。这种想象，表达了词人期望与友人长在一处、永不分离的美好愿望。另外，词人不得不与挚友分别的痛苦跃然纸上，读完余味绕梁，久久不绝。

途经建康时，陆游顺便游览了定林寺。

到了隆兴，陆游恢复了读书人的生活。不久，陆游就收到了家里传来的好消息，他的第五个儿子出生了，陆游欣然给儿子起名子布。可新生儿的出生，并没有给陆游带来更好的运气，此时，朝中主战派与主和派之间的派系斗争愈演愈烈。宋孝宗乾道三年（1167 年），主和派再次把矛头对准了陆游，以"交结台谏，鼓唱是非，为说张浚用兵"为由弹劾他。于是，陆游被免职了。

05 返回山阴，隐居别业

宋孝宗乾道三年（1167年）二月初，陆游从隆兴（今江西省南昌市）出发，取道陆路，经临川（今江西省抚州市）、玉山等地返回家乡山阴（今浙江省绍兴市境内）。到达临川城外的时候，陆游拜访了一位名叫李浩的朋友，并写下《上巳临川道中》这首七古：

> 二月六夜春水生，陆子初有临川行。
>
> 溪深桥断不得渡，城近卧闻吹角声。
>
> 三月三日天气新，临川道中愁煞人。
>
> 纤纤女手桑叶绿，漠漠客舍桐花春。
>
> 平生怕路如怕虎，幽居不省游城俯。
>
> 鹤躯苦瘦坐长饥，龟息无声惟默数。
>
> 如今自怜还自笑，敛版低心事年少。
>
> 儒冠未恨终自误，刀笔最惊非素料。
>
> 五更敧枕一凄然，梦里扁舟水接天，
>
> 红蕖绿芰梅山下，白塔朱楼禹庙边。

"七古"即七言古体诗，是古代汉族诗歌体裁的一种，每首句数不拘，每句七字。七古的典型风格是端正浑厚、庄重典雅。

陆游的这首《上巳临川道中》，起笔便交代了时令、行旅。"二月六夜春水生"一句，引自杜甫的《春水生二绝》：

> 二月六夜春水生，门前小滩浑欲平。
>
> 鸬鹚鸂鶒莫漫喜，吾与汝曹俱眼明。
>
> 一夜水高二尺强，数日不可更禁当。
>
> 南市津头有船卖，无钱即买系篱旁。

陆游将"二月六夜春水生"成句引用在这里，大致交代了出行时间正是春水初生的时节，第二句"陆子初有临川行"则点明题目。第三句"溪深桥断不得渡"承首句"春水生"。"溪"和"桥"，指盱水及河上的桥梁。因为桥断了，盱水又很深，所以没办法过河进城，只能投宿在城外的客舍。晚上，躺在床上，附近城头上吹角的声音清晰传来，隔着河听着角声，临川近在咫尺，却不能一睹它的风采，更激起了诗人对临川的想象。诗人之所以这样写，是为下文做铺垫。

"三月三日天气新，临川道中愁煞人。纤纤女手桑叶绿，漠漠客舍桐花春"四句，转笔正面描绘上巳日临川道中的情景。"三月三日天气新"一句，是引用杜甫《丽人行》一诗中的成句，天衣无缝，如同己出。"愁煞人"指春光美好而动人。"纤纤女手桑叶绿，漠漠客舍桐花春"两句，笔落实处，具体描绘了"愁煞人"的道中风景。"桐花春"指春天到了，桐花竞相绽放，红色的桐花，与呈青灰色的客舍相映；深绿的桑叶，与女子的纤纤素手相映。温煦旖旎的春日风光中，却载有轻淡的客愁。

"平生怕路如怕虎，幽居不省游城俯。鹤躯苦瘦坐长饥，龟息无声惟默数"这四句，诗人从临川道中见到的景象转而抒发感想。"平生怕路如怕虎"，比喻新颖，别出心裁。诗人将它与下句"幽居不省游城俯"联系在一起，为自己画出一幅厌弃尘俗的幽栖高士形象图。而"鹤躯苦瘦坐长饥，龟息无声惟默数"两句，则进一步从外形的清瘦，以及平居的静默，凸显高士的形象。"坐"，因的意思，"鹤躯苦瘦坐长饥"指的是因长期饥饿，而苦瘦。

"如今自怜还自笑，敛版低心事年少。儒冠未恨终自误，刀笔最惊非素料"四句，大致是从杜甫的《莫相疑行》一诗意化而来，重新进行了创作，从而有了自己的新意。"如今"二字，对应上面的"平生"起着过渡的作用；进而展开对当前处境的抒写，仍是一路以来的感受。诗人不由得感慨：如今竟为了生计，自己不得不俯首低心，屈节事人。"年少"指诗人的顶头上司。一想到这，诗人觉得自己既可悲又可笑，根本背离了自己的高洁本性。"儒冠"一词，意化而来，原句出自杜甫"儒冠多误身"的诗句。儒冠终误身，可我并不后悔。在幕府中任通判之职以刀笔为业，与平时的愿望相违，这才是最为惊心的。"未恨"与"最惊"两相对映，感情愈加浓烈。

"五更欹枕一凄然，梦里扁舟水接天。红藋绿荽梅山下，白塔朱楼禹庙边"这最后四句，以梦想归隐收笔。"五更欹枕"和"梦里"，与篇首的"卧闻"遥相呼应，而"梅山"指梦中诗人家的山已经开遍梅花。"禹庙"在山阴，是陆游的家乡。这四句暗藏归隐之意，一结悠然，意境绵起。"红""绿""白""朱"等色彩字叠用，更显清新靓丽之至。

虽然陆游之前也学杜甫，就像这首七古，多次直接引用杜甫成句，但他的七古诗风，婉丽有余，遒劲不足。

可自从陆游到了南郑（今陕西省汉中市一带）前线以后，诗风有了很大的变化，诗中已经呈现出纵横驰骋的气势。

陆游回到山阴后，缕缕茶香荡去了诗人的疲惫，也构筑起新的生活。

当初，陆游还在镇江时，就用自己积攒的俸禄，在山阴西郊的镜湖边上，买了一座宅院。这座宅院被石堰山、行宫山和韩家山三山环抱，有十几间房屋，陆游按着自己的心意，重新进行了改建，然后将其命名为"三山别业"。"别业"就是别墅。这次被罢官归来，全家就搬离了云门寺附近的"云门草堂"，住进了"三山别业"。

"三山别业"依山傍水，水陆交通便利，离剡曲非常近，陆游曾作过很多关于别业和剡曲的诗作。他在《小筑》中写道：

小筑清溪尾，萧森万竹蟠。

庵庐虽偪仄，庭户亦平宽。

摘果观猿哺，开笼放鹤盘。

澹然还过日，无处著悲欢。

陆游在《幽居》中写道：

> 一曲清溪带浅山，幽居终日卧林间。
>
> 丹经在昔曾亲授，死籍从今或可删。
>
> 人笑拙疏安淡泊，天教强健享清闲。
>
> 秋来渐有佳风月，拟与飞仙日往还。

"一曲清溪带浅山，幽居终日卧林间"，陆游描绘得实在是再形象不过了。一直以来，陆游以居剡曲而得意，就像他诗中所说："家住山阴剡曲傍，一番风雨送清凉"，这绝非因他离剡曲近，而是因为唐代大诗人贺知章的故居就在剡曲。

"三山别业"的房屋很有特色，但不是很考究。院落中非常有名的地方就是南堂，南堂是用毛草结成的，四周种满了翠竹。"堂中虚窗雨气入，堂前丛竹雨声急"，南堂是陆游安坐静思的地方。有时，陆游诗兴大发，就干脆把诗题在墙壁上。南堂后部分是居室，居室东西北三面有窗，而且每扇窗都有窗帘，里面收藏着陆游的书，所以陆游也把它叫作书巢。南堂的东西两侧各有一个小室，陆游分别把它们称为东斋、西斋。

南堂的前面是庭院，一个柴门通往外面，自然、古朴。

南堂后面是带有回廊的宽敞、幽深的小院，也就是陆游笔下"小院回廊夕照明，放翁宴坐一筇横"的地方。

小院后就是正屋。正屋除了有楼，里面还有正堂，正堂里设有暖阁。另外，陆游原本打算建一个独立的小轩，只是搬进来的时候，过于匆忙，并没有建。宋孝宗淳熙五年（1178年）东归后，小轩才按着陆游的心愿落成。小轩是独立的，和南堂、正屋都不相连，分为东轩和南轩。

小轩的东面是老学庵。老学庵的房子共有三间，其中两间是老学庵，东面的那一间则是龟堂。陆游在《龟堂东窗戏弄笔墨偶得绝句》里说："北庵睡起坐东厢，无事方知日月长。"他在《龟堂杂题》中也写道："闭着庵门终日睡，任人来唤不曾应。"陆游有很多写道室的诗作，最初这个道室就是起居室，后来，陆游在老学庵里专门另辟了一个小房间，命名为"还婴"，还婴的面积不大，仅能放下一个条几。

老学庵是一栋独立的屋子，四周不仅种满了竹子，窗前还栽种了梅花。

陆游在《庵中夜兴》中描述说："有情梅影半窗月，相应鸡声十里村。"正因为有这些梅花，陆游常借梅花抒发离愁别绪，以及思乡之情。他在一首《梅花绝句》中写道：

> 忆昔西戎日，夜宿仙人原。
> 风吹野梅香，梦绕江南村。

这首诗虽短，但诗人却以梅花的形象，暗寓自己的思乡之情。另外，《累日浓云作雪不成遂有春意》中的"梅花眷眷故人情"一句，也是借梅花深情，来象征深厚的故人情谊。

陆游对梅花情有独钟，他笔下的梅花，暗香疏影，仪容风姿，总是令人不由自主地爱上。像《正月十五出游》中"细柳拂头穿野径，落梅黏袖上海舟"，《初春抒怀》中"清泉冷浸疏梅蕊，共领人间第一香"，均写尽了梅花的国色天香。小诗《岁晚》更是充满野趣："小坞梅开十二三，曲塘冰绽水如蓝"，尽管诗人笔下的梅花只是点到为止，但却写出了梅花的温婉可人。陆游不仅写尽梅花的花容气质，还常常以梅花自喻，如《梅花绝句·其一》。他倾尽一生，想有一番作为，想实现自己的壮志，却苦不得志。看着梅花的高洁，他总会有感而发，歌咏梅花的高洁品格。他在《湖山寻梅》中写道：

> 镜湖渺渺烟波白，不与人间通地脉。
> 骑龙古仙绝火食，惯住空山啮冰雪。
> 东皇高之置度外，正似人中巢许辈。
> 万木僵死我独存，本来长生非返魂。

这首诗中的"万木僵死我独存，本来长生非返魂"一句，所表达的就是梅花精神。

陆游是一个优秀的园林大师。他在老学庵的背面建了一座假山，山下开了一座小池塘。就在池塘就快落成的时候，连日下雨，陆游便在《老学庵北作假山既成即雨弥月不止》中，记录了这一情景：

古者封禅岁，乾封辄枯旱；

不言绝民食，徒欲晒日观。

我今作小山，才及仞有半，

下潴数斗水，草木稍葱蒨。

蕞尔何足言，造物亦幽赞。

冥冥一月雨，阴翳迷昏旦。

芳草争抽萌，珍木亦擢干。

龟鱼出复没，鸟雀聚仍散。

彼天初何私，遗我耳目玩，

遂令闾巷间，日厌鹁鸪唤。

淖深樵苏绝，有米不能爨。

为小乃害大，未可以理断。

忧惧塞胸中，当食屡兴叹。

培塿固易平，荷锸媿吾懦。

除了轩、庵，还有山房。山房是陆游为了小儿子陆子聿依西山山麓而建，不仅房屋的布局特别，院子也是别有洞天。"三山别业"的东面是小园，栽种了几十株花卉。一到秋天，各种菊花争奇斗艳。南面又称南园，具有"舍南种胡麻，三月幸不雨"的特点。西面又称药圃或药园，而山房就坐落其间。北面又称北园，是陆游最重视的菜圃，为此，陆游在《村舍杂书》中写道：

五月新面成，六月甘瓜熟。

作麹及良时，火见金始伏。

悬知桑落后，醅面酿如粥。

再拜谢天公，无功叨美禄。

整个"三山别业"的房屋，都坐落在大片园林中，亭台楼阁，小桥流水，池莲游鱼，古朴自然，美轮美奂，宜家宜耕。这些房屋建筑以及园林设置，无不说明陆游是个优秀的园林设计大师，也足以体现陆游对大自然的热爱，以及文人特有的浪漫主义情怀。

在这里，陆游看山赏竹，品高低错落，嗅梅之清香，看樱花两三丛，观窗前海棠正艳，享受着浓浓的乡村气息。同时，他还把书室改名为"可斋"。

一次雨后，陆游兴致勃勃地漫步于池塘边，看见渔翁用细柳条穿过钓到小鱼的鱼鳃放在路边。看着不停甩动的鱼，陆游心中一动，便问渔翁，能不能用几十钱买下那些鱼。

渔翁见是陆游，连忙摆手："我知道您是陆公，这些小鱼，就当是小礼物送给您。"

陆游笑着说："我收下你的情意，你收下我的钱。"

渔翁推辞不过，坚持只收三十钱。陆游拿出五十钱，拉过渔翁的手，塞到他的手里说："今后我们就是朋友了，千万不要客气。"

陆游蹲下身子，捞出串鱼的柳条，小心翼翼地一条条拿下来，轻轻地放到水里。鱼尾甩出一圈圈涟漪，欢快地游走了。他的《雨霁出游书事》这首七言古风，就再现了这件事：

> 十日苦雨一日晴，拂拭拄杖西村行。
>
> 清沟泠泠流水细，好风习习吹衣轻。
>
> 四邻蛙声已合合，两岸柳色争青青。
>
> 辛夷先开半委地，海棠独立方倾城。
>
> 春工遇物初不择，亦秀燕麦开芜菁。
>
> 荠花如雪又烂熳，百草红紫那知名。
>
> 小鱼谁取置道侧，细柳穿颊危将烹。
>
> 欣然买放寄吾意，草莱无地苏疲氓。

这首诗，陆游通过次第展开的自然风光，尽现了那种无官一身轻的恬淡，以及悠闲自得的山野乐趣。

陆游和儿子聊天时说，别业的意境就如《陋室铭》中写的那样，"苔痕上阶绿，草色入帘青""无丝竹之乱耳，无案牍之劳形"。诗人兴致盎然中，竟诗兴大发，"虽云懒出游，闭门乐事足"随口而出。

此时的陆游，对功名越发看淡了，大有一种"用之则行，舍之则藏"的旷达，似乎被罢官回家的苦闷和激愤早已烟消云散了。但他绝没有心灰意冷，慷慨之心犹壮，这从他回乡两年后写下的一首《闻雨》中可见一二：

慷慨心犹壮，蹉跎鬓已秋。

百年殊鼎鼎，万事祇悠悠。

不悟鱼千里，终归貉一丘。

夜阑闻急雨，起坐涕交流。

意思是眼泪像雨一样，从诗人的两腮流下来，岁月匆匆而过，他还没对国家做出应有的贡献。陆游将自己慷慨的爱国激情，以及在农村感受到的希望和热情，统统倾泻到自己的诗句中，恢宏高亢。

第六章

山重水复疑无路

柳暗花明又一村

01 游山西村，交复官运

陆游在故乡山阴（今浙江省绍兴市境内）所建的"三山别业"风格别致，清秀脱俗。他刚回来时的那点积蓄，在修葺屋宇后，已经是所剩无几，导致陆游由仕途中的小康生活，陷入贫困之中，这也拉近了他与百姓之间的距离。

陆游脱下官服，穿上老百姓的衣裳，参加田园劳动。他"口诵农书""身杂老农间"，栽桑、养蚕、种菜、种胡麻，甚至"夜半起饭牛"。与乡邻、野老、渔樵、牧竖来往，非但一点官架子都没有，还与百姓的感情越来越深厚。

因为精通医术药理，陆游经常给附近的农家百姓看病，而且还千方百计地在自家的药圃里引栽名贵药材。同时，陆游还经常外出采药，施药给贫困的百姓，救治过很多的病人。为此，他在《东篱记》一文中写道：

放翁告归之三年，辟舍东莳地，南北七十五尺，东西或十有八尺而赢，或十有三尺而缩，插竹为篱，如其地之数。蘸五石瓮，渚泉为池，植千叶白芙蕖，又杂植木之品若干，草之品若干，名之曰东篱。放翁日婆娑其间，掇其香以臭，撷其颖以玩。朝而灌，暮而锄。凡一甲坼，一敷荣，童子皆来报惟谨。放翁于是考《本草》以见其性质，探《离骚》以得其族类，本之《诗》《尔雅》及毛氏、郭氏之传，以观其比兴，穷其训诂。又下而博取汉魏晋唐以来，一篇一咏无遗者，反复研究古今体制之变革，间亦吟讽为长谣短章、楚调唐律，酬答风月烟雨之态度，盖非独娱身目、遣暇日而已。

这篇文章，记录的是陆游返乡后的典型生活和心态。陆游与百姓有了密切的接触，了解了他们的思想，体会了他们的心境，和他们有了共同语言，"耿耿一寸心，思与穷友论"。并且，陆游开始认为"至论本求编简上，忠言乃在里闾间"。同时，酷吏赋税也使陆游有了更加清醒的认知，"富豪役千奴，贫老无寸帛"，甚至发出和杜甫的"朱门酒肉臭，路有冻死骨"一样的声音。他在《太息·北陌东阡有故墟》中写道：

北陌东阡有故墟，辛勤见汝昔营居。

豪吞暗蚀皆逃去，窥户无人草满庐。

近距离地接触农民，陆游的思想和诗作受到了潜移默化的影响，不知不觉中就做了百姓的代言人。这是中国历史上众多文人中，极为少见的。在"三山别业"生活的那段岁月，似乎每一天陆游都是忙忙碌碌的，研读诗书、酿酒、抚琴下棋、吹笛写字。陆游一生爱琴，他在《静室》中说："静室床横一素琴，尔来殊觉道根深。"有时，陆游兴致勃发，便"睡起悠然弄纳琴，铜猊半烬海南沉"。但陆游无论多忙，都不忘教育子孙报效国家，这也是陆游的高人之处。

闲暇的时候，陆游便去"云门草堂"，看望在那附近的老伙伴和乡邻。每逢四时八节，陆游常常被邀茶叙、饮酒。四时指春夏秋冬四季，八节指立春、春分、立夏、夏至、立秋、秋分、立冬、冬至，四时八节泛指一年四季中各节气。陆游在《游山西村》一诗中，就抒写了这种浓浓的乡情古风：

莫笑农家腊酒浑，丰年留客足鸡豚。

山重水复疑无路，柳暗花明又一村。

箫鼓追随春社近，衣冠简朴古风存。

从今若许闲乘月，拄杖无时夜叩门。

这是一首纪游抒情诗。"莫笑农家腊酒浑，丰年留客足鸡豚"两句，诗人开篇就渲染了在丰收之年，农村一片宁静、欢悦的气象。"腊酒"指上年腊月酿制的米酒。"豚"指小猪。"足鸡豚"，是个倒装句，意思是鸡豚足。这两句是说，农家人热情地拿出自酿的米酒招待客人，虽然酒味略薄，不是上等美酒，但情真意切，热情似火。一个"足"字，烘托出了农家待客倾尽所有的盛情。诗人仅用"莫笑"二字，就道出了他对农村淳朴民风的极度赞美之情。

紧接着，诗人转入写景。"山重水复疑无路，柳暗花明又一村"两句，诗人除了为人们呈现出一幅山间水畔的水墨画外，还将深刻的哲理蕴含其中，成为千古绝唱，以至于千百年来一直被人们广泛地传唱、引用。透过流畅绚丽、开朗明快的诗句，人们似乎可以看到，诗人身着长衫，怡然地漫步于青翠可掬的山峦间。那澄碧的山泉，在弯弯曲曲的溪流中汩汩穿行，草木越来越浓密，蜿蜒的山间小径被草木遮盖，越来越难以辨认。正在诗人感到迷惘，不知该往哪个方向走时，不经意地一抬头，突然就看见前面繁花似锦，柳树成荫，几间农家茅舍掩映在花木疏影中，诗人眼前一亮，心情顿时豁然开朗起来。寥寥几笔，诗人喜形于色的兴奋之情，便跃然纸上了。同时，更烘托出诗人对未来的无限希望。对于这种境界，陆游并不是第一个描述的人，但他的这两句，却格外委婉别致，登峰造极，已经远远超出了自然景色描写的范畴，具有极强的艺术生命力。钱钟书在《宋诗选注》中评论说："陆游这一联，才把它写得'题无剩义'。"

现实生活中，人们在研究问题、探讨学问时，通常会出现这样的情形：山回路转、扑朔迷离，根本看不到出路在哪儿。于是，茫茫无助之感油然而生。但是，如果人们能够坚持，锲而不舍地继续前行，忽然间，眼前就会出现一线亮光，再往前行，便会豁然开朗，发现一个前所未见的新天地。这就是此联给人们的启发，也是宋诗特有的理趣。只要读过，人们就会感到，在人生的某种境遇中，竟与诗句所写的情境，有着惊人的契合之处，因而更觉亲切。这里描写的是诗人置身山阴（今浙江省绍兴市境内）道上，信步而行，疑若无路，忽又开朗的情景，不仅反映了诗人对前途所抱的希望，也道出了世间事物消长变化的哲理。

"箫鼓追随春社近，衣冠简朴古风存"两句，则从自然写到人事，将南宋初年的农村风俗点墨成画，再现了农家祭社、农村祈年、盼望丰收的乡土风俗，蕴藏了诗人对这片土地，以及生活在这片土地上的人们的热爱。"社"指的是土地神。"春社"是在立春后第五个戊日。按照风俗习惯，农家在这一天祭社祈年。人们热热闹闹、吹吹打打，充满着对丰收的期待。实际上，这个节日由来已久，《周礼》里就有记载。苏轼《蝶恋花·密州上元》中也说："击鼓吹箫，却入农桑社。"到了宋代，这个节日依然盛行。而在这里，陆游更以一句"衣冠简朴古风存"，来赞美这个古老的乡土风俗，显示出他对那片土地，以及生活在那片土地上的人民的热爱之情。

前面的这三联，诗人除了写外界情景，还将自己的情感与之融合在一起。可是，诗人的情感似乎意犹未尽，故而接下来笔锋一转写道："从今若许闲乘月，拄杖无时夜叩门。""无时"是随时之意。此时，诗人已"游"了一整天，明月高高地挂在天空，洒下清辉，整个大地笼罩在一片淡淡的清光中。"春社"过后的村庄，沐浴在月光中，染上一层神秘而静谧的色彩，别有一番情趣。于是，诗人不由自主地想：若是从今往后，都能不时地拄杖乘月，轻叩柴扉，与老农亲切絮语，那也是一件令人无比快乐的事。写到这里，一个热爱家乡，与农民亲密无间的诗人形象跃然纸上，呼之欲出。

从整体上看，这首七律结构严谨，主线突出。全诗八句，无一"游"字，但却处处紧切"游"字，可谓是游兴十足，游意不尽，又层次分明。清代文学家、思想家方东树在《昭昧詹言》中赞叹说："以游村情事作起，徐言境地之幽，风俗之美，愿为频来之约。"尤其是这首诗中间的四句两联，对仗工整，把难以形容的景象写得唯美唯幻，仿佛珠落玉盘，圆润流转，达到了极高的艺术水平，难怪有"陆游七律最工"之说了。

陆游的这首诗作于宋孝宗乾道三年（1167 年）。尽管被主和派弹劾罢官回归故里，诗人的心中愤愤不平，但淳朴的农家生活，使诗人的内心得到了无限的慰藉。而诗人并没有放空自己，忘情国事，始终坚信"柳暗花明"，总有一天会否极泰来的。这种心境和所游之境恰相吻合，于是两相交涉，产生了传诵千古的"山重水复疑无路，柳暗花明又一村"一联。

就在张浚被罢免后，朝中成了主和派的天下。丞相汤思退是个软骨头，在金国面前奴颜婢膝，有求必应。金国也吃准了这一点，今天要求增加岁币，汤思退转而就增加岁币；明天要求割让唐州和邓州，汤思退立马就割让唐州和邓州。而没过多久，金国又要求遣返投奔大宋的中原百姓，汤思退竟不顾这些北方人已经定居江南的事实，毫不犹疑地把他们送回被金国占领的中原。

金国贪得无厌，就像一个无底洞，让宋孝宗赵眘终于撑不住了。这时，孝宗皇帝不由自主地想起了主战派的好处，开始疏远、讨厌汤思退。恰巧在这时，几十名太学生联名上书，列举了汤思退的十大罪状，痛斥汤思退丧权辱国，虽身为大宋承相，却是金国的走狗，坚决要求孝宗皇帝严惩汤思退。

孝宗皇帝借机罢了汤思退的官，但没有杀他。可坏事做多了，就总怕走夜路。汤思退日夜担心孝宗皇帝早晚要他的命，结果精神恍惚，最后自己把自己吓死了。

汤思退是主和派的领头羊，他这一死，主战派再次站到了政治的舞台上，成为主角。只是主战派的旗帜性人物张浚已经去世，孝宗皇帝思前想后，便让张浚的儿子张栻入朝为官。

张栻时刻不忘父亲的遗愿，请求孝宗皇帝批准四川练兵，并力荐陆游去四川做官。孝宗皇帝答应了张栻的请求，重新起用陆游，并派他去四川夔州（今重庆市奉节县）做通判。

宋孝宗乾道五年（1169 年）十二月六日，45 岁的陆游收到了任命书，心中五味杂陈。为此，陆游在《将赴官夔府书怀》中写道：

> 病夫喜山泽，抗志自年少。
> 有时缘龟饥，妄出丐鹤料。
> 亦尝厕朝绅，退懦每自笑。
> 正如怯酒人，虽爱不敢釂。
> 一从南昌免，五岁嗟不调。
> 朝廷每哀矜，幕府误辟召。
> 终然敛孤迹，万里游绝徼。
> 民风杂莫徭，封域近无诏。
> 凄凉黄魔宫，峭绝白帝庙。
> 又尝闻此邦，野陋可嘲诮。
> 通衢舞竹枝，谯门对山烧。
> 浮生一梦耳，何者可庆吊？
> 但愁瘿累累，把镜羞自照。

自从隆兴（今江西省南昌市）被罢官，前后已经五年了，可重新被起用，竟是一官万里，诗人不胜感慨。虽然在镇江、隆兴时，所任职务都是通判，可镇江毕竟是军事重地，而隆兴，好歹也是一个大地方。可夔州他虽然没去过，但他小时候就在诗文中见到过。大诗人杜甫就曾漂泊到夔州，在那生活了两年，留下八十多首伤时悯农的诗作。刘禹锡被贬后，曾任夔州刺史，他在给白居易的诗中，也说夔州是"巴山楚水凄凉地"。陆游心中五味杂陈，只感觉"浮生一梦耳，何者可庆吊"。但陆游又很振奋，毕竟自己再次有了为国效力的机会。

此时，陆游还面临一个问题。他已经有了五个儿子，两个女儿，教育子女也是一件刻不容缓的大事。而他赴任的地方，离家实在是太远了，又交通不便。如果他自己去，每年势必要回家探亲，来回这一趟就要大半年的时间，也会耽误工作。权衡利弊后，陆游决定携家带口去任上。

可就在此时，陆游去府城的西营"润诗堂"买书，回来遇到了一场大雨。时值秋天，陆游便得了风寒，身体虚弱。因此，他虽然接到任命书，并没立刻启程，直到身体好些后，才开始准备行程。

临行的那天晚上，陆游的众多好友在城郊的法云寺为他饯行。

02 夔州赴任，九死一生

宋孝宗乾道六年（1170 年）闰五月十八，陆游带着妻子儿女以及丫鬟仆人共 17 口人，从山阴（今浙江省绍兴市境内）"三山别业"出发。

陆游带领着一大家子人坐着小船，经萧山，到临安（今浙江省杭州市），抵姑苏（今江苏省苏州市）。船过枫桥时，陆游默诵张继的《枫桥夜泊》，思绪如缕，便作了《宿枫桥》这首绝句：

> 七年不到枫桥寺，客枕依然半夜钟。
> 风月未须轻感叹，巴山此去尚千重。

夜半，寒山寺的钟声传来，诗人无限感慨。自己投闲置散，虽千里入蜀为官，可壮志依然难酬。"风月未须轻感叹"一句，正是诗人心中感慨深沉的表现。全诗看似闲散，实为一股郁悒不平之气，充盈诗人的心中。

一家人从采石矶（安徽省马鞍山市境内）换乘了大船，沿着长江逆流而上。

这是一艘将近十丈长的大帆船，高约两丈，桅杆五丈六尺高，斜挂着二十六幅风帆。陆游一家上来的时候，船上还有几十个去湖北做生意的商人。帆船往西行，逆着长江水而上，要是赶上刮东风的时候，打开风帆，风就可以推着船向西而行。可如果碰到东南风或是东北风，船主人就只能调整风帆的角度，自己站在船尾控制航向，由七八个船工一起摇橹，驱动大船前行。可若是碰上西风，就得落帆靠岸，找一个避风的港湾停下来，抛下铁锚，风何时停了何时再出发。

最初的一段行程，刮东风的时候比较多，大船走得安安稳稳。可一到湖北，天气渐热，几乎没有风了，大船只能靠船工摇橹前行，走得蜗牛似的。于是，孩子们的新鲜感没有了，船舱里肃静了很多。

大船慢吞吞地走了几天后，到了黄州（今湖北省黄冈市）赤壁，可江水突然变窄，水流也变得湍急起来，船工们憋足了劲摇橹，就是阻挡不住大船往下溜。

船主人大惊，赶紧指挥大船靠岸。就在这时，一艘从上游下来的小船嗖地就到了眼前，还没等船主人反应过来，只听"嘭"的一声，大船小船撞在了一起。陆游和其他乘客猝不及防，一下子都跌倒在船舱里。大家惊慌失措，根本不知道发生了什么事情。即刻，就听见船工大喊救人，原来船尾掌舵的水手被震飞了，掉进了水里。

陆游来不及思考，下意识地抓起一根缆绳，快速飞奔到船尾去救人。可还没等陆游抛出缆绳，湍急的江水急速地打了一个漩涡，转眼间就把那个水手卷到了江心。当撕心裂肺的惨叫声还飘荡在江面上时，那个水手已经无影无踪了。

船主人忙不迭地把铁锚扔到岸边的一块大石头上，没等船彻底停稳，就急忙呼喊乘客赶快上岸。

陆游这才发现，船头已经破了一个大洞，江水正顺着洞口，汩汩地灌进船舱。他赶紧把家人转移到岸上，四岁的小女儿连惊带吓，正哇哇地大哭着。

陆游安慰着家小，一抬头，发现船工已经把受损的大船拉到了岸滩上。他又四下里望望，却没发现那条小船。陆游便问船主人："那条小船呢？"船主人指着江心说："沉了。""船上的人呢？""浪太急了，还没来得及救，就被卷走了。"陆游怔在那儿，一句话也说不出来了。

大船需要修理，陆游便在岸边找了一家客栈，带着家人住在了那里。这期间，陆游游览了黄州赤壁。对于赤壁，陆游并不陌生，他在苏轼的前后《赤壁赋》中，早就已经领略过了。但亲到此地，还是难掩怀古伤今之情，写下了《黄州》这首七律：

> 局促常悲类楚囚，迁流还叹学齐优。
> 江声不尽英雄恨，天意无私草木秋。
> 万里羁愁添白发，一帆寒日过黄州。
> 君看赤壁终陈迹，生子何须似仲谋！

实际上，这个赤壁乃是黄冈城外的赤鼻矶，并不是三国时的古战场，真的古战场，在现在的湖北蒲圻县东北，两者根本不是一个地方。但当年，苏轼误信当地传说，错把赤鼻矶当成了赤壁，并写下千古绝唱前后《赤壁赋》，使得这个地方名声大噪。

陆游的这首七律，基调低沉，在首联"局促常悲类楚囚，迁流还叹学齐优"中，就悲叹自己的难堪。陆游本是越人，却千里迢迢赴蜀，苦为微小的官职所缚，局促如辕下驹。因此，诗人一开篇，便标其情，自悲如一个楚囚，处境十分窘迫。"楚囚"来自于典故，春秋时，楚人钟仪被俘入晋，称为"楚囚"。"齐优"也是春秋故事，孔子治鲁，齐人患之，送女乐给鲁执政，孔子遂被迫放弃生养自己的鲁国，去周游列国。诗人将这个典故信手拈来，率尔成章，未必真的用来自喻。

颔联"江声不尽英雄恨，天意无私草木秋"，写江涛吼鸣，似前朝英雄的怨恨之声。秋天，花草树木的枯荣，皆有天意。黄州位于长江中游，曾是三国争雄之地。杜甫在《八阵图》中有云："江流石不转，遗恨失吞吴。"而陆游也正是借用了杜甫的这句诗。其中的"英雄"，似指已被长江巨浪淘尽的三国风流人物，但诗人的本意并不是怀古，而指的是诗人自己。诗人的恨，正是来自首联中的"局促""迁流"，是岁月蹉跎、诗人报国无门、壮志未酬之恨。颔联的对句，从唐朝诗人李贺《金铜仙人辞汉歌》中的"衰兰送客咸阳道，天若有情天亦老"化出，人虽多情，天意无私。衰兰送客，秋草迎人，于人倍增伤感，于天却是季节的必然。而天之无情，又烘托出人心之不平。此联文字简约，但意蕴深刻，足以折射出陆游绝高的笔力。

颈联"万里羁愁添白发，一帆寒日过黄州"，紧接颔联。"万里羁愁"，正是英雄之恨；频"添白发"，又与秋天摇落的草木相映；"一帆寒日"，对应两岸秋声；黄州城下，点出兴感之地。陆游于此时、此地、此景，有着无限的感慨，不能不吐，但又不想畅言，故而借眼前景象，反复致意。虽然中间两联所写的景物很相似，但诗人用笔精到，笔力错综，诗句更变化无端。

颈联直接写旅程，而尾联是写自己的感慨。"君看赤壁终陈迹，生子何须似仲谋"，是说自从苏轼的那首词后，人们每过黄州，都会看赤壁，追念昔日英雄。可陆游在这里，却反其道而行，偏说赤壁已成陈迹，万事尽付东流，世事成败，又何足道，生子何须似孙仲谋。诗人一生，志在收复失地，即使僵卧孤村，犹在梦中金戈铁马，提笔狂书，思驱敌人，绝不会出此消极之言，不过是正话反说罢了。诗的尾联，集中表现了诗人对抗战前途的深切失望之情，以及无可奈何的不平之鸣。

两天后，大船终于修好了。船主人并没有马上张罗大家上船，而是买了十头猪，祭奠江神和那个落水的水手。一切打点好后，大家才开始上船出发。不过，为了稳妥起见，船主人让摇橹船工全部上岸，拉纤往前走，而船主人则站在船头上，亲自击鼓，用隆隆的鼓声，提醒顺流而下的船只注意避让，防止惨剧再度上演。

中秋节，陆游和家人是在船上过的。在船上过中秋节，还是别有一番滋味的。船过鄂州时，在塔子矶恰逢重阳节，陆游买了菊花，插在瓶中。清风徐来，江水无声，远方的船上，有人叩舷而歌，如怨如慕，如泣如诉。桌上烛光摇曳，陆游望着瓶中的菊花，不由得想起唐婉来，便作了一首《重阳》：

> 照江丹叶一林霜，折得黄花更断肠。
> 商略此时须痛饮，细腰宫畔过重阳。

船过秭归（今湖北省秭归县）的时候，陆游一家人再度遇险。由于大船过新滩时触礁，船底烂了一个大洞，江水灌进船体，陆游与夫人王氏只好扶儿抱女游到了岸上。上岸后，王氏想起来就一阵后怕。庆幸那一天无风无浪，否者一家人都得命丧长江。王氏深知陆游的性格，虽然心里一直在打退堂鼓，但仍然无怨无悔地陪伴在陆游左右。陆游通过《暮次秭归》这首诗，再现了一路上所遇到的险滩暗礁、大浪鳄鱼等风险：

朝披南陵云，夕揖建平树。

啼鸦随客樯，落日满孤戍。

恶滩不可说，石芒森如锯。

浪花一丈白，吹沫入窗户。

是身初非我，底处著忧怖？

酒酣一枕睡，过尽鲛鳄怒。

欣然推枕起，曳杖散予步。

殷勤沙际柳，记我维舟处。

透过这首诗，人们可以看到诗人的坚定和从容。

宋孝宗乾道六年（1170 年）十月十七日，陆游带着家眷，经过多日奔波，途径浙江、江苏、安徽、江西、湖北等地，跨越 1500 公里，终于到了夔州。到此，陆游的《入蜀记》也完成了，其中写道：

十三日舟上新滩，由南岸上，及十七八，船底为石所损，急遣人往拯之，仅不至沉，然锐石穿船底，牢不可动，盖舟人载陶器多所致。新滩两岸，南日官漕，北日龙门。龙门水尤湍急，多路石；官漕差可行，然亦多锐石，故为峡中最险处，非轻身无一物，不可上下。舟人冒利以致此，可为戒云。游江渎北庙，庙正临龙门，其下石罅中，有温泉浅而不涸，一村赖之。妇人汲水，皆背负一全木盎，长二尺，下有三足。至泉旁，以杓挹水，及八分，即倒坐旁石，束盎背上而去。大抵峡中负物率着背，又多妇人，不独水也。有妇人负酒卖，亦如负水状。呼买之，长跪以献。未嫁者率为同心髻，高二尺，插银钗至六只，后插大象牙梳，如手大。

这只是全篇中的一小段。

《入蜀记》是陆游入蜀途中的日记，长达六卷，是中国第一部长篇游记。《入蜀记》将陆游一路上所经历和感受的日常旅行生活、自然人文景观、世情风俗、军事政治、诗文掌故、文史考辨、旅游审美、沿革兴废等错综成篇，评古论今，夹叙夹议，卓见迭出，悠思深长。

03 箭左右射，惊宣抚使

陆游走马上任夔州（今重庆市奉节县）通判，虽然主管学事兼内劝农事，但他时时不忘国事。

上任后，他写了一首《记梦》，再次提出迁都的主张：

梦里都忘困晚途，纵横草疏论迁都。

不知尽挽银河水，洗得平生习气无？

在别人看来，陆游的这首诗无关紧要，但从政治角度来看，诗人的诗风已经发生了转变。

陆游到任不到半年，就赶上了夔州乡试，他理所当然地成为州监考官。陆游整肃考场纪律，精心阅卷，被考生夸赞说：陆游知寒门之苦。

通判只是一个副职，尽管上级对陆游很重视，但陆游平时的公务并不多。可让陆游感到郁闷的是，他根本没有机会参与战事。缺少精神上的寄托，陆游始终找不到归属感，日子过得很是苦闷。

眼看着三年的任期已经过去了大半，但朝廷还没有发来新的调令，想着这一大家子十几口人的生活，陆游给新丞相虞允文写了一封求职信。

在宋代，官员的任期通常都是三年，期满便得准备交卸。如若不提前打通出路，就得失业。尤其是四川这地方山高皇帝远，交通极为不便，就更得早做打算。

虞允文是四川仁寿人，是唐朝名臣虞世南的后人。他姿貌雄伟，一生慷慨磊落，是坚定的主战派。虞允文早年以文章入仕为官，后逢多事之秋，便挺身而出，采石矶指挥三军，大破完颜亮的金军，使得南宋转危为安。虞允文出将入相近二十年，被后人誉为"战伐之奇，妙算之策，忠烈义勇，为南宋第一"。

陆游与虞允文并无深交，但他素来敬重虞允文的人品和才学，求职信写得恳切而凄惨。陆游在信中写道：

某行年四十有八，家世山阴，以贫悴逐禄于夔。其行也，故时交友醵缗钱以遣之。峡中俸薄，某食指以百二数。距受代不数月，行李萧然，固不能归。归又无所得食，一日禄不继，则无策矣。儿年三十，女二十，婚嫁尚未敢言也。某而不为穷，则是天下无穷人。伏惟少赐动心，捐一官以禄之，使粗可活，甚则使可具装以归，又望外则使可毕一二婚嫁。不赖其才，不藉其功，直以其穷可哀而已。

陆游坚信，凭自己对虞允文的了解，此信定有回音，因此内心充满热望。

虞允文深知陆游的为人和主张，对他屡屡主战受挫的境遇甚是同情。读完陆游的求职信，虞允文才知道陆游的儿子三十岁未娶，女儿二十未嫁，心里有些酸楚，不由感慨万分。这么一个既有才华又有能力的官员，日子过得竟是这么艰难。于是，他毫不犹豫地提起笔，给新到任不久的四川宣抚使王炎写了一封信，请他务必妥善安置陆游以后的差事。

王炎是山西清源人，文武兼备，做事干练果断，不畏豪强，是理学家朱熹的好朋友。但在政治的舞台上，他就像一匹黑马，于宋孝宗乾道二年（1166 年），光芒万丈地横扫天空，但几年后，却黯然消失于天空。他收到丞相虞允文的信后，当即决定，聘请陆游为宣抚使干办公事，兼检法官，襄助军事、政务。

宣抚使相当于现在的军区司令，干办公事相当于参谋。陆游接到驿站送来的公文后，一看是去军中任职，觉得无上荣光。他觉得，自己终于从后方被调到了前线，兴奋得连觉都睡不着了。陆游立刻打点行装，连夜出发，只身马不停蹄地奔赴西北，去宣抚使治所南郑（今陕西省汉中市一带）上任，开启了不到一年的戎马岁月。

陆游取道万州，经梁山、邻山、邻水、广安、岳池、南充，不久到达了一个叫鼓楼铺的地方。他在《鼓楼铺醉歌》中写道：

> 书生迫饥寒，一饱轻三巴。
>
> 三巴未云已，北首趋褒斜。
>
> 匆匆出门去，裘马不复华。
>
> 短帽障赤日，烈风吹黄沙。
>
> 傲装先晨鸡，投笔后昏鸦。
>
> 壮哉利阆间，崖谷何谽谺。
>
> 地荒多牧卒，往往闻芦笳。
>
> 我行春未动，原野今无花。
>
> 稚子入旅梦，挽须劝还家。
>
> 起坐不能寐，愁肠如转车。
>
> 四方丈夫事，行矣勿咨嗟。

诗情自在醉魂中。这首诗，是诗人长途跋涉，酒醉之后，即兴而成，表现了诗人坦荡的内心，以及执着于梦想，舍家报国的情怀。"稚子入旅梦，挽须劝还家"，是从杜甫《北征》"生还对童稚，似欲忘饥渴。问事竟挽须，谁能即嗔喝"诗句中化出，而"愁肠如转车"则是从《古歌》"心事不能言，肠中车轮转"诗句中化出。

全诗的大意是，我一介书生，为了能够填饱肚子，从而轻视四川三巴地区的山高水急，不远万里来到夔州，担任通判一职，就是为了给全家人谋取生活的经费。可谁知道，三巴还不是终点，如今趋走褒斜古道，去更远的南郑任职。因着急赶路，我没来得及做任何的准备，所以也就不讲究衣裘乘马的奢华。我头戴短帽，用以遮蔽阳光的烤晒，可沿途猛烈的大风，不时吹起滚滚黄沙，扑头盖脸地袭来。每天天不亮，我就出发了，晚上乌鸦归巢的时候，我还没有投宿。利州和阆中之间的风景壮丽如画，高崖深谷惊险雄奇。一路上，土地荒芜，很多的边防士兵在放牧，而且时常可以听到西北少数民族习惯吹奏的芦笛和胡笳的乐音。时间过得太快了，大好春光转瞬即逝。我出发的时候，春天还没萌动，可如今，原野上已经没有花了。前几天，我的小儿子进入我旅途的梦境中，用他可爱的小手挽住我下颏的胡须，恳请我回家。我思前想后，内心充满矛盾。今晚在鼓楼铺的客床上，我辗转反侧，夜不成寐，忽坐忽起，愁肠百转，如同转动的车轮。大丈夫志在四方，应当具有强烈的干一番事业的雄心壮志。这次南郑之行，将是我得偿夙愿，收复中原的一次难得的良机，我岂能与之擦肩而过？勇往直前，千万不要再徘徊叹息。

出了鼓楼铺，陆游继续北上。他在路过葭萌驿的时候，留下了一首《鹧鸪天·葭萌驿》：

> 看尽巴山看蜀山。子规江上过春残。惯眠古驿常安枕，熟听阳关不惨颜。
>
> 慵服气，懒烧丹。不妨青鬓戏人间。秘传一字神仙诀，说与君子只是顽。

"顽"是陆游的秘诀，也正因为他顽强，他才只身北上。家人的牵挂，路上的困难，对他而言，都不重要了。

南郑因在终南山之南，故而也叫山南。南郑有着得天独厚的地理位置，这里北瞰关中，南蔽巴、蜀，东达襄、邓，西控秦、陇。北宋灭亡后，南郑更是成为宋、金两国的必争之地。当时，很多人把它看作是恢复中原的根据地，甚至有人建议，南宋朝廷迁都到这里。

南郑自古就是富庶之地。三月的南郑，更是一片片金黄色的油菜花海，田野、浅山和丘陵，处处香气弥漫，满目生机。陆游一进入南郑，看到这勃勃生机的和平景象，就像吃了一颗定心丸，似乎马上就可以出征一样，那种激动、兴奋的心情，化作了喷薄而出的诗篇——《山南行》：

> 我行山南已三日，如绳大路东西出；
> 平川沃野望不尽，麦陇青青桑郁郁。
> 地近函秦气俗豪，秋千蹴鞠分朋曹；
> 苜蓿连云马蹄健，杨柳夹道车声高。
> 古来历历兴亡处，举目山川尚如故；
> 将军坛上冷云低，丞相祠前春日暮。

国家四纪失中原，师出江淮未易吞；

会看金鼓从天下，却用关中作本根。

开头"我行山南已三日，如绳大路东西出；平川沃野望不尽，麦陇青青桑郁郁"这四句是写景。在山南道上，诗人已经风尘仆仆地走了三天了。只见如绳子般笔直的东西大道，一望无际。汉中处处是平川沃野，麦陇青青，蚕桑郁郁，男耕女织，繁荣而昌盛。山南的富庶之景随着诗人的笔，缓缓铺陈开来。陆游本来就极力主张："经略中原必自长安始，取长安必自陇右始。"如今，当他亲眼看到南郑一带是这样的桑麻遍野，气俗雄豪，诗人如同吃了一颗定心丸。这种富庶，无疑是军事行动最有利的物质保证。他亲身体会到了恢复故土的希望，诗人焉能不精神振奋、壮心萌动？也正是从这个时候起，陆游的生活和创作展开了一个新篇章，他的诗作更为飞扬踔厉。而且直至暮年，他仍念念不忘这一段"匹马戍梁州"的军旅生活。

"地近函秦气俗豪，秋千蹴鞠分朋曹；苜蓿连云马蹄健，杨柳夹道车声高"这四句，写的是秦地的民风民俗。"函秦"，指陕西、甘肃一带秦国故地，因其东有函谷关之险故称"函秦"。"蹴鞠"，和现代的踢球相类似；"分朋曹"，指分组分队进行比赛。汉中与秦地相近，秦俗尚武，民气豪健，秋千蹴鞠之风甚盛，陆游诗中曾多次言及。"苜蓿"，俗名金花菜，又名草头，是养马的上等饲料。

"古来历历兴亡处，举目山川尚如故；将军坛上冷云低，丞相祠前春日暮"这四句，是今古兴亡之感。南郑本就是今古兴亡之地，虽然史迹依然历历在目，但唯有山川千百年来依然如故。当年，韩信辅佐刘邦成就一代帝业，曾经拜将的将军坛上，只剩冷云低垂，似乎在悯怀昔日的无上荣光。诸葛丞相的祠堂笼罩在暮春的余光中。想当初，他督师北伐，六出祁山，都曾在南郑屯兵。南郑的历史，多么辉煌。诗人由此而联想到了宋朝。南宋从江淮出兵北伐，屡次受挫，以至于失去中原已经"四纪"了，这实在不是一条必胜之路。如果以南郑作为根本，那么再出师就不能同日而语了。"历历"，分明的样子。"将军坛"，即拜将台，相传为汉高祖刘邦拜韩信为大将时所筑。"丞相祠"，蜀汉后主所立武侯庙，诸葛亮六出祁山，北伐中原，曾多次屯兵于此，死后便葬于此地。"四纪"指的是 48 年，古人以 12 年为一纪。中原自宋高宗建炎元年（1127 年）入金人之手，到陆游写此诗时（1172 年），已经过了 46 年，故而诗人才有"四纪"一说，是举其成数。"师出江淮未易吞"一句，是指长江、淮河一带，并不是形势利便之地，从那里出兵，收功不易。"吞者"指的是吞金。诗人用一"吞"字，尽现了诗人气吞山河的气概。"会"是应当之意。"金鼓"，本为古代行军交战时用的器物，这里代指王师。"关中"，指战国末期秦国故地，应包括秦岭以南的汉中。"本根"，也就是根本，意为根据地。

最后"国家四纪失中原，师出江淮未易吞；会看金鼓从天下，却用关中作本根"四句，是关于军国大事的议论。虽然之前对山南风土人情和自然景物的描写，使诗作看起来就像一篇旅途游记，但这些描绘中，处处贯穿着诗人的愿望和主张。他之所以写平川沃野，麦陇青青，苜蓿连云，杨柳夹道，是因为他觉得此地财力可用；他之所以写地近函秦，气俗豪雄，是因为他觉得此地民心可用；而他引今据古，历数陈迹，也都是为了用来证明地利可用。也正是前面的这些铺垫，才使后四句的议论水到渠成，令人读来全无生硬和突兀之感；也正由于诗人在描写自然景物时，带着强烈的主观感情，使得这首诗严格区别于单纯的写山摹水之作，价值更是非同凡响。最主要的是，诗人投注的感情并非一己穷通，而是国家的兴衰。因此，和那些寄情山水、吟风弄月之作相比，此诗的格调就显得更高。

《山南行》这首诗，历来受到人们的广泛重视。究其原因，除了它本身形式上的特点之外，更主要的是它充分地表达了陆游对时事、对政局的看法，是诗人整个人生历程和创作生涯转折的重要标志。

王炎早就听说过陆游，便亲自接见了他。陆游早读兵书，研究战阵，对宋金之间的历次战争了如指掌，因此，他显然是有备而来。

见王炎从容待人，陆游顿生好感，拿出自己的《平戎策》草稿，从地势入手，旁征博引地阐述了积粮练兵、待机而动的重要性。他的军事谋略，让王炎连连点头赞许，两个人大有相见恨晚之感。

此后，两人不分白天黑夜，常常在一起讨论军事，陆游也成为王炎的得力助手。陆游身着戎装，奔走于军营哨所，尽心尽力，并开始学习射箭，让王炎刮目相看。

陆游在学习射箭的过程中吃了很多的苦头。开始，他以为射箭很简单，只要会拉弓瞄准就行。可学起来后，方知远不是自己想象的那回事。射箭人除了要有很好的臂力和眼力外，还必须让箭的主羽和弓弦保持在一个最佳的角度，控制好自己的呼吸节奏，准确分辨风向和风力，能够根据不同的弓箭、环境，采用不同的射法。陆游不是轻言放弃的人，他一边帮王炎处理公务，一边向箭术出众的将士虚心请教。

陆游给自己准备了一个石锁，每天凌晨四五点钟，他就起床舞石锁，从不间断。六个月后，陆游臂力大增。可他发现一个问题，自己左手拉弓的时候，手抖得特别厉害，根本夹不住箭尾，箭只能右射，于是，他就重点锻炼左手，直到和右手一样稳当、准确。

陆游的箭法突飞猛进，不久就达到了百发百中的程度。有一次，陆游给士兵讲话，士兵们觉得陆游不过就是个文官，别说带兵打仗、行军布阵，就连兵器也不一定拿得动，就想刁难一下陆游，请他骑马射箭。陆游二话没说，从一个军士手里牵过马，先在马上挂了两支弓和两个箭壶，然后转身飞身上马，策马跑到校场尽头，又调转马头，一边疾驰一边射靶。左手拉弦射右边靶子，右手拉弦射左边靶子。陆游箭无虚发，轰动三军，军士们心服口服。王炎悬着的一颗心终于放下了，不由地赞叹道："陆公能左右射，吾不如也！"

很多年后，移居绍兴的陆游到了年迈体衰之时，还时常回忆起自己曾经的箭术，以及火热的军旅生活。他在《遣兴（壮年一箭落双鹏）》一诗中写道：

> 壮年一箭落双鹏，野饷如今撷药苗。
> 寒与梅花同不睡，闷寻鹦鹉说无憀。
> 乌丝阑上诗初就，绿绮声中酒半消。
> 老去可怜风味在，未应山海混渔樵。

当然，这只是陆游军旅生活的一部分。

04 巡边袭寇，长矛刺虎

对于陆游这个文官来说，军旅生涯是非常艰苦的，但他不以为苦，反以为乐，在方圆三百里内，都留下了他的足迹。陈仓道、褒斜道、傥骆道等三条古道，更是频繁穿梭着他的身影。

陆游的主要职责，是巡防和敌后渗透侦察，这也使得他有机会亲临一线。而他行走的路线，必须翻越秦岭主梁。从南郑到大散关这一带的山梁，平均海拔高度都在 2000 米以上。春季的三、四月份和秋天的九、十月份，这里经常下雪，甚至还会结冰。也就是说，当南郑的蜡梅盛开时，通向大散关的陈仓古道——秦岭主梁，就可能已经是大雪纷飞了。道路难走不说，中途还可能与金兵发生遭遇战，或者突遇猛兽，境况十分凶险。

有一天，陆游带领 30 多个士卒去大散关巡边。大散关扼秦蜀咽喉，山高路险，危崖耸天，刘邦利用"明修栈道，暗度陈仓"的计策偷袭陈仓，就经过这里。三国时期，曹操西征张鲁，也经过此地。自古以来，大散关都是兵家必争之地。

一路上，陆游一马当先。遇到不好走的地方，他就牵马步行，率先走在前面。到达大散关的当晚，陆游和士卒就住宿在了大散关，并且和士卒一起睡在长板木铺上。

陆游到达大散关的第二天早上，稀稀落落地下起雪来，凉意袭人。他和士卒一样，啃荞麦饼子。为了防止敌人偷袭，陆游来到关上，吩咐领班不许点火，全队隐蔽到关下。如听到杀声，立即堵截追击，不可怠慢。

陆游带着十几个士卒，埋伏在山脚渭水旁的树林里。他叮嘱士兵钳马衔枚，禁止士卒说话，要是敌人来袭，先放过一半再出击。

夜幕降临，万籁寂静，对岸隐隐约约传来了马蹄声。不一会儿，一队人马就到了渭水旁。可是，这队人马并没有急于过河，而是停在那里东张西望，确认没有动静后，带队的才一挥手，并带头跨进渭水。随即，一队人马一起进入渭水。

陆游见时机已到，便挥剑大喊一声："杀啊！"话音未落，他就跃马冲出。士卒也一边大喊，一边往前冲，犹如神兵天降，喊杀声震得树上的雪簌簌而落。

陆游率先冲进敌队，手起剑落，一个金兵便落于马下。金兵还没明白是怎么回事，就被杀了个措手不及，立即阵脚大乱。一会儿工夫，就有几个金兵掉在水里，受伤的战马狂奔而逃。

这时，埋伏在关下的士卒听到喊杀声，立刻冲杀过来，吼声震天，很快就包了金兵的饺子。

金兵见势不妙，丢盔弃甲，落荒而逃。陆游担心中了敌人的诱敌深入之计，便在士卒正要乘胜追击之时，下令鸣金收兵。陆游带领巡边队伍凯旋返回驻地，士气高涨。但陆游没有被眼前的胜利冲昏头脑，他非常冷静地对士卒说："为了防止金兵偷袭，今夜所有人枕戈待旦，不得有误。"

虽然陆游指挥的这场战役取得了胜利，但毕竟不是大规模的战争，因而并没有被载入史册。可是，对于诗人陆游来说，这场胜利已经深深地烙印在了他的脑海里。直到晚年时，他在诗作《岁暮风雨》中写道：

骄风起海潜，浩荡东北来；

铁骑掠阵过，秋涛触山回。

老夫北窗下，坐守寒炉火。

处世困忧患，万事学低摧。

便欲灭灯睡，门闭不敢开。

并海固多风，汝屏良可哀。

念昔少年日，从戎何壮哉！

独骑洮河马，涉渭夜衔枚。

陆游在《秋夜感旧十二韵》一诗中写道：

冷萤缀蓬根，忽复照高树。

年光逝不留，百感集迟暮。

往者秦蜀间，慷慨事征戍。

猿啼鬼迷店，马噤飞石铺。

危岭高入云，朽栈劣容步。

天近星宿大，江恶蛟鼍怒。

意气颇自奇，性命那复顾。

最怀清渭上，冲雪夜掠渡。

封侯细事尔，所冀垂竹素。

兜鍪竟何成，岂独儒冠误？

当时妄校尉，旗纛今照路。

浩歌遂成章，聊慰老不遇。

另外，还在《江北庄取米到做饭香甚有感》这首诗中回忆了这场战争：

我昔从戎清渭侧，散关嵯峨下临贼。

铁衣上马蹴坚冰，有时三日不火食。

山荞畲粟杂沙磴，黑黍黄糜如土色。

飞霜掠面寒压指，一寸赤心惟报国。

即今归卧稽山下，眼昏臂弱衰境逼。

新粳炊饭香出甑，风餐涧饮何曾识？

我岂农家志饱暖，闭户惟思事耕织。

征辽诏下傥可期，盾鼻犹堪试残墨。

军旅生活中，除了打仗，还有一项重要的事情就是打猎。打些野兔之类的动物，可以改善将士的生活。同时，打猎也是一种战前训练，侦察、布置、合围、射击，和战场上没什么不同，只不过打猎面对的是野兽而已。南郑周围的中梁山、定军山，都留下了陆游和当时幕府中同事们的身影。

有一次，陆游和同事带着士卒去打猎。秋风瑟瑟，马蹄声声，将士催马扬鞭。奔袭一段后，只要再经过一个村口，就可以上山了。

就在他们来到这个村口时，一个老人跪在地上号啕大哭，悲痛欲绝。陆游急忙下马，细问老人为什么这么伤心。老人说，不知道什么时候山上来了一只猛虎，凶猛异常，已经有村民和路人被它咬死了。就在今天早上，他的女儿上山砍柴，也被老虎咬死了。

陆游听了，和将士们面面相觑，有些不知所措。大家你看我，我看你，不知该如何是好。陆游二话没说，拿起身边长矛，带着士卒就往山上冲去。

还没等接近树林，风声夹着虎啸声便传入大家的耳朵。就在老虎前扑之势未落时，陆游的长矛已到，一下子刺进老虎的咽喉。

陆游在《十月二十六日夜梦行南郑道中既觉恍然揽笔作》中回忆道：

> 孤云两角不可行，望云九井不可渡。
> 嶓冢之山高插天，汉水滔滔日东去。
> 高皇试剑石为分，草没苔封犹故处。
> 将坛坡陀过千载，中野疑有神物护。
> 我时在幕府，来往无晨暮。
> 夜宿沔阳驿，朝饭长木铺。
> 雪中痛饮百榼空，蹴踏山林伐狐兔。
> 耽耽北山虎，食人不知数。
> 孤儿寡妇雠不报，日落风生行旅惧。
> 我闻投袂起，大呼闻百步，
> 奋戈直前虎人立，吼裂苍崖血如注。
> 从骑三十皆秦人，面青气夺空相顾。
> 国家未发度辽师，落魄人间傍行路。
> 对花把酒学酕醄，空辱诸公诵诗句。
> 即今衰病卧在床，振臂犹思傅征戍。
> 南人孰谓不知兵？昔者亡秦楚三户！

上面的这些诗，都是陆游离开南郑后的回忆，但《秋波媚·七月十六日晚登高兴亭望长安南山》一词，却是当时写于南郑的：

秋到边城角声哀，烽火照高台。悲歌击筑，凭高酹酒，此兴悠哉。

多情谁似南山月，特地暮云开。灞桥烟柳，曲江池馆，应待人来。

这首词，情调昂扬。题目中的一个"望"字，就把词人的爱国情怀，以及等待胜利在望的喜悦心情，表现得淋漓尽致，充分显示了词人的乐观主义精神。

"秋波媚"，是词牌名。上阕开头"秋到边城角声哀，烽火照高台"两句，是说词人来到边城，鼓角声充满悲哀。一个"哀"字，充分表达了词人对国土沦丧的惋惜。此句虽然写的是烽火，但却是前线报平安无事的平安烽火。"烽火"，是古代的边防设施，在高峰处建台，镇守士兵卒于敌炬，白昼举烟，夜间置火，提醒军民做好防御和迎敌的准备。后来，每日初夜放烟一炬，谓之平安火。"高台"，指高兴亭。"悲歌击筑，凭高酹酒，此兴悠哉"三句，"筑"，指古代的一种弦乐器，"酹酒"，把酒洒在地上的一种祭祀活动。"悲歌击筑，凭高洒酒"，引起收复关中成功在望的无限喜悦。这也表明，之前所写的角声之哀，歌声之悲，根本不是忧郁哀愁的低调，而是慷慨悲壮的旋律。"此兴"的"兴"，兼切亭名。

下阕从上阕的"凭高"和"此兴悠哉"过渡，自然、紧凑，全面表达了词人"高兴"的"兴"。词人把无情的自然物色的南山之月，赋予人的情感，并加倍地写成谁也不及它的多情。它的多情之处，就在于它和作者热爱祖国河山之情，是一脉相通的。它为了让词人清楚地看到长安南山的面目，把层层云幕都推开了。这里也点明了时间：七月十六日夜晚，在南郑以东的长安南山头，皎洁的月轮正在升起，洒下万道光华。由此，词人进一步联想到灞桥烟柳、曲江池台那些美丽的长安风景区，它们肯定会多情地等待着收复南郑的宋朝军队的到来。词人在这里用了一个"应"字，表示特别强调肯定语气之意。词人虽然在词中并没有直接说到收复失地的战争，可却通过大胆的想象，并采用拟人化的手法，描绘出"明月""暮云"，以及"烟柳""池馆"，意在说，它们也都在期待着宋军收复失地、胜利归来的场景，借以暗示词人所主张的抗金战争的前景。

这种想象，是在上阕抒发豪情壮志的基础上，自然引发而出，具有明显的浪漫主义情怀。全词由"哀"到"兴"，充满了乐观主义的气氛和胜利在望的情绪，这在南宋的那些爱国词篇中，是极其少见的。

陆游尽职尽责地奔走在军营的各大哨所间，使得他得以有机会游览前人们走过的名胜古迹。在阆中（今四川省阆中县），他抽空去了锦屏山，拜谒游览了杜甫的祠堂。他在《游锦屏山谒少陵祠堂》一诗中写道：

> 城中飞阁连危亭，处处轩窗临锦屏。
> 涉江亲到锦屏上，却望城郭如丹青。
> 虚堂奉祠子杜子，眉宇高寒照江水。
> 古来磨灭知几人，此老至今元不死。
> 山川寂寞客子迷，草木摇落壮士悲。
> 文章垂世自一事，忠义凛凛令人思。
> 夜归沙头雨如注，北风吹船横半渡。
> 亦知此老愤未平，万窍争号泄悲怒。

这首诗，元气淋漓，慷慨悲歌，尽现了诗人壮志难酬的情怀。锦屏山位于四川阆中县城外，嘉陵江的南岸，杜甫祠堂就坐落在锦屏山上。"谒"指进见、拜访。"少陵"指杜甫，他自号"少陵野老"。

诗的开头四句，开篇即点题，描述城郭景色之美，仿佛一幅丹青水墨。"眉宇"，指杜甫塑像的容颜、风貌。"高寒"，指高古清峻。"子杜子""此老""客子"，都指的是杜甫。

"虚堂奉祠子杜子，眉宇高寒照江水。古来磨灭知几人，此老至今元不死"四句，对应题目中的"谒少陵祠堂"。"眉宇高寒照江水"，映衬了杜甫高峻的人格。同时，诗人将古今人物磨灭殆尽，与杜子的"至今不死"相对比，感叹杜甫的声名不朽，认为杜甫不仅文章流传千古，而且他的忠义精神让人思念向往，连山川草木都为之感动、悲伤，表达了自己对杜甫的景仰之情。

"山川寂寞客子迷，草木摇落壮士悲。文章垂世自一事，忠义凛凛令人思"四句，表明了陆游的情感发生了一定的变化。"客子迷""壮士悲"，写出了杜甫迷惘与悲苦的心理感受，同时，更是诗人自己的感受。"摇落"，是凋零、草木变衰。"壮士"，指杜甫。杜甫在《恨别》中写道："洛城一别四千里，胡骑长驱五六年。草木变衰行剑外，兵戈阻绝老江边。""垂世"，指流传人间。杜诗以"诗史"传世，人们称杜甫为"诗圣"。在陆游看来，杜甫的立言不朽固然值得推崇，而其忧国忧民"致君尧舜上，再使风俗淳"的人生理想，更值得大书特书。

诗的最后四句，以北风吹船、万窍争号的巨大声音，来表达杜甫死不瞑目的悲愤心情，语意更趋强烈。而前面的"迷""悲"，到此处则变化为"愤""怒"。诗的开头四句与最后四句，不但风格迥异，而且情绪性质也发生了巨大变化。前面大多是赞赏，后面则是通过心灵沟通，几乎是把杜甫与自己化为了一体。

全诗既描绘出祠堂里供奉的杜甫"眉宇高寒照江水""忠义凛凛令人思"的伟大光辉形象，又彰显了这位爱国者"至今元不死"的思想和精神，结构严谨，次序井然，一气贯注，充满悲愤之情。

此时，陆游收到大儿子子虞写来的信，才知道宣抚使王炎派人把全家从夔州接来，并在府衙附近给租了一个院子，还给置办了米面粮油等生活用品。子虞在信中还特别提到，那个小院中有几棵枝繁叶茂的桂花树，花已经缀满枝头，香味铺天盖地，溢满小院。陆游读完信，似乎也闻到了纸上渗出的桂花香。王炎做事如此周到，让陆游顿生敬意，似乎唯有尽职尽责，才是对这个好友兼知己的最好回馈。

05 调离南郑，赴任成都

正当陆游踌躇满志、大展宏图之时，宋孝宗乾道三年（1167 年），朝廷却发生了重大的人事调整：四川宣抚使王炎被调回京城，宰相虞允文引咎辞职，并启程入川，主和派吴太后的妹夫张说取代了虞允文。

宋孝宗乾道三年十月，正在三泉向南巡查、到了嘉川铺的陆游收到邸报，得知王炎就要离开南郑（今陕西省汉中市一带），赴京城任职。陆游不敢耽搁，赶紧启程赶回南郑。

人生之苦，莫过于理想的破灭。一路上，陆游心绪难平。王炎的回京、虞允文的入川，让陆游体悟到主战派再次沉沦。想不到，十个月的呕心沥血就这样戛然而止，陆游心不甘，意难平。

回到南郑后，陆游来不及和家人团聚，就去和幕府的同事小酌话别。平时，大家在一起工作，相处得都很融洽，而这次分别，大家都不知道什么时候还能聚在一起，个个黯然神伤，只能彼此安慰。

王炎还朝，幕府解散，陆游逐一送别同事、好友。

一直以来，王炎都在积极练兵。除了加强训练朝廷派遣的正规军外，还从西夏、吐蕃、金国收编了两万精兵强将，筑修堡垒，培养暗探，不让金军一兵一卒越境入侵，把整个西部边境经营得固若金汤，使得老百姓安居乐业，而他也深受老百姓爱戴。而这，也恰恰成为他被调离的原因之一。一方面，孝宗皇帝怕王炎功高盖主，威胁到他的地位；另一方面，孝宗皇帝也没了当初的抗战热情，王炎的练兵，并不合他的心意。

而虞允文虽然文武全才，也积极主张抗战，但他听不进不同意见。他始终认为，川陕交通不便，从那儿出兵不如从山东出兵快。而王炎几次向朝廷上表，驳斥了虞允文的出兵方针，惹得虞允文很是不快。正巧孝宗皇帝有意调离王炎，虞允文便火上添油，说王炎经常和四川名将吴璘的子孙闹矛盾，将帅不合，容易出事。虞允文的这番话，如同下雨送蓑衣，正中孝宗皇帝的下怀。因此，王炎明升暗降；被召回京。

虞允文接替王炎的职务后，自然是一朝君子一朝臣，陆游被调离南郑，便是情理之中的事情了。

宋孝宗乾道三年十一月，陆游被任命为成都安抚使参议官。于是，陆游不得不离开南郑，前往成都赴任。就此，陆游告别了他平生唯一一次的军旅生活。他在《自兴元赴官成都》这首诗中写道：

> 平生无远谋，一饱百念已。
>
> 造物戏饥之，聊遣行万里。
>
> 梁州在何处，飞蓬起孤垒。
>
> 凭高望杜陵，烟树略可指。
>
> 今朝忽梦破，跋马临漾水。
>
> 此生均是客，处处皆可死。
>
> 剑南亦何好，小憩聊尔尔。
>
> 舟车有通涂，吾行良未止。

离开南郑的那一刻，陆游尚且还能自我安慰。可一上路，陆游就真的"造物戏饥之，聊遣行万里"了。陆游苦闷至极，他没想到，自己的热望，到头来竟是一场空。陆游又在《望梅·寿非金石》这首词中写道：

寿非金石。恨天教老向，水程山驿。似梦里、来到南柯，这些子光阴，更勘轻掷。戍火边尘，又过了、一年春色。叹名姬骏马，尽付杜陵，苑路豪客。

　　长绳漫劳系日。看人间俯仰，俱是陈迹。纵自倚、英气凌云，奈回尽鹏程，铩残鸾翮。终日凭高，诮不见、江东消息。算沙边、也有断鸿，倩谁问得。

　　在这首词中，陆游把自己的南郑生活，比作南柯一梦，而自己的满怀热望，却回尽鹏程，陆游实乃痛心不已。

　　同样是赴任途中，可此时走在路上的陆游，却心情抑郁，失落又失望，和来南郑时的心情，截然相反。秋风掠过，落叶飞舞，凉意阵阵袭来，陆游不由得裹紧了身上的斗篷。可他又深知，自己冷的，并不是身体。

　　路过葭萌驿的时候，雪花飘飘，陆游和驿官要了一点儿酒。回到屋里，他对着昏暗的油灯，把酒一饮而下，然后在《清商怨·葭萌驿作》这首词中写道：

　　江头日暮痛饮，乍雪晴犹凛。山驿凄凉，灯昏人独寝。
　　鸳机新寄断锦，叹往事、不堪重省。梦破南楼，绿云堆一枕。

　　从表面上看，这首词写的是男欢女爱，但实际上，陆游把南郑往事比作鸳机断锦，如今南楼梦破，更觉山驿的凄凉。

　　词的上阕，写词人在葭萌驿留宿的情况。"江头日暮痛饮"一句，直赋其事，可见词人心中的不快。"痛饮"是词人借酒浇愁，排遣愁绪的意思。"乍雪晴犹凛"一句，是说雪晴了天仍然很冷，对下面的写景起着衬托的作用。夕阳照积雪，愈见天气之寒冷，这样的雪后清寒，正映出了心境之寒。"山驿凄凉，灯昏人独寝"两句，词人由日暮写到夜宿。"凄凉"两字，足以写出词人独宿的滋味。而"灯昏"，也把词人的凄凉落寞，渲染得淋漓尽致。古驿孤灯，是旅途中孤栖的典型氛围，是词人词客常用的典型写法，很多词人词客，曾这样描写过。白居易在《邯郸冬至夜思家》中写道："邯郸驿里逢冬至，抱膝灯前影伴身。"秦观在《如梦令》中写道："风紧驿亭深闭，梦破鼠窥灯。"陆游的这首词，也是这样，而且此处的"灯昏"，与前面的日暮雪白相映照，更透露出悲哀的色调。上阕的四句，看似词人信手拈来，实际上却是词人在层次上、情景组织上的新巧安排，足见词人构思的精妙。

词人在下阕中展开了联想，而且是与"独寝"相反的联想。"鸳机新寄断锦，叹往事、不堪重省"三句，"鸳机"，是一种织具，但词人却引用了前秦苏惠织锦为回文诗寄赠其夫窦涛的故事，意思是说自己心爱的人，最近又寄来了书信。"往事"，指当初欢快相聚的时候。"不堪重省"，有双重意思，一是山长水阔难以相聚，二是此时的凄清中，想起往日的温暖，孤苦更是难耐。后面的这一种意味，就更加切合词人此时的"不堪"。可虽然不堪，却摆在眼前，根本无法回避："梦破南楼，绿云堆一枕。"这是"往事"中的一事。想当年，同卧南楼，梦醒时，见身边的她"绿云堆一枕"。"绿云"，指的是女子秀美的鬓发，"堆"，形容头发蓬松、茂密。这使人想起温庭筠《菩萨蛮》中的句子："鬓云欲度香腮雪""绿窗残梦迷"。这是非常撩人心弦的情态。独宿的凄凉，使词人想起往事，而往事又加重了他的凄凉感，也或许他的凄凉感在往事的玩味中消减，这就是人情之微妙处。"梦破"，自是当年情事，可若和此时联系起来，就是温馨一梦。词人将今梦、昔梦连成一片，其恍惚之笔，难能可贵。清代文学家、史学家、诗人赵翼在《瓯北诗话》中评价陆游诗时说："结处必有兴会，有意味。"

从词人当时的处境来说，这首词应该写羁旅愁思，可词人却将艳情写进去，从而展示出愁思的深切温厚。这也是宋朝词人中，普遍使用的一种表现手法。下阕所思人事，也是有出处的。陆游从军南郑，一腔抱负转瞬成空的失意，加深了心头的抑郁，使得他在这个境界里，更感到无限的凄凉。

陆游到剑门关的时候，天空飘起了小雨，阴冷、肃杀。

剑门关古称剑阁，是"蜀道难，难于上青天"的起点，位于四川省剑阁县的剑门山中段，两旁是直入云霄的断崖峭壁，如同一把把宝剑直插天空。因其两壁相对，其状似门，剑门因此而得名。自古就有"剑门天下险"之誉。剑门关是由秦入蜀的咽喉要道。诸葛亮六出祁山，姜维十一次北伐中原，都曾经过此地。诗人李白在《蜀道难》一诗中，就曾惊叹"剑阁峥嵘而崔嵬，一夫当关，万夫莫开"。实际上，这不仅是蜀道之难的真实写照，更说明这是历代兵家必争之地。自古以来，战场的硝烟，更加剧了剑门关的风云气度，历来都被诗人争相咏诵，一千个诗人，就咏出了一千种别样的愁绪。

李白过剑门，看到的是蜀道之难，抒发的是雄浑气势；杜甫过剑门，惊叹剑门的险峻，并以此反衬诗人内心的愁绪和冥思。陆游并不是第一次到剑门关。当初，陆游离开成都来南郑时，远远望见剑门关，就曾被它的雄伟气势所吸引，停下脚步，久久不肯离去。但那时，他满脑想的是建功立业、收复失地。可现在，当陆游踏着起伏崎岖的山路，进入剑门时，天低云暗，冷雨凄凄，连慨叹剑门之险的心情都没有了。于是，他在《剑门道中遇微雨》中写道：

> 衣上征尘杂酒痕，远游无处不消魂。
> 此身合是诗人未？细雨骑驴入剑门。

这首诗，是被人们广为传诵的名篇佳作。整首诗，充满诗情画意，唯美唯幻，十分动人。然而，诗中的深意，并非人人都能懂得，尤其是"细雨骑驴入剑门"这第四句，写得实在是太美了！如果不联系诗人平生思想，不通观全诗并结合诗人其他作品来赏析，就太容易让人释句忘篇。

宋孝宗乾道八年（1172 年）冬，陆游由南郑（今陕西省汉中市一带）调回成都，骑驴经过剑门山，作了此诗。陆游在南郑担任的是左承议郎，在四川宣抚使王炎幕中，参与军事机密。他在《追忆征西幕中旧事》中写道："大散关头北望秦，自期谈笑扫胡尘。"说的就是当时的生活、思想。南郑是当时抗金的最前沿，陆在《忆昔》中写道："寝饭鞍马间。"而成都则是南宋时期首都临安（今浙江省杭州市）之外最繁华的都市。陆游去成都，是担任成都府路安抚使司参议官，而担任安抚使的人，又是当时著名诗人、陆游的好友范成大。诗人此行，可以说是从抗战最前沿，调到了大后方。由艰苦的战地，到繁华的大都市，是去危就安、去劳就逸。这样的调动，或许在别人眼中，是求之不得的美事，可对陆游来说，就不是这样了。

在《剑门道中遇微雨》这首诗中，陆游先写"衣上征尘杂酒痕"，而后写"远游无处不消魂"。"无处不"，即"处处"之意，它包含了两方面的意思：一是诗人过去所到的各个地方，二是诗人写此诗时所过的剑门，甚至更侧重于剑门。也就是说：他"远游"而"过剑门"时，"衣上征尘杂酒痕"，可心里却又一次黯然"消魂"了。

事实上，引起诗人"消魂"的，还是秋冬之际的"细雨"蒙蒙。一般情况下，若是按照诗句的顺序来说，"细雨骑驴入剑门"应为这首诗的第一句，"衣上征尘杂酒痕"则为第二句，可这样一来，整首诗就会显得平弱无味。诗人把"衣上"句写在开头，突出了人物形象，接以第二句，把数十年间、千万里路的遭遇与心情，概括于七字之中，而且毫不费力地写了出来。再接以"此身合是诗人未"，既自问，也引起读者思考，再结以充满诗情画意的"细雨骑驴入剑门"，形象逼真，耐人寻味，具有"状难写之景如在目前，含不尽之意见于言外"的效果。

诗人一路行来，早就把胜利到破灭的悲哀，以及欢乐到悲怆的苦闷，化作了诗行，三十七首诗，三首词，无一不真实地记录了陆游这一段的生命历程。陆游在《齐天乐·左绵道中》这首词中写道：

角残钟晚关山路，行人乍依孤店。塞月征尘，鞭丝帽影，常把流年虚占。藏鸦柳暗。叹轻负莺花，谩劳书剑。事往关情，悄然频动壮游念。

孤怀谁与强遣？市垆沽酒，酒薄怎当愁酽？倚瑟妍词，调铅妙笔，那写柔情芳艳？征途自厌。况烟敛芜痕，雨稀萍点。最是眠时，枕寒门半掩。

通过这首词，陆游表达了自己厌倦了旅途的情感，发出了"酒薄怎当愁酽"的慨叹。

在南郑时，陆游就把丰富多彩的生活、积极的人生观、顽强的生命力、对国家和民族的忠诚、收复沦陷区的雄图大志，以及对胜利的预感，统统化作思想，悉数注入了他的诗篇。由此，陆游的爱国思想得到了升华，诗歌创作有了质的飞跃，诗里充满了坚强的生命力和胜利的喜悦，他把对诗歌创作的认识紧紧地与生活联系在了一起。

过了剑门关，陆游一路向南，经武连县、魏成县，来到了绵州（今四川省绵阳市境内）。陆游在《即事》这首诗中写道：

渭水岐山不出兵，却携琴剑锦官城。
醉来身外穷通小，老去人间毁誉轻。
扪虱雄豪空自许，屠龙工巧竟何成。
雅闻岷下多区芋，聊试寒炉玉糁羹。

过鹿头关的时候，陆游稍作停留。鹿头关也叫白马关，位于成都府汉州德阳县北的鹿头山上，三国时代的庞统墓祠就坐落在白马关边上。在这里，陆游凭吊了东汉末年刘备帐下重要谋士、与诸葛亮同拜为军师中郎将的庞统。

06 嘉州任职，不忘北伐

在去往成都赴任的路上，陆游心情极其暗淡，连最喜欢的酒都懒得碰了，甚至一度以为自己丧失了喝酒的能力。

这天傍晚，陆游投宿在一个破旧的驿站，不免再次端起了酒杯。这一次，陆游醉了，醉到失控的程度。他摘下帽子，大吼大叫。他惊喜地发现，自己居然还有大醉的能力。

想到自己几个月前还在南郑巡边，斩杀老虎，就觉得那才是真正的生命历程，才是最有内容、最有意义的生活。可现在，依然是壮志难酬。酒醒后的陆游看着昏暗的油灯，听着三更天的风雨拍打窗棂的声音，回头看见随身佩带的宝剑，《三月十七日夜醉中作》这首诗便油然而生：

前年脍鲸东海上，白浪如山寄豪壮。

去年射虎南山秋，夜归急雪满貂裘。

今年摧颓最堪笑，华发苍颜羞自照。

谁知得酒尚能狂，脱帽向人时大叫。

逆胡未灭心未平，孤剑床头铿有声。

破驿梦回灯欲死，打窗风雨正三更。

这首诗，节奏感很强。全诗十二句，共换了四个韵，而且韵与内容紧密配合。

从诗的内容来说，可分为三段，开头四句为第一段，是诗人回忆过去的历程。"前年"，并不是特指哪一年，而是前几年之意，即35岁开始任福州决曹时期。"脍鲸东海"，指自福州航行海上。就是在那一年，诗人写下《航海》这首诗，其中有"潮来涌银山，忽复磨青铜，饥鹤掠船舷，大鱼舞虚空"之句，并作《海中醉题时雷雨初霁天水相接也》，有"浪蹴半空白，天浮无尽青""醉后吹横笛，鱼龙亦出听"之句，可见其航行梗概。"去年"，是指宋孝宗乾道八年，他在王炎幕下任四川宣抚使司干办公事的那段时间。陆游壮年怀抱救国壮志，不但学文，还练剑学射，在南郑任内，曾亲手射杀老虎，有很多诗篇集中写到此事。诗句中的"射虎"，指的就是这件事。"南山"是地名，指长安附近的终南山，南郑在它的南部。作者身在南郑，却心驰临安。在"白浪如山"中去"脍鲸东海"；在南山射虎，直到寒夜始归，"急雪"落满"貂裘"。这样的豪情壮举，又岂是一般文人所有？

中间四句为第二段，写的是当前境况。诗篇也由豪壮转折、过渡到沉痛。诗人用"今年摧颓最堪笑，华发苍颜羞自照"二句，写"摧颓""华发苍颜"，诗的意境急转，气势猛跌，表现出诗人当下的颓唐。但"最堪笑""羞自照"，又强烈表达了诗人不甘心忍受这种处境之情。"谁知得酒尚能狂，脱帽向人时大叫"两句，诗的气势又转向豪壮，但"狂"依赖于"得酒""脱帽"向人"大叫"，这种行为，有诗人无可奈何的挣扎，故难免苦中作乐、强颜欢笑。这四句，不仅表现出理想与现实之间的矛盾，更表现诗人在失望中继续追求，于悲伤感慨中有着豪壮，于豪壮中又透着悲伤感慨。

诗的最后四句为第三段，诗人再次回写当前，表现出刻骨的沉痛。前面二段，侧重于叙事，而这段则着重于抒情，并且情与景密切结合，四句一韵，两层意思密不可分。"逆胡未灭"是诗人"心未平"的根源，更是他一生的悲痛所在，同时，也是主导这首诗的思想感情所在。前文中所有的追求和挣扎，不过是它的外射而已。诗人的这种思想，完全出于要求抗敌收复中原之情。也正是这种强烈的爱国感情，及其主客观的矛盾，使得诗人的豪壮气概与沉痛心情交织在了一起。"逆胡未灭心未平"这一句，虽是一开始就倾吐沉痛的心情，但接下来的"孤剑床头铿有声"这一句，却以拟人化的手法，写久随身边而现在挂在床头的"孤剑"，有如久伴身边的亲密战友一样，深深地懂得、了解诗人的心情，也同诗人一样有了"心未平"之感，发出了"铿有声"的鸣声，从而更衬托出了诗人的沉痛。"破驿梦回灯欲死，打窗风雨正三更"这最后二句，诗人借助景物描写，进一步渲染他的沉痛心情。不能灭敌，可又愤恨难消，寄身"破驿"之中，午夜"梦回"，正是"三更"时分，诗人听着"打窗"的"风雨"声，望着"欲死"的昏灯，一切都是凄凉的况味。对照于第一段的豪情壮举，这种凄凉就更使人难堪，也折射出了诗人的刻骨沉痛。用"死"字写灯昏尤有力，这是诗人的习惯表达手法，如《白鹤馆夜坐》中的"更阑灯欲死"，《夜坐灯灭戏作》中的"忽因灯死得奇观"等，是诗人采用拟人的写法，把灯火感情化。

陆游还在《汉宫春·初自南郑来成都作》一词中写道：

羽箭雕弓，忆呼鹰古垒，截虎平川。吹笳暮归野帐，雪压青毡。淋漓醉墨，看龙蛇飞落蛮笺。人误许、诗情将略，一时才气超然。

何事又作南来，看重阳药市，元夕灯山？花时万人乐处，欹帽垂鞭。闻歌感旧，尚时时流涕尊前。君记取、封侯事在。功名不信由天。

在这首词中，陆游始终把自己的功名与国家紧密地联系在一起，无论他人在哪里，都始终心系南郑。由于没有具体的事做，不能收复失地的痛苦，时时啃噬着陆游的心，他想用沉醉驱赶这些痛苦。词人的悲伤，又何尝不是当时的人民的共同呼声呢？沦陷区的人民想回到大宋的怀抱，南方的人民也盼望着收复中原，解放沦陷区。

词的上阕，表明作者对在南郑时期的一段从军生活是这样地珍视而回味着。他想到在那辽阔的河滩上，峥嵘的古垒边，手缚猛虎，臂挥健鹰，是多么惊人的场景！而词的下阕跟上阕形成鲜明的对照。在繁华的成都，药市灯山，百花如锦，有人在那里沉醉。可是，在民族灾难深重的年代里，在词人的心眼里，锦城歌管，只能换来樽前的流涕。

年终岁尾，陆游冒着萧萧寒风，到达了赴任地成都。宋孝宗乾道九年（1173年）正月，陆游走马上任成都安抚使参议官。可实际上这是个空职，就像他自己所说的"冷寂无一事，日日得闲游"一样。陆游觉得，自己的生活失去了本该有的色彩。为此，他心灰意冷，流连于酒楼歌院，借酒抒发心中强烈的不平。

宋孝宗淳熙元年（1174 年）春天，陆游改任蜀州（今四川省崇庆市）通判摄州事。

在赶往蜀州的路上，陆游写下了一首《秋日怀东湖（小阁东头罨画池）》：

> 小阁东头罨画池，秋来长是忆幽期。
> 身如巢燕临归日，心似堂僧欲动时。
> 病思羁怀惟付酒，西风落日更催诗。
> 故知岁暮常多感，不独当年宋玉悲。

诗人想到自己都快 50 岁了，还只是一个远离朝堂的小官，而且不仅职位卑微，还东跑西颠，看不到曙光。东湖虽美，却不是诗人的理想之地，诗人的羁旅之情，已经溢于言表。因此，诗人又在《秋日怀东湖（罨画池边小钓矶）》中写道：

> 罨画池边小钓矶，垂竿几度到斜晖，
> 青苹叶动知鱼过，朱阁帘开看燕归。
> 岁晚官身空自闵，途穷世事巧相违。
> 边州客少巴歌陋，谁与愁城略解围？

陆游到达蜀州后，住在了风景秀丽的罨画池边。罨画池始建于唐朝，初名"东亭"，是一座衙署园林，极具川西风情，院内广植梅花。唐代诗人裴迪和留寓成都的杜甫，曾一起来此赏梅，相互和诗。当时，杜甫留下了被誉为"古今咏梅第一"的《和裴迪登蜀州东亭送客逢早梅相忆见寄》这首诗：

> 东阁官梅动诗兴，还如何逊在扬州。
> 此时对雪遥相忆，送客逢春可自由？
> 幸不折来伤岁暮，若为看去乱乡愁。
> 江边一树垂垂发，朝夕催人自白头。

　　刚见到罨画池，陆游还是很兴奋的。随即，他触景生情，遥想中原，抗金北伐、安邦定国的热情与日俱增，但也只能是"梦移乡国近，酒挽壮心回"。他在《岁晚感怀》中感伤地写道：

> 利名争夺两皆非，生世宁殊露易晞。
> 老冉冉来谁独免，家累累处会同归。
> 听歌莫惜终三叠，纵猎何妨更一围。
> 醉卧日高呼不醒，笑人霜晓束朝衣。

　　陆游在蜀期间，罨画池最让他流连忘返。他常在湖面泛舟纵歌，饮酒作诗，借景抒情，托物言志，借此排遣壮志难酬的郁闷。他在《病酒新愈独卧苹风阁戏书》这首诗中写道：

> 用酒驱愁如伐国，敌虽摧破吾亦病。
> 狂呼起舞先自困，闭户垂帷真庙胜。
> 今朝屏事卧湖边，不但心空兼耳静。
> 自烧沉水瀹紫笋，聊遣森严配坚正。
> 追思昨日乃可笑，倚醉题诗恣豪横。
> 逝从屈子学独醒，免使曹公怪中圣。

陆游还在《晨至湖上·二首》中写道：

其一

> 剑南无剧暑，长夏更宜人。
> 啼鸟常终日，幽花不减春。
> 荷香浮绿酒，藤露落乌巾。
> 莫作天涯想，倏然梦里身。

其二

> 园古逢秋好，身闲与懒宜。
> 空堂赏疏豁，重阁望参差。

竹粉有新意，松风含古姿。

低回惭禄米，官事少于诗。

陆游的这些诗句，无一不是将现实和理想、物景和心境，巧妙地结合在一起，营造出闲而不殆、观近思远的情感氛围，时刻使自己保持着清醒的头脑和状态。

在蜀州，陆游游遍了武侯祠、杜甫草堂、翠微园、白塔院、大明寺等名山胜景，这也使他感受到了山河秀丽、世事和顺、人民安康的祥和景象。他终于看清了自己不断追求的理想世界，"江湖四十余年梦，岂信人间有蜀州"。他希望整个国家，都能像蜀州一样美丽、祥和。

到了夏天，陆游又接到了新任命，代理嘉州（今四川省乐山市）政务。

去嘉州上任途中，陆游路经眉山，结识了隐士师伯浑，并引为知己。陆游《夜游宫•记梦寄师伯浑》这首词中写道：

雪晓清笳乱起。梦游处、不知何地。铁骑无声望似水。想关河，雁门西，青海际。

睡觉寒灯里。漏声断、月斜窗纸。自许封侯在万里。有谁知，鬓虽残，心未死。

陆游带着师伯浑的情谊来到嘉州。他在嘉州的官舍是一个大院落，一侧的梧桐树高大挺拔，枝繁叶茂，几处青竹摇曳生姿，闪着翠色的波。院子里，散放着许多奇岩怪石。陆游到了以后，不禁对那些石头产生了浓厚的兴趣，便决定"废物"利用。他和官舍人先做好了整体规划后，就用那些奇石垒成了高低错落、曲折盘桓的假山，植上绿竹，看上去别有一番情趣。有时，他把茶具拿到院子里，自己一边煎茶，一边读书。其中，他读得最多的是岑参的诗。他一直觉得，在李白、杜甫之后，岑参是唯一一个称得上诗人的。他每读到"忽如一夜春风来，千树万树梨花开"时，就仿佛置身于漫天飞雪中，尽情地享受大自然的赠予一样。

一直以来，陆游都是岑参的忠实粉丝，还在他年少时，就对岑参的诗情有独钟。后来，儿子识字了，他常常倚在躺椅上，让儿子读岑参的诗，直至睡着。就是在官舍，他也把岑参的画像挂到了墙壁上。这还不算，陆游精选出岑参的八十多首诗，用自己的薪俸刊刻成《岑嘉州集》，意在激励后人爱国戍边，弘扬民族正气。

陆游和岑参有着精神上的共鸣，但就诗的意蕴来说，岑参的诗高亢中透着快乐，而陆游的诗奔放中难掩壮志难酬的悲哀。陆游在嘉州所作的《金错刀行》一诗是这样写的：

> 黄金错刀白玉装，夜穿窗扉出光芒。
>
> 丈夫五十功未立，提刀独立顾八荒。
>
> 京华结交尽奇士，意气相期共生死。
>
> 千年史册耻无名，一片丹心报天子。
>
> 尔来从军天汉滨，南山晓雪玉嶙峋。
>
> 呜呼！
>
> 楚虽三户能亡秦，岂有堂堂中国空无人！

陆游的这首七言歌行体，是借咏刀以言志，抒发誓死抗金、坚信"中国"必胜的豪情。

"黄金错刀白玉装，夜穿窗扉出光芒"两句，开门见山，先写了刀的外观之美。"金错刀"，指用黄金装饰的刀。刀身涂着黄金，刀柄装饰着白玉饰，金玉相映，华美至极。但这没有什么稀奇的，这把刀的最宝贵之处在于"夜穿窗扉出光芒"，这是刀的内质之美。黑夜时，刀的光芒竟可穿透窗扉而射出，真是锋芒毕露，这是化用龙泉剑气冲牛斗的典故，移剑为刀。其实，诗人其意不在刀剑，而在报国之心。

第三、四句的意思是，大丈夫五十岁了还没在沙场立功，手提战刀迎风独立傲视。由刀而引出"提刀"之人，"丈夫五十功未立"。"丈夫"者，大丈夫之谓也。"五十功未立"，指诗人自己年近五十，可还没有建立报国的功业，尽管陆游此时是48岁，说自己"五十"乃取的整数。"提刀独立顾八荒"，形象生动，意境苍凉。"提刀"人渴望沙场立功，金错刀急欲衅血，但却因为种种阻碍，有志难申，诗人四顾八方，涌起无限悲凉之感。但既已"提刀"，必将有所作为。尽管诗人感慨万千，但没有丝毫的颓丧、绝望。

值此天下兴亡、匹夫有责之时，诗人深感慰藉的是他并不孤立。"京华结交尽奇士，意气相期共生死"两句，是说孝宗刚即位的时候，想大展宏图，抗金北伐，故而起用了老将张浚。此时，陆游也由大理司直迁枢密院编修，孝宗皇帝还召见了他，并赐他进士出身。陆游除积极提出军政建议外，还结交了一批力主抗金的仁人奇士，其中就有张浚，陆游更是热心地支持张浚的北伐事业。他们"相期共生死"，对胜利充满希望。诗人的字里行间，就洋溢着同仇敌忾的自豪感。

"千年史册耻无名，片丹心报天子"这两句，在前面的基础上，又深入抒写了诗人与奇士的内心世界。他们并非汲汲于个人名利。这里的"名"，与"功"同义，因为唯有杀敌立功，才能名垂青史。而一个"耻"字，则深刻地表现了诗人切盼"灭虏"，建立功名的决心。"报天子"虽有忠君色彩，但在当时，"天子"与国家难以分开，故"报天子"亦即报效国家。"丹心"，指赤诚之心。诗人的"一片丹心"，具有积极的意义。

"尔来从军天汉滨"一句，"尔来"，即近来。"南山晓雪玉嶙峋"一句，形容积雪的终南山。这一句看似写山之洁白嶙峋，诗人却意在与刀之光芒四射相映衬，使得二者相得益彰。诗写到这里，诗人心潮澎湃，势不可遏，终于发出了最强音。

结尾的"呜呼！楚虽三户能亡秦，岂有堂堂中国空无人"，全诗蓄势至此，非此浩叹不能抒其豪情。"楚虽三户能亡秦"一句，借用了战国时的两句楚民谣："楚虽三户，亡秦必楚。""楚虽三户"，指的是战国时，秦攻楚，占领了楚国很多地方。楚人激愤，有楚南公云："楚虽三户，亡秦必楚。"意思是说：楚国即使只剩下三户人家，最后也一定能报仇灭秦。"三户"，指屈、景、昭三家。楚败于秦，楚人欲雪此恨，乃有此谣。诗人借这个典故，比喻宋人之恨亦非雪不可，正所谓"岂有堂堂中国空无人"之理！这一反诘句，可谓是笔力千钧，充满浩然正气。"堂堂"，盛大的样子。"中国"，这里指汉族所居之地。尽管事实上南宋国力衰微，但诗人感到正义在我，士气必盛，又有汉中之地，定能收拾河山。诗的结尾几句，具有巨大的鼓舞力量。

陆游的这首诗，意气慷慨，境界恢宏，声势雄壮，虽不乏议论，但正如清代著名学者、诗人沈德潜在《说诗晬语》中评价的那样："带情韵以行，远非语录押韵者所能比拟。"

这首以金错刀为题的诗，尽管只有两句是写金错刀的，但诗人之所以这样布局，旨在突出"提刀独立顾八荒"的自我形象。尤其最后两句，苦闷中又透着坚定，想到自己离开南郑已经一年了，但抗金北伐、收复失地之志一刻不曾忘记。

在嘉州，陆游虽然待的时间不长，但他的生活丰富多彩。他组织民众筑堤防洪，修建岷江浮桥，并亲临军事检阅。陆游在《八月二十二日嘉州大阅》一诗中写道：

> 陌上弓刀拥寓公，水边旌旆卷秋风。
> 书生又试戎衣窄，山郡新添画角雄。
> 早事枢庭虚画策，晚游幕府媿无功。
> 草间鼠辈何劳磔，要挽天河洗洛嵩。

这首诗，作于秋天实战演练之后。诗人并没有因为自己是代理知州，而有所懈怠。整首诗，联想丰富，激情澎湃，再一次表明诗人收复失地的决心。

第七章

夜阑卧听风吹雨

铁马冰河入梦来

01 赏海棠花，作长歌行

宋孝宗淳熙元年（1174 年）二月，已达知天命之年的陆游离开嘉州（今四川省乐山市），返回蜀州（今四川省崇州市），就任通判摄州事。

陆游的新职位仍是一个闲职，他几乎住在了成都，赏花则成为他生活的重要内容。尤其是成都的三月，此时梅花刚过，桃花还在孕育花蕾，海棠开得正当时。要是错过了三月的海棠开花季，就等于错过了整个春天。

当然，陆游肯定是不会错过踏青赏花的好时节。南宋时期，按照传统习惯，到了花开的季节，私家的园林都会对社会开放，而且各家还以获得众人的赞誉为荣。官府也从上巳日起，放假三天，给人们提供踏青赏花的时间。

这时，南宋著名藏书家、成都知府晁公武，盛情邀请陆游和几位朋友去成都赏花。陆游如约而至，和晁公武等人遍访名园，徜徉在一个又一个海棠花海中，所见海棠品种之多、花色之茂，都让陆游叹为观止。尤其他们经过一处荒芜的花园时，惊奇地发现，院子内的一株海棠花压满枝头，与之前见过的海棠截然不同。大家疾步走入院内，不约而同地惊讶道："朱砂海棠！"随着人们的惊叹声，只见花萼重重叠叠，花蕊娇艳欲滴，花瓣似开未开，枝叶如同沾了春露，油润亮滑，就连见多识广的陆游，也从来没见过这等极品海棠，也不由地赞叹道："真是朱砂海棠中的极品啊！"他见如此极品，竟被植于野草凡花之中，心绪纷繁，长久没有作声。回到家里后，他若有所思，写下了《花时遍游诸家园（重萼丹砂品最高）》：

> 重萼丹砂品最高，可怜寂寞弃蓬莴。
>
> 会当车载金钱去，买取春归亦足豪。

对此，陆游还做了自注：

> 小东门外，有千叶朱砂海棠一株，绮丽绝代。

陆游总计作了八首《花时遍访诸家园》，都是七言诗。除此之外，《张园海棠》也是陆游吟咏海棠花的名篇：

> 洛阳春信久不通，姚魏开落胡尘中，
>
> 扬州千叶昔曾见，已叹造化无余功。
>
> 西来始见海棠盛，成都第一推燕宫。
>
> 池台扫除凡木尽，天地眩转花光红。
>
> 庆云堕空不飞去，时有绛雪萦微风。
>
> 蜂蝶成团出无路，我亦狂走迷西东。
>
> 此园低树犹三丈，锦绣却在青天上。
>
> 不须更著刀尺裁，乞与齐奴开步障。

但对于陆游来说，他最青睐的还是梅花，也写下了大量的咏梅花之作。宋孝宗淳熙四年（1177 年），陆游就一连写下了二十二首梅花诗，赞美梅花超然独立的品格，以及自己受到的感奋。这也使得人们透过梅花，看到了陆游的操守和人格，以及胸襟气度。他在《西郊寻梅》中写道：

> 西郊梅花矜绝艳，走马独来看不厌。
>
> 似羞流落蒙市尘，宁堕荒寒傍茆店。
>
> 翛然自是世外人，过去生中差一念。

浅鬟常鄙桃李学，独立不容莺蝶觇。

山矾水仙晚角出，大是春秋吴楚僭。

余花岂无好颜色，病在一俗无由砭。

朱栏玉砌渠有命，断桥流水君何欠。

嗟余相与颇同调，身客剑南家在剡。

凄凉万里归无日，萧飒二毛衰有渐。

尚能作意晚相从，烂醉不辞杯潋滟。

淳熙四年五月，陆游参与了州考工作，忙碌了一段时间。之后去了一趟成都。八月，陆游参加了蜀州大阅兵工作，只是他的心事还萦绕在南郑前线，情绪低落。一首《蜀州大阅》，就展示了陆游的这种心情。

晓束戎衣一怅然，五年奔走遍穷边。

平生亭障休兵日，惨澹风云阅武天。

戍陇旧游真一梦，渡辽奇事付他年。

刘琨晚抱闻鸡恨，安得英雄共著鞭！

在这首诗中，陆游把"怅然"作为切入点，用"休兵""惨淡""一梦""他年"作呼应，发出了抗金北伐竟无英雄可共的悲叹。

重阳节的时候，陆游离开蜀州通判摄州事任上，无官一身轻地去了成都。一路上，回想这大半年的频繁调动，就跟走马灯似的，陆游自己都感到滑稽可笑。他在《醉书》一诗中写道：

似闲有俸钱，似仕无簿书。

似长免事任，似属非走趋。

病能加餐饭，老与酒不疏，

婆娑东湖上，幽旷足自娱。

时时唤客醉，小阁临红蕖，

钓鱼斫银丝，擘荔见玉肤。

檀槽列四十，遗声传故都。

岂惟豪两川，自足夸东吴。

但恨诗不进，榛荒失耘锄；

何当扫纤艳，杰作追黄初。

此时，陆游看似是个闲人，却拿着薪俸；看似有职务，却没有任书，对此，陆游自己也是有些茫然。

一日，陆游郊游赏景，放松心情，不知不觉到了夕阳西下之时。陆游不想返回，便住在了城郊安福院的僧舍里。

一早起来，陆游呼吸着新鲜空气走出了院落。眼前的一片竹林遮天蔽日，棵棵翠绿挺拔。一阵秋风吹过，林子"沙沙"作响，掀起一层层的绿浪。山脚下的小村庄晨雾缭绕，小径蜿蜒，偶尔传来一两声鸡鸣。这令人陶醉的景象牵动了陆游的诗情，他灵感跃动，挥笔写下了一首《长歌行》：

人生不作安期生，醉入东海骑长鲸；

犹当出作李西平，手枭逆贼清旧京。

金印煌煌未入手，白发种种来无情。

成都古寺卧秋晚，落日偏傍僧窗明。

岂其马上破贼手，哦诗长作寒螀鸣？

兴来买尽市桥酒，大车磊落堆长瓶；

哀丝豪竹助剧饮，如锯野受黄河倾。

平时一滴不入口，意气顿使千人惊。

国仇未报壮士老，匣中宝剑夜有声。

何当凯旋宴将士，三更雪压飞狐城！

这首诗，首尾皆工，通体完美，是陆游代表作之一。清代文学家、思想家方东树曾评论该诗是陆游的"压卷"之作。

诗的开始就直抒壮怀，"辞气踔立"，犹如长江出峡，涛翻浪涌，不可阻遏。诗的前四句有些与众不同，皆以"人生"为共同主语。这个二十八字长句的意思是：如果人生不能做一个像安期生那样的仙人，醉骑长鲸，在汪洋大海里纵横驰骋，那就做一个像李西平那样的名将，消灭逆贼，收复旧京，使天下清平。"李西平"，即平朱泚之乱、收复西京的唐代名将李晟，他因功而被封为西平郡王，所以人们也称他为李西平。诗的开篇就引经据典，足见陆游使事极切极活之精妙。就这个长句而言，诗人用李西平的史实，确切地抒发了自己的抱负，使事起了比喻的作用。

不难看出，"手枭逆贼"中的"逆贼"，是以朱泚比喻女真统治者；"清旧京"中的"旧京"，是以朱泚占据的唐京长安比喻被女真统治者侵占的宋京开封。北中国被占，南宋偏安一隅的历史形势，皆表现得淋漓尽致。

文须蓄势，诗亦宜然。此诗突然而起，开头的二十八字长句有如长风鼓浪，奔腾前进，但当其全力贯注于"手枭逆贼清旧京"之后，诗则"逆折"向相反的方面："金印煌煌未入手"，壮志难酬，不胜愤懑。到此，诗呈现出忽顺忽逆、忽扬忽抑之势，进而形成了第一个波澜。乍看之下，变幻莫测，细细品味，脉络分明。李西平之所以能"手枭逆贼清旧京"，也有多方面的原因，如他的爱国心，他的将才，等等，都起了决定性的作用。而最重要的一点是：他得到了执政者的重用，肘悬煌煌金印。而诗人自己，虽有将才和爱国心，但没有李西平那么幸运，手握兵权，"手枭逆贼清旧京"的壮志却不能实现。

"金印煌煌未入手"一句，"折""抑"相间，而"白发种种来无情"一句，再"抑"，"成都古寺卧秋晚，落日偏傍僧窗明"两句，更"抑"，直把起头用二十八字长句所抒发的一往无前的壮志豪情，"抑"向低潮。"金印煌煌"，目前虽"未入手"，但如果是壮盛之年，尽可以期待来日方长。可现在，无情白发，已如此"种种"。"种种"，短的意思，是从《左传·昭公三年》中"余发如此种种"化出。来日不多，怎么能久等呢？"成都古寺卧秋晚，落日偏傍僧窗明"，既补写出作者投闲置散、独居古寺僧寮的寂寞处境，又抒发了眼看岁月流逝、时不我待的焦灼心情。就诗人一生来说，已经白发种种，年过半百；就一年来说，已是晚秋，岁聿其暮；就一日来说，日落西山，黑夜将至。真是"志士愁日短"。而易逝的时光，就在这"古寺"中白白消磨，这对于一个渴望"手枭逆贼清旧京"的爱国志士来说，实在焦灼、痛心！

诗一"抑"再"抑"之后，忽然一个反诘句，凭空提起："岂其马上破贼手，哦诗长作寒螀鸣？"诗又呈现出一个波澜。就语法结构而言，这两句诗不是两句，而是一句，即所谓"十四字句"。意思是说，难道我这个马上破贼的英雄，就只能无尽无休地像寒蝉悲鸣般吟诗吗？诗凭空提起，出人意料。然而，细按脉理，却不难发现，依旧从"犹当出作李西平，手枭逆贼清旧京"而来，真所谓是变化无穷，但却不离法度。

接下来，通过描写"剧饮"，进一步抒发"手枭逆贼清旧京"的理想无法实现的悲愤："兴来买尽市桥酒，大车磊落堆长瓶；哀丝豪竹助剧饮，如巨野受黄河倾。"这里，无疑有着"长鲸吸百川"的气概。但一味夸张地描写"剧饮"，难免给人以"酒徒"酗酒的错觉。因而，诗人用"平时一滴不入口"陡转，用"意气顿使千人惊"拍合，形成第三个波澜。

随后，波澜迭起，淋漓酣纵："国仇未报壮士老"一句，从正面点明了感慨万端、颇含失望之情的"剧饮"原因。"匣中宝剑夜有声"一句，从侧面烘托了誓报国仇的决心，又燃起希望之火，进而引出结句："何当凯旋宴将士，三更雪压飞狐城！"结句从古寺"剧饮"生发，遥应首句，境界更为阔大。"飞狐城"，是指飞狐口，在现在的河北涞源县北，古代为华北平原与北方边郡间的咽喉。诗人希望有朝一日，能够掌握兵权，在收复北宋旧京之后继续挥师北上，全部恢复北方边郡。然后，在飞狐城上大宴胜利归来的将士，痛饮狂欢，直至三更，即便大雪纷飞，也不觉得寒冷。

诗读到此处，才使人顿悟，前面写"剧饮"排闷，就是为结句写凯旋欢宴作铺垫。而"三更雪压飞狐城"一句，又是以荒寒寂寥的环境，来反衬欢乐热闹的场面。

清代著名的史学家、诗人、文学家，与袁枚、蒋士铨并称为"乾隆三大家"的赵翼，用"炼在句前"来评价陆游的诗，意思是陆游的诗在命意、谋篇方面善于构思。陆游的这首《长歌行》，没有把笔墨放在几年来的经历和当前的处境上，而是先写了报国宏愿，以及无法实现的愤懑，再写"白发种种来无情"，之后才用"成都古寺卧秋晚，落日偏傍僧窗明"点明了当前的处境。然而，紧承上文而来的这两句诗，又不是单纯的点明处境。到此不难发现，诗人非常重视"句前"的"炼"。就这两句诗本身而言，诗人在炼字、炼句、炼意等各个方面，都堪称是匠心独具。一个念念不忘"手枭逆贼清旧京"的志士，竟然闲住于古寺，直到"秋晚"，其心绪如何，已不难想象了。诗人珍惜光阴，不愿日落，可日已然西落。日既然西落，不看也就罢了，可"落日"却"偏傍僧窗明"，硬是要让"窗"内人看见。这样的诗句，不经过锤炼如何妙笔生花？

尽管这首诗是陆游闲居遣怀之作，但主题仍然和从军诗保持了一致性，雄浑、豪放、悲壮，振奋人心。

整个秋天，陆游都是在成都度过的。而刚进冬天，陆游不但没有得到晋升，还被贬为摄知荣州（今四川省荣县）事。接到这个任命，陆游的心几乎彻底地凉了，因为荣州离他寄予壮志的南郑更远了，他觉得是真的已经触摸不到了。不久，他怀着一种酸楚迷惘的心情启程了。

02 被贬荣州，先抑后扬

陆游早就听说过荣州（今四川省荣县）这个地方。荣州城市不大，但人杰地灵，传说是黄帝长子姬少昊的封国。唐朝时期，荣州先后塑造了三座大佛，称为"大佛""二佛""三佛"，从而形成了"一城三佛"的独特布局。

陆游是在宋孝宗淳熙元年（1174 年）冬月初到达荣州的。他一踏上荣州的土地，所看到的都是荒寒凄凉的景象。田地蒙着一层薄薄的霜，土地僵化而干裂。田里刚刚长出来的麦苗显得非常脆弱，原本嫩绿的叶子，被烙上了冬的印记，仿佛冬天的孩子被冻坏了的那张小脸。田野里的风无遮无拦，把路旁的树摇曳得吱吱作响，像在舞蹈，又像在悲戚。此时，凄凉和寂寞一起向陆游袭来。他在《入荣州境》这首诗中写道：

> 一起一伏黄茅冈，崔嵬破丘狐兔藏。
> 炯炯寒日清无光，单单终日行羊肠。
> 村落聚看如惊獐，亦有银钗伏短墙。
> 黄旗翻翻鼓其镗，画角呜咽吹斜阳。
> 长筒吸井熬雪霜，辘轳咿哑官道傍。

> 渺然孤城天一方，传者或云古夜郎，
>
> 其民简朴士甚良，千里郁为诗书乡。
>
> 闭合扫地焚清香，老人处处是道场。

冬天的肃杀，本来就是大自然季节景色的特点，只是被陆游打上了印象的烙印，因此，在他眼中也就显得格外凄凉。

进入荣州境内，因为路途尚远，黄昏时分，陆游便投宿在了赖牟镇驿站。第二天天没亮，陆游就骑马出发了。一路上，让陆游感受到少有的愁云惨雾、荒凉凄寒。因为担心路途艰险，陆游随身带来的图书也不得不暂时留在驿站。回想近来的境遇，陆游不由得心生感慨。作为诗人，自己已年届半百，却还在蜀中各地辗转漂泊，真是人老了没用了，就是所作的诗文估计也没谁愿意看了，只得在蜀中各地随便舞弄笔墨了。他在《赖牟镇早行》一诗中写道：

> 孤灯照影听初鸡，揽辔情怀倍惨凄。
>
> 雪作未成云意闹，茅荒无际客魂迷。
>
> 触寒手指藏犹裂，畏崄图书弃不携。
>
> 老去有文无卖处，等闲题遍蜀东西。

在这首诗中，陆游以萧条的冬日景象作衬托，将自己黯淡凄惨的孤旅情怀展露无遗。或许人们不禁要问，荣州真的那么荒寒吗？实际上，陆游在南郑时，天气远寒于荣州，而且诗人巡查边防，环境远比荣州艰苦得多。当年在南郑，陆游铁马秋风，冲雪掠渡，意气风发，热情高亢，留下的是雄浑豪放的《长歌行》。而这首《赖牟镇早行》，陆游把自然界的冬季景物与自己的漂泊心境，一起放在了凄寒之时，交相呼应，寂寞悲凉之感穿越纸面，扑面而来。

荣州在蜀南，比邻嘉州（今四川省乐山市），而且两州州治也相距不过百余公里，但对于诗人而言，荣州实在太远了。其实，远的不是地理位置上的距离，而是诗人心中抗金北伐理想的距离。

如果说陆游在荣州叹老嗟卑是意志消沉的表现，那就未免有些肤浅了。叹老嗟卑是他恐年岁之不吾与，焦灼不安的一种反映。事实上，即便诗人身境凄凉，可悲情中也不乏爱国豪气。他在《甲午十一月十三夜梦右臂踊出一小剑长八九寸》一诗中写道：

> 少年学剑白猿翁，曾破浮生十岁功。
> 玉具拄颐谁复许，蒯缑弹铗老犹穷。
> 床头忽觉蛟龙吼，天上方惊牛斗空。
> 此梦怪奇君记取，佩刀犹得世三公。

在诗人伤痕累累的心灵中，报国的热忱依然时时躁动着，竟于梦中化作利剑，从手臂上踊出。在陆游的诗歌中，剑和梦有着极为深刻的内涵。古人常用剑象征壮怀激烈，人被闲置了，剑也就无用武之地了。李白在《行路难》中写有"拔剑四顾心茫然"，苏轼在《郭祥正家醉画竹石壁上郭作诗为谢且遗二古铜剑》中写有"剑在床头诗在手，不知谁作蛟龙吼"，这都是借剑言襟怀抱负。陆游更是在历史传说和前人诗意的基础上，幻化出自己的胸臆，宝剑从臂中踊出，可见诗人强烈渴望被重用的报国愿望。

在荣州的时候，陆游在城西环绕刺史署的子城清富山上建了一座房子，并命名为高斋。他时而登临赏景吟诗，时而四处游访。

荣州有座大佛山，也叫东山，这座山半山腰的悬崖上有个啸台，这个啸台是一个天然的长方形观景台。相传这里是皇帝之子玄嚣打猎小憩的地方，故而得名"嚣台"。也有人说，魏晋名士孙登来到荣州时，登台长啸，其悠扬的声音如同凤鸣，北宋人称它为"孙登啸台"。

陆游兴致勃勃地来到大佛山，并登上了啸台。站在啸台之上，陆游不仅看见了远处烟雾缭绕的嘉州名山，还把荣州景致尽收眼底，一览无余。他不禁被眼前的景象惊呆了。啸台背山面水，风清水秀，山上苍松翠柏，古木参天，浓荫蔽日。他在《初到荣州》这首诗中写道：

> 乱山缺处城楼呀，双旗萧萧晚吹笳。
> 烟深绿桂临绝壑，霜落残濑鸣寒沙。
> 废台已无隐士啸，遗宅上有高人家。
> 铃斋下榻约僧话，松阴枕石放吏衙。
> 杯羹最珍慈竹笋，瓶水自养山姜花。

地炉堆兽炽石炭，瓦鼎号蚓煎秋茶。

少年远游无百里，一饥能使行天涯。

岂惟惯见蓬婆雪，直恐遂泛星河槎。

故巢肯作儿女恋，异境会向乡闾夸。

一杯径醉帻自堕，灯下发影看鬖花。

啸台斜对面的旭水河，碧波荡漾，一叶轻舟飘然而行，岸边的垂柳迎风摇曳。陆游在《别荣州》中记录了这一景象：

浮生岁岁俱如梦，一枕轻安亦可人。

偶落山城无事处，暂还老子自由身。

啸台载酒云生屦，仙穴寻梅雨垫巾。

便恐清游从此少，锦城车马涨红尘。

置身大佛山啸台这样的环境之中，一首《斋中夜坐有感》再现了诗人当时的所见所闻：

荒山为城溪作壕，风鼓巨木声翻涛。

鸱枭乘屋弹不去，狐狸欺人怒竖毛。

雨来红鹤更可恶，争巢一似婴儿号。

城孤屋老草木茂，正坐人少此辈豪。

急呼五百具畚锸，欲掀窟穴穷腥臊。

忽然语罢却自笑，残年何至与汝麈。

浣花江色绿如黛，春波艳艳浮轻舫。

行当系缆柳阴下，仰听莺语倾香醪。

游览了啸台后，陆游又来到了龙洞。

陆游来到荣州后，早就听说有龙洞这个地方。一有闲暇，他便迫不及待地出发去往龙洞。龙洞也叫罗汉洞，紧挨着啸台，它的东面就是大佛寺。陆游来到龙洞的山湾内，先去游览了建于唐代的白雀寺，又参拜了宋代造的真如院，在梵音袅袅中，感悟着荣州这个著名的佛教圣地。

当他踏上龙洞时，只见洞口峭壁摩天，仿佛立在那的一块大石壁，不由得心生感慨。崖壁上刻有唐宋佛教造像以及题字，字迹洒脱、遒劲，让陆游再一次慨叹人类智慧的伟大。

接着，陆游又游览了"滴水成琴"，他觉得这名字太形象不过了。原来，洞口的岩泉常年往下滴水，在下面形成了一个水坑，人们便因势就形，凿建了"莲池"。水滴池中，叮咚作响，如若鸣琴，"滴水成琴"便如此而得名。

陆游观览"龙湫夜月"时是白天，没有见到明月当空、月映池中、飞珠溅落击碎水中银盘、满池碎银跳动、银光闪烁的奇特景象，多少有些遗憾。他在《蓦山溪·游三荣龙洞》这首词中写道：

穷山孤垒，腊尽春初破。寂寞掩空斋，好一个、无聊底我。啸台龙岫，随分有云山，临浅濑，荫长松，闲据胡床坐。

三杯径醉，不觉纱巾堕。画角唤人归，落梅村、篮舆夜过。城门渐近，几点妓衣红，官驿外，酒垆前，也有闲灯火。

另外，陆游还作了一首《龙洞》：

峭崖磨天如立壁，柟根横走松倒植。
呀然一岫惊倒人，空洞坡陀三百尺。
幽阴宜为异物托，角爪痕存犹可识。
想当蟠蛰未奋时，腥风逼人云触石。
一朝偶为旱岁起，卷海作雨飞霹雳。
向来伊吕正如此，莘渭千年有遗迹。
我欲酌酒招蜿蜒，安用辛苦常行天；
太平海内多丰年，归来故祠听管弦。

诗中，陆游通过伊尹、吕尚不得志时，耕于有莘之野、钓于渭水之滨的两个典故，说明自己面临的也正是这样的处境，期盼着自己有朝一日，能"一朝偶为旱岁起，卷海作雨飞霹雳"。同时，也表达出诗人身处逆境而不沉沦自哀的报国情怀。

对于荣州的景色，陆游最为青睐的地方是横溪阁，他多次游赏，饮酒赋诗填词。他在《沁园春·三荣横溪阁小宴》中写道：

粉破梅梢，绿动萱丛，春意已深。渐珠帘低卷，筇枝微步，冰开跃鲤，林暖鸣禽。荔子扶疏，竹枝哀怨，浊酒一尊和泪斟。凭栏久，叹山川冉冉，岁月骎骎。

当时岂料如今。漫一事无成霜鬓侵。看故人强半，沙堤黄合，鱼悬带玉，貂映蝉金。许国虽坚，朝天无路，万里凄凉谁寄音。东风里，有灞桥烟柳，知我归心。

陆游越来越喜欢这个森林密布、民风淳朴、底蕴深厚的地方。在他眼中，荣州无异于世外桃源。年底的时候，陆游把家人接到了荣州。他原本以为能在荣州这个地方稳定下来了，却不想又接到了新的任命。

宋孝宗淳熙元年（1174年）除夕，陆游被任命为成都府路安抚司参议官兼四川制置使司参议官，官衔是朝奉郎。虽然陆游的职务还是参议官，没有什么实际任务，但他的官阶高了，因为朝奉郎是正六品官衔。

过完年，转眼就到了正月初十，陆游临出发，在高斋里作了一首《桃园忆故人》：

然如世外。予留七十日，被命参成都戎幕而去。临行徙倚竟日作桃源忆故人一首。
斜阳寂历柴门闭。一点炊烟时起。鸡犬往来林外。俱有萧然意。
衰翁老去疏荣利。绝爱山城无事。临去画楼频倚。何日重来此。

虽然陆游在荣州的时间不长，前后也不过70天的光景，他却深深地爱上了这座千年小城，非常留恋那段短暂的时光。当他来到英灵道中时，写下了一首《桃源忆故人（应灵道中·五之二）》：

阑干几曲高斋路，正在重云深处。丹碧未干人去，高栋空留句。
离离芳草长亭暮，无奈征车不住。惟有断鸿烟渚，知我频回顾。

03 奉召回京，再放建安

宋孝宗淳熙二年（1175 年）一月，陆游从荣州（今四川省荣县）回到成都，出任成都府路安抚司参议官兼四川制置使司参议官。虽然陆游的官阶高了，但没有什么实际任务。由于公事不多，陆游或四处游览，或沉湎于酒肆，或流连于歌楼之中，似乎只有那些风光秀丽的景色，芳香醇厚的美酒，旋律曼妙的歌声，才能给他的精神带来慰藉。

回到成都后，喝酒吟诗似乎成为陆游生活的主旋律。不久，他的好友范成大也调到了四川，出任四川制置使一职，成为陆游的上司。于是，两个故友便开始"以文字交，不拘礼法"。他们除了谈论一些安民之策和军国大事之外，大多都是一起喝酒赏花，游山逛水，写诗填词。尤其值得一提的是，范成大还帮助陆游在成都南郊盖了房子，显然，他这是有意让陆游在成都定居下来。

陆游住在城南，而官衙在城北，每天，陆游去衙门都要穿城而过。可他有个习惯，就是每天都要睡到日上三竿，而起床后，还要喝完酒才去衙门，因此，他几乎是天天迟到。这么一来，就必然授人以口实，那些看不惯陆游的同僚，虽然不敢当着范成大的面说陆游的坏话，但背地里却嘲笑陆游，说他吊儿郎当，不务正业，有损朝廷形象，甚至给他起名为"陆颓放"。

结果，在一些人奏请下，宋孝宗淳熙三年（1176 年）三月，陆游以"不拘礼法，恃酒颓放"的原因，被罢免了参议官职务。六月，陆游又得到了一个新的差事，负责管理台州（今年浙江省台州市）桐柏山崇道观，但仍在成都领薪水。为此，陆游作了《蒙恩奉祠桐柏》这首七言律诗：

> 少年曾缀紫宸班，晚落危途九折艰。
> 罪大初闻收郡印，恩宽俄许领家山。
> 羁鸿但自思烟渚，病骥宁容著帝闲。
> 回首觚棱渺何处，从今常寄梦魂间。

后来，范成大荐举陆游为嘉州（今四川省乐山市）刺史。可就在陆游即将赴任嘉州时，却因为积极要求对金作战，北伐中原，再度被言官们弹劾，皇上收回了任命。

陆游遭到这次打击后，便有些自暴自弃，甚至玩世不恭，索性开始自称"放翁"。也就是从这时候开始，世人便称他为陆放翁。一首《和范待制秋兴》，就是陆游当时伤感之情的真实流露：

> 策策桐飘已半空，啼螀渐觉近房栊。
> 一生不作牛衣泣，万事从渠马耳风。
> 名姓已甘黄纸外，光阴全付绿尊中。
> 门前剥啄谁相觅，贺我今年号放翁。

罢官后，陆游只有一半的俸禄，根本不够陆游一大家子的开销。为了补贴一家的吃穿用度，陆游和家人在杜甫草堂原址附近开出一块荒地，种菜、种粮、种草药，维持生计，艰难度日。尽管如此，陆游仍像他所说的"位卑未敢忘忧国，事定犹须待阖棺"那样，心系着沦陷的中原以及那里的百姓，他在《关山月》这首诗中写道：

> 和戎诏下十五年，将军不战空临边。
> 朱门沉沉按歌舞，厩马肥死弓断弦。

戍楼刁斗催落月，三十从军今白发。

笛里谁知壮士心，沙头空照征人骨。

中原干戈古亦闻，岂有逆胡传子孙！

遗民忍死望恢复，几处今宵垂泪痕。

陆游的这首诗，感情沉痛而悲愤，催人泪下，充分体现了诗人忧国爱民的思想情怀。这种感人肺腑的巨大力量，一方面来自于诗人伟大的爱国情怀，另一方面还来自于诗人高超的多重套叠的艺术表现手法，使思想性和艺术性完美地结合在了一起。

这首《关山月》是乐府旧题，属于西域军乐中的横吹曲，声调凄婉，一般用来表现边塞战士的怀人思乡之情。而陆游却用来抒发爱国愤世的思想感情，内容丰富充实，情调悲壮激越，在艺术上有所创新。

这首诗共十二句，每四句为一个层次。但每个层次均以月夜为背景，分别选取三类人物的不同境遇和态度，作为全诗的线索，运用极为简练的语言加以概括，内涵丰富而深广。一边是豪门贵宅中的文武官员，燕舞莺歌，不思复国；一边是戍边战士变白发，百无聊赖，报国无门；一边是中原遗民，忍辱含垢，血泪纷飞盼统一。三个场景，构成了三幅鲜明的对比图画，痛斥了南宋朝廷文恬武嬉、不恤国难的态度，表现了爱国将士报国无门的苦闷，以及中原百姓企望恢复回归的愿望，体现了诗人忧国忧民、渴望统一的爱国情怀。

开头的"和戎诏下十五年，将军不战空临边。朱门沉沉按歌舞，厩马肥死弓断弦"四句为第一层。

诗人先以"和戎诏下十五年，将军不战空临边"两句总领全诗，与下文的几种场景形成直接的因果关系。"和戎诏下十五年"，本是权宜之计的和戎，却转瞬已过十五年，有明显的批评之意。将军能战而没战，只能"空临边"，徒然地驻守在边疆，"空"有着浓重的质疑口气。接着，诗人以"朱门沉沉按歌舞"和"厩马肥死弓断弦"作为着眼点，进行对比。一边是深宅大院里的歌舞升平，一边是马棚中的战马肥死，武器库中的弓弦发霉、烂断。"朱门"指达官贵人的宅第。古代的达官贵人家，门多是红色。"沉沉"两字用得极好，原本是深沉的样子，这里指沉醉得很深。而"按"字，则刻画了重臣不以国家为重，只知享乐的情形。"厩马肥死弓断弦"，沉痛地描绘出英雄无用武之地的悲哀。这样的对比，不仅揭示了因统治者的醉生梦死、荒淫腐化，导致边防武装力量的荒废现状，更说明了他们早已把国耻丢到了脑后，为了安乐，不惜出卖国家、民族的利益。仅从这一点，人们就可以体味到，终日怀揣抗金复国之志的陆游，面对着统治者的苟安和腐朽，其内心强烈的愤慨之情，已如万丈烈火，喷涌而出。"朱门沉沉按歌舞，厩马肥死弓断弦"两句，一针见血地揭露了达官贵人妥协、投降的实质。大敌当前，国土沦丧，民族危亡之际，统治者却一味追求灯红酒绿、争歌逐舞的享乐生活。他们贪生怕死，向金人屈膝投降，采取不抵抗政策，自欺欺人地下"和戎诏"，致使战马肥死，弓弦朽断，一个令人无限痛心的惨痛现实。"厩马肥死弓断弦"是对"将军不战空临边"的补充，是"和戎诏"的直接后果。

中间"戍楼刁斗催落月，三十从军今白发。笛里谁知壮士心，沙头空照征人骨"四句为第二层。

从"隆兴和议"到诗人写下这首诗，已经过去了整整十五年，边关战士已经不再进行军事化的辛苦操练，也没有了惊心动魄的敌我交战，似乎已经"天下太平"了。可诗人却把着眼点，聚焦于尚存者和死难者的命运和价值。对于尚存者而言，他们无所事事，在阵阵"刁斗"声中送走一轮又一轮的明月，把心事寄托在幽咽的笛声中，百无聊赖地打发着时光。刁斗是古代的一种底下可以点火烧的器皿，可用来烧水、温酒甚至做饭。刁斗敲击的时候，能发出声响来。陆游用"刁斗"一词，意在说明日复一日，年复一年，曾经年轻的壮士都已经白发苍苍了。一个"催"字，下得多么急促；一句"壮士心"，写得多么赤诚；一个反问，显得多么无奈！在这急促催月的刁斗声中，在这如泣如怨的笛声中，隐含了壮士们盼望杀敌立功、尽快结束这枯燥无味的生活及早归家的迫切心情。可这种心情，又有谁能理解呢？如果说存活者还可以有一丝幻想，那么，对于死难者来说呢？"沙头空照征人骨"中的一个"空"字，尽现了战士们欲上战场杀敌和尽早返回家园的种种愿望，将随着老死边关、裸露于野的白骨而烟消云散，这也说明了他们献出的青春与生命毫无价值。这句诗，与前面的"将军不战空临边"重复使用了一个"空"字，看上去就好像是一个败笔，实际则不然。这重复的两个字，正好把"将军"和"征人"的生活命运，构成了鲜明的对比。活着的人无聊幽怨，死去的人暴尸沙场，生与死的对照画面，揭示了战士的悲剧命运，反映了战士的满腔悲愤，字里行间，无一不饱含着诗人对和戎路线的无声控诉和对边关战士的深切同情。"空照""谁知"等词语，正是诗人这种心情的真实写照。

最后的"中原干戈古亦闻，岂有逆胡传子孙！遗民忍死望恢复，几处今宵垂泪痕"四句为第三层。

诗人从写边防战士，转写金人统治下的被奴役的北方人民，即所谓的遗民，描绘出了中原遗民含泪盼望复国的画面。"中原干戈古亦闻"一句，诗人展示了一幅遥远浩瀚的历史背景画，中原地区自古以来就是一个硝烟弥漫的战场，古代中华儿女为了抵御外辱，曾经在这里浴血奋战。诗人的这一句，用意尤为深刻，既与开头的"和戎诏下十五年""将军不战"的现状遥相呼应，形成古今对比的情景，起到借古讽今的作用；又与"岂有逆胡传子孙"形成对比，诗人借用一个语气强烈的反问句，表达了对和戎政策的无比愤慨之情。紧接着，诗人又呈现一幅对比鲜明的情景：一边是占领中原的女真人在这里子孙成群，其乐融融；一边是中原遗民忍辱含泪，盼望统一，"逆胡传子孙"和"遗民忍死望恢复，几处今宵垂泪痕"两相对照，又融为一体。中原沦陷区，胡人甚嚣尘上，遗民痛苦悲惨，无一不揭露了"和戎诏"的巨大祸害，展现了遗民的复国愿望。遗民备受胡人蹂躏，水深火热，能够支撑他们的精神力量，就是宋军能够挥戈北上，祖国能够统一。可是，恢复的愿望却无法实现，他们只好望着南方，伤心落泪。这就是这首诗最后两句的含义。

《关山月》这首诗，所表现出来的对南宋集团妥协政策的谴责，对抗敌爱国的将士和遗民的深切同情以及对侵略者的无比仇恨，无一不表现了诗人鲜明的思想。正是因为这些思想，这首诗才集中体现了陆游爱国诗歌的进步内容和精神实质。另外，这首爱国主义诗歌中，也暗藏着诗人壮志未酬的愤懑。"将军不战空临边""厩马肥死弓断弦""笛里谁知壮士心""沙头空照征人骨"等句子，就隐含着诗人倾音无路、壮志未酬的悲愤，诗人与抗金将士是息息相通的。

从整体来说，这首诗沉郁、苍茫、悲凉、激越，不仅有着深刻的思想，而且感情充沛，形象丰满，描写生动。另外，高度的概括性、抒情性、语言精练自然、婉转流畅，又赋予了这首诗极为显著的特点。

《关山月》成功地将同一时段的不同阶层人物的生活情景和态度的对比、同一环境里的不同情景的对比、同一类人物的生死对比、同一地域的古今对比等等，相继呈现于读者面前，仿佛一个个的特写镜头。三个场景之间，每个场景内部，于对比中又包孕着对比，层层叠叠、交相映照，展现出了极为深广的社会生活图景，揭示了"天下太平"假象下的阶级矛盾和民族矛盾，除了高度的概括性，又蕴含了深度的统一性。诗人正是运用了这种层层套叠的对比、示现的修辞手法，一方面将三个大场景紧扣一个"月"展开；另一方面各种对比鲜明的场景，均由诗歌开头的"和戎诏下"统领，形成层层相因的逻辑关系，使得这首诗所呈现出来的深广社会生活，构成了一幅幅沉郁悲壮的时代画卷。

对比、示现的修辞模式，普遍存在于陆游的诗歌中，但像《关山月》这样构思精妙，在短短的十二句诗里，描绘出如此多的对比鲜明的情景，语言简练、概括，而内涵却十分丰富深广，别说在陆游的诗歌中，就是在中国整个古典诗词史中，都是极为少见的。毫无疑问，陆游的这首《关山月》，将思想性、艺术性完美地结合在了一起，完全代表了陆游诗歌的思想艺术特点。

从读者的接受心理来说，这两种修辞文本的套叠运用，将多个意象组合对接，从多个角度反复刺激读者的视听感官，连续读者的不"随意注意"，进而达成作者和读者的情感共鸣，强化了诗歌的寓意。戍边战士的报国无门之怨，中原遗民的复国愿望落空之憾，诗人对下层人民的深切同情、对入侵者的切肤痛恨、对投降妥协派的抨击愤慨等思想感情，都包含在这重重叠叠、对比鲜明的意象群里。

陆游成都赋闲的第二年，宋孝宗加大了对茶盐走私出口的管控力度。先是下诏严禁蜀茶入蕃，接着又下诏京西、湖北商人不得以牛马驮茶出境，违者处死。这个当口，淮南东路常平茶盐公事这一职务，相当于掌握着国家的经济命脉，孝宗皇帝就想派一个廉洁、正直、有才干的人担此重担。他左思右想，觉得唯有陆游可以胜任。可以曾觌为首的主和派一听孝宗皇帝要起用陆游的想法，立即以陆游"不自检饬，所为多越于规矩"为由，竭力阻挠。他们宁愿陆游去担任一个知州的事务，也不愿意他到前线任职，更不希望他握有比知州还高一级的实权。于是，宋孝宗淳熙四年（1177 年）八月，吏部下达任书，任命陆游知叙州（今四川省宜宾市境内）。当时，叙州不仅荒凉、偏僻，而且人民生活异常困苦，时常聚众械斗，民风很是彪悍。

淳熙五年（1178 年）正月，就在陆游准备去叙州赴任时，却传来一个意外的消息，宋孝宗赵昚召陆游东归回京。

接到诏谕以后，陆游有些茫然。自己在四川已经 8 年了，早就对这里产生了深厚的感情，已经把这里当成自己的第二故乡。这次要离开这里返回京城，他的内心实在是万般不舍。他不知道回到京城后等待自己的将是什么。于是，《南乡子·归梦寄吴樯子》这首词随口而出：

归梦寄吴樯，水驿江程去路长。想见芳洲初系缆，斜阳，烟树参差认武昌。
愁鬓点新霜，曾是朝衣染御香。重到故乡交旧少，凄凉，却恐他乡胜故乡。

陆游的友人并不知道此时的陆游是一个怎样的心事。在他们看来，陆游能够调回京城，这是一件天大的喜事，故而纷纷前来祝贺，叙往事，谈未来，情深意长。友人晁公武对陆游说："仍留别墅，待陆公来蜀养老。"陆游拉着晁公武的手说："蜀地八年，承诸友相护，人去京，心在蜀，来日方长。"

宋淳熙五年二月中旬，杜鹃开得漫山遍野，陆游和家人在朋友的簇拥下，启程赶赴京城。他们在渡口登上官船，沿岷江而下。江水一碧到底，沿江景色千变万化，真是水一程山一程，陆游不由得感慨万千，一路行来一路诗。他在《初发夷陵》中写道：

雷动江边鼓吹雄，百滩过尽失途穷。
山平水远苍茫外，地辟天开指顾中。
俊鹘横飞遥掠岸，大鱼腾出欲凌空。
今朝喜处君知否，三丈黄旗舞便风。

这首诗中，陆游借景抒情，通过对江上绚丽壮观的景色的描写，寄托他身欲奋飞的志向，抒发自己对未来的向往和期待。

经过忠州（今重庆市忠县）时，陆游上岸去了龙兴寺，凭吊了曾在此居住过的杜甫。然后，一路走走停停，船到归州时，已是端午了，陆游作了两首诗，其中一首诗是《屈平庙》：

委命仇雠事可知，章华荆棘国人悲。
恨公无寿如金石，不见秦婴系颈时。

另一首诗是《楚城》：

> 江上荒城猿鸟悲，隔江便是屈原祠。
> 一千五百年间事，只有滩声似旧时。

这两首诗，不难看出陆游对于取得抗金的最后胜利，有不可动摇的必胜信心，可往日曲折坎坷的经历，也折射出陆游的无限怅惘之情。

进入建康（今江苏省南京市）境内时，陆游短暂停留。当他登上下水门城上的赏心亭时，天下起了淅淅沥沥的小雨。陆游极目望去，树叶萧萧，远山苍茫一片。他的心情很是复杂，曾经的一切历历在目。这里曾是他认为最为合适的建都地，进可攻退可守，既能稳定军心，也能威慑金军。在宋高宗时期，他就曾给枢密院、平章省上札，建议在此建都，但建议却付诸东流。陆游愁苦满怀，雨中写下了《登赏心亭》：

> 蜀栈秦关岁月遒，今年乘兴却东游。
> 全家稳下黄牛峡，半醉来寻白鹭洲。
> 黯黯江云瓜步雨，萧萧木叶石城秋。
> 孤臣老抱忧时意，欲请迁都涕已流。

陆游回到临安（今浙江省杭州市）时，已是秋天，孝宗皇帝召见他后，要他到福建去，担任提举福建常平茶盐公事。陆游领了圣旨后，并没有马上出发，而是回到山阴（今浙江省绍兴市境内）老家。直到这年冬天，他才动身前往建安（今福建省建瓯市）。

04 抚州遭灾，开仓救民

宋孝宗淳熙五年（1178 年）冬，陆游启程奔赴建安（今福建省建瓯市）担任提举福建常平茶盐公事。这已经是他第二次入闽为官，距离他第一次任宁德（今福建省宁德市）主簿，已经过去将近 20 年了。建安离京城临安（今浙江省杭州市）并不算远，只是南方的冬天给人的感觉有些阴冷刺骨，似乎人的血液也是凉的，丝毫不逊色于西北的天气。

陆游到达建安时，已是淳熙六年早春，恰逢建安下着一场小雪，雪花悄然地飘落着。那飞舞的雪花，一朵一朵的，像是漫天飞舞的蒲公英，又像是无数幼小而不可名状的生命，在苍茫中颤动、沉浮、荡漾。陆游看着飞舞的雪花，赏着茶艺人碾茶、煮茶，品着他最爱的有着"建溪官茶"之称的北苑茶，心中赞不绝口，一首《建安雪》由此而成：

> 建溪官茶天下绝，香味欲全须小雪。
> 雪飞一片茶不忧，何况蔽空如舞鸥。
> 银瓶铜碾春风里，不枉年来行万里。
> 从渠荔子腴玉肤，自古难兼熊掌鱼。

这首诗，无疑浸透了袅袅茶香，别有韵味。而实际上，陆游在建安期间，生活上比较孤寂，大多时间都是独自一人，南郑火热的生活常常出现在他的脑海里。可一想到身上背负的颓放、结党的罪名，心情越发抑郁，官情也更加淡薄，无数次萌生弃官归隐山阴（今浙江省绍兴市境内）的念头，并多次通过诗文，隐约表达遭人毁谤中伤而被遣的讯息，其中最为露骨的就是《班婕怨》：

> 妾昔初去家，邻里持车箱，
> 共祝善事主，门户望宠光。
> 一入未央宫，顾盼偶非常，
> 稚齿不虑患，倾身保专房，
> 燕婉承恩泽，但言日月长。
> 岂知辞玉陛，翩若叶陨霜。
> 永巷虽放弃，犹虑重谤伤。
> 悔不侍宴时，一夕称千觞。
> 妾心剖如丹，妾骨朽亦香。
> 后身作羽林，为国死封疆。

虽然这是一首宫怨诗，但又不同于一般的宫怨诗。诗中，陆游自比班婕妤，曲折地表了"中谤伤"的隐痛。而他在《书感》这首诗中，则以明妃自喻：

> 溪路人家尚阖扉，强扶衰惫著征衣。
> 百年朝露古所叹，一棹秋风吾欲归。
> 楚客长号沽白璧，汉宫太息遣明妃。
> 铄金消骨从来事，老矣何心践骇机。

这两首诗，众口铄金，积毁销骨，无不透露出诗人的愤懑。

陆游在建安期间尽管到过很多的风景名胜，但由于心情的原因，都没能激起他心中的波澜。在他看来，那些都不过是蛮山蛮水蛮花罢了。他在《思归》这首诗中写道：

平生无宦情，方外久浪迹。

往来梁益间，一笑颇自得。

花秾锦城酒，月白瞿唐笛，

咿哑下江橹，跌宕登山屐。

巴东烟雨秋，渭上风雪夕，

至今客枕梦，万里不能尺。

谁知建安城，触目非夙昔。

冥冥瘴雾细，漱漱蛮江碧。

出门无交朋，呜呼吾何适。

归哉故山路，讵必须暖席。

一直以来，陆游都渴望战斗，可建安却远离战场，纵使美景如画，在诗人眼中也没有任何色彩，诗人内心的苦痛，也唯有寄寓在作品之中。他在《建安遣兴（六选二）》中写道：

绿沈金锁少时狂，几过秋风古战场。

梦里都忘闵峤远，万人鼓吹入平凉。

刺虎腾身万目前，白袍溅血尚依然。

圣时未用征辽将，虚老龙门一少年。

因为陆游想念家乡了，所以决心离开建安。

宋孝宗淳熙六年五月，陆游把自己收藏的名画和图书统统整理好，运回了山阴。由此，他写下了《白发》这首诗作：

白发今年一倍增，闭门养此老无能。

牛羊被野霜天晚，禾稼连云岁事登。

未午春炊余脱粟，乍寒包裹有粗缯。

自怜未废诗中业，父子蓬窗共一灯。

此外，陆游的一首《感怀（半年建安城）》，也再现了诗人当时的孤独和落寞：

> 半年建安城，士友阒还往。
>
> 出门每太息，还舍犹惝恍。
>
> 有酒谁与倾，得句空自赏。
>
> 疏直触人情，低回泚吾颡。
>
> 岂无佳山水，正尔寄梦想。
>
> 何当载亲朋，烟浦摇两桨。

淳熙六年秋天，宋孝宗赵昚下诏召陆游返回临安，随即，陆游离开工作和生活了半年之久的建安，从建阳（今福建省南平市北部）北上。到达衢州（今浙江省衢州市）时，陆游在皇华馆停了下来，上奏孝宗皇帝请求罢免自己的官职。可此时，宋孝宗又有了新的想法，颁下诏书，调任陆游为提举江南西路常平茶盐公事，并命他直接到抚州（今江西省抚州市）上任，不必到临安面圣。

淳熙六年十二月，陆游到达抚州。这次任职的工作任务，跟在建安时差不多。在抚州期间，陆游经常出游，数次登临拟岘台，写下多首以拟岘台为题的诗，激赏这里的风物。他在《登拟岘台》中这样写道：

> 层台缥缈压城闉，倚杖来观浩荡春。
>
> 放尽樽前千里目，洗空衣上十年尘。
>
> 萦回水抱中和气，平远山如酝藉人。
>
> 更喜机心无复在，沙边鸥鹭亦相亲。

这首诗，一改陆游诗雄浑豪健、峻峭沉郁的风格，变得雅洁冲淡、清新脱俗，呈现出陆游诗风的另一个侧面。

诗人在首联"层台缥缈压城闉，倚杖来观浩荡春"中点题，信手拈出拟岘台的地形和登临的时序。"缥缈"表现了层台之高，而"浩荡"则表明了春意之广。虽然这两个形容词均用得贴切、精准，但相比之下，"压"字更为传神。城闉依山，本就高大险峻，而层台雄踞其上，反使城闉显得矮小局促。诗人仅用一个"压"字，便将这种感受丝毫不差地表达了出来，不但突出了层台的巍峨，而且还将静止的台与城写成动态，从互相孤立变为浑然一体，使整个句子具有了流动感。首联二句出语浅易，但一个"压"字，便振起全联精神，陆游炼字的妙处，从这可见一斑。

颔联的"放尽樽前千里目，洗空衣上十年尘"两句，承上启下。第三句"放尽樽前千里目"照应第一句，以层台高峻，方能极目远眺，尽千里之远。第四句"洗空衣上十年尘"则由第二句生发出来，因春色浩荡，才觉心旷神怡，涤十年尘虑。诗人于极目远眺、心旷神怡之际，眼前的景物不知不觉变了样子，那便是颈联"萦回水抱中和气，平远山如酝藉人"。在"衣上"凡尘洗涤一空的放翁看来，萦回曲折的江水，潺潺流去，毫无汹涌激荡之势，倒是充满一团和气；平缓起伏的峰峦，款款移来，不见峻峭陡拔之态，却似蕴藉深沉的哲人。尽管颈联写景，但并不是纯粹的描山绘水，其间暗藏了诗人主观的思想感情。陆游的这两句诗，营造的是有我之境。春日登临，心头一片恬静，因此看得山山水水都那么冲淡，那么怡然。

这首诗最后的"更喜机心无复在，沙边鸥鹭亦相亲"两句，诗人再次说自己有情而无机心，故沙边鸥鹭可与相亲。"机心"，指巧诈之心，机巧功利之心。尾联结语是说诗人在春光融融之中，浑然忘机，与天地万物化为一体，冲和淡泊的意境表达得非常圆满。

宋孝宗淳熙七年（1180年）五月的一天深夜，在皎月当空之下，陆游忽觉战马嘶鸣，人声鼎沸，他马上披衣起床，吃惊地问身边的人：发生什么事了？身边的人告诉他：是御驾亲征了！话音刚落，陆游就看见无数的御林军挥舞着耀眼的武器，一队一队地冲过去了。大赦的诏书也下来了。陆游挤在一群人中，看见下面的落款时间是淳熙七年的某月某日。这时，又一次号角阵阵，士兵们争先恐后地往前冲。陆游不知道这是哪里，忙得向身边的人打听。身边的人告诉他：这里是凉州（甘肃省武威市凉州区），难道你不知道吗？陆游疑惑地说：怎么会是凉州呢？身边人说：皇上的这一次大胜，把凉州都收复了。陆游说：这可真是百年难遇的盛事啊！于是，陆游就拍着巴掌喊着、笑着，一下子从梦中惊醒过来。梦醒后，陆游便写了《五月十一日夜且半梦从大驾亲征》这首诗：

五月十一日，夜且半，梦从大驾亲征，尽复汉、唐故地。见城邑人物繁丽，云：西凉府也。喜甚，马上作长句，未终篇而觉，乃足成之。

天宝胡兵陷两京，北庭安西无汉菅。

五百年间置不问，圣主下诏初亲征。

熊罴百万从銮驾，故地不劳传檄下。

筑城绝塞进新图，排仗行宫宣大赦。

冈峦极目汉山川，文书初用淳熙年。

驾前六军错锦绣，秋风鼓角声满天。

苜蓿峰前尽亭障，平安火在交河上。

凉州女儿满高楼，梳头已学京都样。

　　在现实生活中，当权者苟且偷安，根本没有收回中原的打算，更别说收复西域了。陆游无法施展自己的抱负，只能将自己收复西域的雄心壮志，寄寓在了梦中，寄寓在诗词之中。

　　淳熙七年的春夏之际，陆游体验了一次什么是冰火两重天。先是四月份的大旱，陆游亲自求雨。这一次，雨真的求来了，但雨来了却不走了。雨不断地下，一连下了十几天，导致黄河迅猛上涨，汹涌泛滥，走村过田。老百姓的房屋被冲毁了，粮食被冲走了，只好拖儿带女地涌到城里，沿街乞讨活命。

　　面对灾情，陆游坐上小船，带上粮食，赶紧赶往灾区。可一到灾区，他便惊呆了。洪水还没有完全退去，高处堆积着红色的稀泥，低处是齐腰深的黑水。大部分的房屋，只剩下一堆废墟。没有倒塌的残垣断壁浸泡在水里，也是摇摇欲坠，墙壁上长满青苔。有的老百姓住在房顶上，有的老百姓甚至住在树上，他们个个衣衫褴褛，风一吹，冻得直打哆嗦。小孩子又冻又饿，在父母怀里哇哇大哭；大人搂紧孩子，两眼发直，绝望地望着前方。村子里身强力壮的人，都进城乞讨去了，留下的这些老弱病残，剥树皮，吃树叶，甚至从水里打捞动物的尸体烤熟了吃。有人身体抵抗力差，吃完闹肚子，又没钱医治，很快就死去了。有的尸体来不及掩埋，发出阵阵恶臭，导致瘟疫开始蔓延。看到这情景，陆游在《大雨逾旬既止复作江遂大涨》这首诗中写道：

一春少雨忧旱暵，熟睡湫潭坐龙懒。

以勤赎懒护其短，水浸城门渠不管。

传闻霖潦千里远，榜舟发粟敢不勉。

空村避水无鸡犬，茆舍夜深萤火满。

墙角蚊雷喧甲夜，湿星昏昏出云罅。

临堂仰占久叹吒，悬知龙君未税驾。

行人困苦泥没胯，居人悲啼江入舍。

便晴犹可望秋稼，努力共祷城南社。

陆游一边启奏朝廷，请开皇恩，开仓赈灾；一边传檄诸郡，发粮救灾。陆游全面部署，积极面对灾情，却迟迟不见朝廷回文，心急如焚之下，眼看着灾民越来越多，他当机立断："开仓救民！"身边的粮官试图劝阻，陆游却宁丢乌纱帽，也要开仓救民。他把历年来茶叶专卖和食盐专卖积攒下来的钱，全部拿了出来，派出专人带着一半钱款火速采购粮食和衣服，并一再交代，一定要采购结实的旧衣服，再分发给老百姓。同时，陆游又拿出一部分钱，在城里和城外的交通要道上搭建草棚，使那些流离失所的灾民不至于被冻死。

灾情缓解后，陆游便不再发粮食和衣服了。一时间，老百姓怨声载道，纷纷涌到陆游的衙门前，高声叫骂陆游是贪官。陆游不理不睬，直接吩咐下属：只发衣服不发粮食，不管是谁，想要领到灾粮，必须到工地干活。陆游所说的工地，有好几种，有的是专门疏通沟渠，让排水更顺畅的；有的专门负责掩埋尸体，切断传染源；有的专门负责建造简易房屋，供老百姓过冬；有的专门负责建仓库，每个乡至少建一个，用来储存救济粮……

灾民为了得到救济粮，只要有点力气的，都积极行动起来，参加劳动。很快，灾民都有吃有穿了，顺利地渡过了难关。到这时，老百姓才知道陆游的用心良苦。原来，在发救济粮时，有些人为富不仁，滥竽充数，冒领救济粮，如果再直接发救济粮，冒领的富人就会越来越多，而真正需要救济粮的老百姓，却拿不到救济粮。陆游采取以劳换粮的方法，断定那些富人断然不会为了几个红薯或几斤干粮，而去干那些活。如此一来，救灾物资就会真正地用在灾民身上。另外，利用灾民的力量，兴修了水利和粮仓，也有利于防患于未然。

洪水过后，到了秋天禾苗成熟前期时，偏又遇到了秋旱，陆游天天期盼着下一场透雨。这一天夜里，终于下雨了，陆游兴奋地在《秋旱方甚七月二十八夜忽雨喜而有作》中写道：

嘉谷如焚稗草青，沉忧耿耿欲忘生。

钧天九奏箫韶乐，未抵虚檐泻雨声。

这首诗中，诗人采用对比的手法，以忧衬喜，情真意切，读来真切动人。

陆游爱民如子，得知奉新县令也是一位爱民的好官，便写了一首《寄奉新高令》赞美他：

小雨催寒著客袍，草行露宿敢辞劳。

岁饥民食糟糠窄，吏惰官仓鼠雀豪。

只要间阎宽箠楚，不须停障肃弓刀。

九重屡下丁宁诏，此责吾曹未易逃。

这首诗，陆游坦诚地指出老百姓水深火热的根源，并不仅仅在于天灾，而是在于人祸，在于政治的腐败。作为一方父母官，减轻百姓的负担不容忽视，这足见陆游坦荡的胸襟。

灾情解除后，老百姓交口称赞陆游是清官，下属也争着为陆游举行庆功宴。可陆游志不在于此，他写信给朝廷的执政部门，强烈要求去临近中原的湖南任职。但孝宗皇帝没有答应，而是让他返回临安面圣。

05 赋闲在家，心系百姓

开仓赈灾，陆游虽然做得漂亮，但却得罪了一些贪官污吏。

清官本就是贪官的眼中钉肉中刺。在陆游去临安（今浙江省杭州市）面圣的路上，就被御史赵汝愚告了一状，罪状有两条：一是在四川做官时颓放；二是在抚州做官时不向朝廷请示就擅自动用专款，开仓救民，属于越权。

就这样，陆游在宋孝宗淳熙七年（1180 年）年终岁尾时，在去往临安的路上，被罢了"主管成都府玉局观"的官职。其实，这一官职此时陆游还未上任。

陆游经历被罢免的事情已经不是第一次了，他也早就习惯了。因此，他不急不恼，收拾书箱和衣服，带着家人回老家山阴（今浙江省绍兴市境内）去了。为此，他作了一首《玉局歌》来调侃自己：

> 玉局祠官殊不恶，街如冰清俸如鹤。
>
> 酒壶钓具常自随，五尺新篷织青篛。
>
> 倚楼看镜待功名，半世儿痴晚方觉。
>
> 何如醉里泛桐江，长笛一声吹月落。

蒋公新冢石马高，谢公飞旐凌秋涛。

微霜莫遣侵鬓绿，从今二十四考书玉局。

这首诗，看似为陆游的自嘲，但他的内心，还是愤愤不平的。回到山阴后，陆游把大量时间都花在了田园里。由于他的眼睛里装满了劳动人民的疾苦，他的诗也就有了田野的味道和情趣，这在之前是很少的。

宋孝宗淳熙八年（1181 年）秋天，山阴的稻子获得了大丰收。农民收割的麦子，堆在了光滑如镜的打谷场上，仿佛一座座小山。经过几天的晾晒，稻子干透了，家家忙于打稻。那时，农民打稻用的是连枷，一个壮劳力打一天稻，手肘累到抽筋，一天也打不出多少来。陆游的邻居已经 60 多岁了，自从稻子晾晒好以后，老人黑天打、白天打，一直忙个不停。因为天气说变就变，一旦下雨，堆在打谷场上的稻子就会发霉、发芽，一年的劳动就付之东流。陆游在《杂兴》一诗中，就写了农民打稻的辛苦：

东家饭牛月未落，西家打稻鸡初鸣。

老翁高枕葛幬里，炊饭熟时犹鼾声。

陆游看到农民打稻很是辛苦，就想为家乡人做点事，发明一种效率高、省劳力的打稻机器。

陆游查阅了大量的文献资料后，在纸上画出了他自己心中想象的打稻机器。然后，他找来了木匠，按着他的图纸，做了一大一小两个木头轮子，把两个轮子垂直装在一个木轴的两端，和两支木制齿轮连在一起。轮子上装上拨片，小轮子上垂直安装两个比较短的连枷，陆游将这种机器命名"水连枷"。

陆游把装有拨片的大轮子放到溪水里，流动的溪水推动大轮子，大轮子通过转轴和齿轮，带动起小轮子旋转。轮子转得越快，连枷的速度就更快，只需一会儿时间，就打完一大堆的小麦。

打谷场的农民，都围过来看陆游的打稻机器，纷纷称奇，争抢着借用这个机器。陆游自掏腰包，请木匠打了很多的水连枷，送给了周边打稻的农民。

陆游关心农民疾苦，支持农业生产，可他仍志在当年，寄望北上抗金，恢复中原，并为此辗转反侧，难以入眠。因此，他写下了一首《冬夜不寐至四鼓起作此诗》：

> 秦吴万里车辙遍，重到故乡如隔生。
> 岁晚酒边身老大，夜阑枕畔书纵横。
> 残灯无焰穴鼠出，槁叶有声村犬行。
> 八十将军能灭虏，白头吾欲事功名。

"残灯无焰穴鼠出，槁叶有声村犬行"两句，虽然写的是荒村寒夜的凄凉景色，却对诗的最后两句，起着烘托作用。诗人写这首诗，才 57 岁，但他却把希望放到了 80 岁。诗人那生生不息的意志和信念，透过文字扑面而来。

陆游还在《冬暖》中抒发了这样的情怀：

> 今年岁暮无风雪，尘土肺肝生客热。
> 经旬止酒卧空斋，吴蟹秦酥不容设。
> 日忧疾疫被齐民，更畏螟蝗残宿麦。
> 浓霜薄霰不可得，太息何时见三白！
> 老夫壮气横九州，坐想提兵西海头，
> 万骑吹笳行雪野，玉花乱点黑貂裘。

这首诗的意思是，冬天到了，出现了少见的暖冬天气，既没下雨也没下雪。陆游觉得气候无常，田里的害虫，会吃掉越冬种下的次年初夏才能成熟的粮食。因此，诗人忧心忡忡。诗人经历过旱灾，对百姓的疾苦感同身受，再加上自己空怀抱负，始终英雄无用武之地，不由发出长长的叹息。

这首诗，前面写实，后面则描绘出一幅清新的雪中行军图画，完美地将现实主义与浪漫主义糅合在了一起。

正像陆游所预料的那样，这一年浙东发生了重大旱灾，殃及七州四十余县。大批灾民流离失所，挖草根，啃树皮，挣扎在死亡线上。尽管诗人自己一没积蓄，二没余粮，但还是尽可能地想办法救济灾民。

当他听说新任的提举浙东常平盐茶公事朱熹，通过各种渠道征集赈灾米粮救济灾民，立刻声援，并特地赠诗一首《寄朱元晦提举》：

市聚萧条极，村墟冻馁稠。

劝分无横粟，告籴未通流。

民望甚饥渴，公行胡滞留？

徵科得宽否，尚及麦禾秋。

元晦是朱熹的字，朱熹是中国历史上最负盛名的哲学家、教育家。陆游被贬建安（今福建省建瓯市）时，朱熹被闲置在武夷山任冲右观主管。当时，陆游常去拜望朱熹，二人因相同的抱负和忧国忧民的思想，觉得相见恨晚，从此结下了长达 20 年的友谊。两个人虽然不常见面，但感情深厚。

实际上，通过这首诗作，陆游也表明了自己的立场。

在家闲居期间，陆游有时住在"三山别业"，有时住在云门，并偶尔出游，结交朋友。而读书写作，一直是他生活中密不可分的一部分。一篇作于宋孝宗淳熙九年（1182 年）九月的《书巢记》，就生动地刻画了他的生活：

陆子既老且病，犹不置读书，名其室曰书巢。客有问曰："鹊巢于木，巢之远人者；燕巢于梁，巢之袭人者。凤之巢，人瑞之；枭之巢，人覆之。雀不能巢，或夺燕巢，巢之暴者也；鸠不能巢，伺鹊育雏而去，则居其巢，巢之拙者也。上古有有巢氏，是为未有宫室之巢。尧民之病水者，上而为巢，是为避害之巢。前世大山穷谷中，有学道之士，栖木若巢，是为隐居之巢。近时饮家者流，或登木杪，酣醉叫呼，则又为狂士之巢。今子幸有屋以居，牖户墙垣，犹之比屋也，而谓之巢，何耶？"

陆子曰："子之辞辩矣，顾未入吾室。吾室之内，或栖于椟，或陈于前，或枕藉于床，俯仰四顾，无非书者。吾饮食起居，疾痛呻吟，悲忧愤叹，未尝不与书俱。宾客不至，妻子不觌，而风雨雷电之变，有不知也。间有意欲起，而乱书围之，如积槁枝，或至不得行，辄自笑曰：'此非吾所谓巢者邪。'"乃引客就观之。客始不能入，既入又不能出，乃亦大笑曰："信乎其似巢也。"客去，陆子叹曰："天下之事，闻者不如见者知之为详，见者不如居者知之为尽。吾侪未造夫道之堂奥，自藩篱之外而妄议之，可乎？"因书以自警。

淳熙九年九月三日，甫里陆某务观记。

陆游的这篇散文隽永短小，极富哲理。先是交代自己的情况，再交代自己的心情，并借着两者形成的强烈反差，突出自己独特的嗜好。另外，文章中也暗含了诗人把书室命名为书巢的四层意思，一是因为书多；二是书与自己的生活密切相关，书是自己宣泄感情、寄托人生的工具；三是自己可以什么都不管，专心致志，完全沉浸在书中；四是自己的行动都受书限制，不能自由了。一句"既老且病"，表达了诗人豁达的人生态度。

陆游以书巢命名自己的书室，并不是把自己封闭起来。他在《读书》这首诗中写道：

> 读书四更灯欲尽，胸中太华蟠千仞。
> 仰呼青天那得闻，穷到白头犹自信。
> 策名委质本为国，岂但空取黄金印。
> 故都即今不忍说，空宫夜夜飞秋磷。
> 士初许身辈稷契，岁晚所立惭廉蔺，
> 正看愤切诡成功，已复雍容托观衅。
> 虽然知人要未易，讵可例轻天下士。
> 君不见长松卧壑困风霜，时来屹立扶明堂。

陆游的诗歌，继承了屈原以来诗人忧国忧民的优良传统，以现实主义风格为主，立足于时代，既对生活充满着热爱，又流露出对生命的感慨。这首诗的诗句，无一不表现了诗人借书自励，锐意进取的品格，以及至老不渝的报国精神。

从宋孝宗淳熙八年（1181年），到淳熙十二年（1185年），整整五年时间陆游都赋闲在家，虽然清闲自在，却也常常是闲愁袭来。他在《病起》中写道：

> 山村病起帽围宽，春尽江南尚薄寒。
> 志士凄凉闲处老，名花零落雨中看。
> 断香漠漠便支枕，芳草离离悔倚阑。
> 收拾吟笺停酒碗，年来触事动忧端。

这首诗，看似"闲"味多了些，却始终难掩诗人心中的悲愤激昂之情。但陆游将悲愤激昂和闲适细腻两种截然不同的风格融为一体，从而构成了最苦的"闲愁"万种。在南宋诗人中，像陆游这样把生命和力量，都交给国家去支配的人，实属凤毛麟角。

在陆游看来，生死也好，罢官黜责也罢，他都不在乎，只要能为国家贡献一份力量，余愿足矣。恨只恨英雄无用武之地。他在《感愤（今皇神武是周宣）》中抒发了自己的情怀：

> 今皇神武是周宣，谁赋南征北伐篇？
> 四海一家天历数，两河百郡宋山川。
> 诸公尚守和亲策，志士虚捐少壮年！
> 京洛雪消春又动，永昌陵上草芊芊。

这首诗，纯用赋体，直抒胸臆。开头用典，恰当有力，而结句则以自然的变化，来象征国运的盛衰，信念坚定，意味深长。

"今皇神武是周宣"一句，诗人以周宣王比宋孝宗，表达了诗人对宋孝宗的失望还未达到绝望的程度，仍是充满期待。这是诗人苦口婆心的曲笔，尽现了诗人渴望统一的深挚苦心，以及爱国激情。而"谁赋南征北伐篇"一句，不仅写明了诗人自己寄予当朝将帅的希望，还隐然有自命为仲山甫之意。"赋"，是写的意思，意思是诗人盼望着孝宗皇帝下令北伐，自己当感奋而赋诗篇，没有什么不可以的。一直以来，陆游并不甘心以诗人自居，就在写下这首诗的前一年，他还发出"八十将军能灭虏"的壮语。只是由于奸佞当道，皇上意志不坚，才使得他"辜负胸中十万兵，百无聊赖以诗鸣"，故而"谁赋南征北伐篇？"这不仅表现了诗人动笔作诗的愿望，还暗藏"为王前驱""手枭逆贼清旧京"之意。

"四海一家天历数，两河百郡宋山川"两句是说，四海之内的百郡山川，本来就是宋朝的国土，统一是必然的趋势。颈联放眼现实，和戎诏下无数志士的宏愿付诸流水，诗人也"报国欲死无战场""放翁白发已萧然"，这是何等的悲痛？

可诗人的感人之处，正在于他屡挫而志弥坚："京洛雪消春又动，永昌陵上草芊芊。"诗人的恢复之志，就像永昌陵上的草，"野火烧不尽，春风吹又生"。汴京是北宋国都，洛阳是宋太祖陵墓，也就是永昌陵所在地。春回大地，雪消草长，象征着勃勃生机。诗人之所以特别点出汴京和永昌陵的春意，是和前面所说的"天历数"相呼应。此时，大宋气运正佳，太祖皇泽正盛，正是北伐的大好时机。这首诗的开篇写今皇，结尾写太祖，意思是：纵然今皇不念"忍死望恢复"的中原父老，难道还不体恤祖宗的基业吗？显然，诗人无疑是用心良苦。

第八章

侠气峥嵘盖九州

一生常耻为身谋

01 权知严州，官居五品

　　宋孝宗淳熙十三年（1186 年）二月，伴随着春天的脚步，已经 62 岁的陆游迎来了利好消息：出任朝奉大夫、权知严州（今浙江省钱塘江流域）军州事。

　　朝奉大夫是一个正五品的官职，比陆游以前的官阶要高一阶。虽然他还不能到前线去，但总算有了为国尽力的机会。他准备渡过长江，到临安（今浙江省杭州市）朝见皇上，阐明自己的执政想法。流传千古的《书愤》，就是在这个时期创作的：

> 早岁那知世事艰，中原北望气如山。
>
> 楼船夜雪瓜洲渡，铁马秋风大散关。
>
> 塞上长城空自许，镜中衰鬓已先斑。
>
> 出师一表真名世，千载谁堪伯仲间。

　　这首诗，是陆游的七律中的名篇之一。

　　全诗紧扣一个"愤"字。前四句，概括了诗人自己青壮年时期的豪情壮志，以及战斗生活情景。后四句，抒发诗人壮心未遂、时光虚掷、功业难成的悲愤之气，但悲愤而不感伤颓废。尤其尾联，以诸葛亮自比，不满和悲叹之情交织在一起，展现了诗人复杂的内心世界。全诗既追怀了往事，又重新立誓报国，意境开阔，感情沉郁，气韵浑厚。《书愤》这首诗，抒写诗人自己的愤恨之情。但人们从中可以看出，他的政治生活感受，也是那些逞才摛藻的作品所无法比拟的。

"早岁那知世事艰，中原北望气如山"两句，追叙自己早年的宏图大志和气壮如山的爱国热情。宋孝宗隆兴元年（1163年），诗人在镇江府任通判；乾道八年，他在南郑任王炎幕僚事。当时，他亲临抗金战争的第一线，北望中原，收复故土的豪情壮志坚定如山，既有对世事艰难的慨叹，又袒露了自己当年抗金复国的壮心豪情。

"楼船夜雪瓜洲渡，铁马秋风大散关"两句，雄迈豪放，为历代人们所吟咏，但其中也包含了诗人无限的愤激和辛酸。诗人在镇江前线时，主张抗金的张浚以右丞相的身份都督江淮诸路军马，楼船横江，往来于建康、镇江之间，军容甚壮。诗人满怀着收复故土的胜利希望，雪夜遥望瓜洲渡口宋军高大战舰。"气如山"，指诗人当年的激奋心情。在南郑前线，陆游作为王炎的幕僚，曾筹划恢复中原大计，统领军队强渡渭水，策马直驱大散关前线与金人作战。这是陆游亲历的难以忘怀的抵抗金兵的战斗，通过追忆这些早年的快意征战生活，表达了诗人抗金复国的豪情壮志。"瓜洲渡"，在今江苏省扬州市南面的瓜洲镇；"大散关"，在今陕西宝鸡市西南，是当时宋金的边界。作者采用列锦的手法，两句用了六个名词，简洁而巧妙地写出了战斗的情形和作者抗金杀敌的心愿。

"塞上长城空自许，镜中衰鬓已先斑"两句，是说岁月不居，壮岁已逝，志未酬而鬓先斑。这在赤心为国的诗人来说，是日夜为之痛心疾首的。陆游不但身为诗人创作诗文，还时常以战略家自负。遗憾的是，诗人终其一生，都未能一展所长。"塞上长城"是个典故，出自《南史·檀道济传》。诗人常以此自许，足见捍卫国家、扬威边地、舍我其谁的气概。但如今，诗人壮志未酬的苦闷，全悬于一个"空"字。大志落空，奋斗落空，一切落空。诗人揽镜自照，却发现"衰鬓""先斑"，白发侵头了。两相对比，满是悲怆。

"出师一表真名世，千载谁堪伯仲间"，尾联也是用典明志。诸葛亮坚持北伐，虽"出师一表真名世"，但终归名满天宇，"千载谁堪伯仲间"。"千载"

而下，无人可与相提并论。诗人通过诸葛亮的典故，追慕先贤的业绩，表明自己的爱国热情至老不移，渴望效法诸葛亮，一展抱负。

全诗除了借用典故，还巧作对比。第一处，是理想与现实作对比，诗人希望大家能够同心同德，抵抗金兵，但现实却处处受到排挤，恢复中原的愿望无法实现；第二处，是自己早年形象与晚年形象作对比，早年是"中原北望气如山"，而晚年却"镜中衰鬓已先斑"，表明自己想杀敌报国却屡遭排挤打击的悲愤；第三处，是用三国时期的诸葛亮慷慨北伐，同当今南宋朝廷妥协不抵抗作对比，以古鉴今，褒贬分明。这些诗句，皆出自陆游的亲身经历，饱含着他政治生活的感受。

这首诗，似黄钟大吕，激越铿锵。陆游渴望战斗，渴望被朝廷起用，渴望到前线去扫狼烟、息战鼓、一统中原。他希望能像诸葛亮一样建功立业。

后来，陆游在《书愤二首》中，也发出了同样强烈的内心渴望：

其一：

> 白发萧萧卧泽中，只凭天地鉴孤忠。
> 厄穷苏武餐毡久，忧愤张巡嚼齿空。
> 细雨春芜上林苑，颓垣夜月洛阳宫。
> 壮心未与年俱老，死去犹能作鬼雄。

其二：

> 镜里流年两鬓残，寸心自许尚如丹。
> 衰迟罢试戎衣窄，悲愤犹争宝剑寒。
> 远戍十年临的博，壮图万里战皋兰。
> 关河自古无穷事，谁料如今袖手看。

陆游奉旨进京后，住在西湖畔的官舍，等待孝宗皇帝的召见。唐朝时期，房屋售价非常昂贵，大多数朝廷官员都没有自己的房产。他们有的住在会馆，有的住在僧舍。到了宋朝，朝廷在京城建了官舍，朝官本人或者奉召进京的官员都可以入住。

这一夜，春雨连绵，雨水顺着屋檐落下来，发出滴滴答答的声音。直到第二天早上，天才放晴。小巷里，小姑娘叫卖杏花的声音不停地传来，湿润的晨风里夹杂着花木的香气，以及湖水的气息。陆游来到窗前，推开窗户，远处的西湖烟波浩渺，几艘小船在湖中漂动，点缀在怡人的秀色里。远山含黛，雾气弥漫，仿佛披上一条若隐若现的白沙。望着眼前的美景，陆游有种物是人非的感觉。他第一次在临安任职时，时常和朋友到西湖边赏景唱和。如今，20多年过去了，当年的故交、友人以及同僚，多已凋零，就是仅存的少数也远在他乡，音讯皆无，陆游不胜感慨。

不久，宋孝宗在延和殿召见了陆游。延和殿非比寻常之地，乃是一处行天地大礼、接待内外贵宾的礼仪场所。孝宗皇帝在此召见陆游，礼遇大而隆重。显然，这是作为臣子的无上荣光，不能不让陆游感激涕零。

君臣简单地寒暄一番，便转入正题。当孝宗皇帝问起陆游可有谏言时，陆游便说道："臣闻，善观国者无他，唯公道行或否尔。朝廷之体，责大臣宜详，责小臣宜略；郡县之政，治大姓宜详，治小民宜略；赋敛之事，宜先富室；征税之事，宜核大商，是之谓至平，是之谓至公。"

这是陆游的第一个主张，缩小两级分化，富者多担，贫者少担。

陆游见孝宗皇帝颔首，接着说了第二个主张，整治不良的社会风气。他说道："当下颓败之风侵染人心，炫耀、夸富、攀比、游玩、享乐之风遍及城乡。奢靡之始，危亡之渐。当务之急，乃凝集人心，扭转世风，提振人心士气，养尔成之，毋使沮折，士气日倍，则国家日盛矣！"

接着，孝宗皇帝又问陆游如何看待边防之事。陆游回答说："自兴隆合议，金国内乱频仍，无暇南顾，至今二十年矣。缮修兵备，搜拔人才，明号令，信赏罚，强国强军，近可防其突袭，远可待机，一统社稷。十年可无战事，不可一日无战备。"

孝宗皇帝深知陆游一心报国，于是说道："爱卿所言，朕已知之。此去严州，山水佳胜，公务之余，可赋咏自慰。爱卿笔力起落回转甚善，独具文采，他人不可及也。爱卿离京多年，可盘桓几日会友，七月到严州上任可也。"

一直以来，孝宗皇帝心里的陆游，是文采，是小李白，所以，孝宗皇帝对陆游的这一番寄语，是发自内心的尊重和期待。

后来，陆游在《延和殿退朝口号（其一）》中，记录了孝宗皇帝召见他的情景，以及自己当时的情愫：

雨余未肯放朝暾，穿仗恭承圣主恩。

清跸传声徐御殿，紫衣引拜许龙门。

徘徊漫结尧阶恋，零落难招楚泽魂。

归去犹堪夸里巷，桐江新赐两朱轓。

陆游拜谢出宫，回到官舍。晚上，陆游一遍遍回味孝宗皇帝嘱他赋诗歌咏的话，知道孝宗并没有派他到边防前线的打算。陆游思绪万千，辗转反侧，难以入睡。沉思许久以后，提笔写下了经典之作《临安春雨初霁》：

世味年来薄似纱，谁令骑马客京华？

小楼一夜听春雨，深巷明朝卖杏花。

矮纸斜行闲作草，晴窗细乳戏分茶。

素衣莫起风尘叹，犹及清明可到家。

闲居山阴五年，远离政界，陆游对于政治舞台上的倾轧变幻、对于世态的炎凉，体会得愈发深刻。故而，诗人在开篇就用了一个独具匠心的巧譬，感叹世态人情薄得就像半透明的纱。首联开口就说"世味"之"薄"。既然世情如此凉薄，那又何必出来做官？这才有接下来的"谁令骑马客京华"。陆游发出这样的悲叹，似乎有些不合情理。奉诏入京，被任命为严州知州，这对于矢志不渝地实现自己报国理想的陆游来说，报国有门了，怎会发出"谁"的疑问？

"小楼一夜听春雨，深巷明朝卖杏花"一联，语言清新隽永，不仅点出了"诗眼"，更成为千古绝唱。诗人只身住在小楼上，彻夜听着春雨的淅沥。次日清晨，深幽的小巷中，传来了叫卖杏花的声音，告诉人们春已深了，绵绵的春雨，由诗人的听觉中写出。而淡淡的春光，则在卖花声里透出，写得形象而又深致。传说，这两句诗后来传入宫中，深为孝宗皇帝所称赏，可见一时传诵之广。其实，"小楼一夜听春雨"一句，是说绵绵春雨如愁人的思绪。在读这一句诗时，"一夜"两字暗示了诗人一夜未曾入睡，伴着雨声，国事家愁一起涌上了眉间心头。陆游虽然运用了比较明快的字眼，但最终却表达了自己的郁闷与惆怅，而且在明媚的春光的映衬下，更与自己的落寞情怀构成了鲜明的对照。

在这明艳的春光里，诗人能做的就是"矮纸斜行闲作草，晴窗细乳戏分茶"。"矮纸"就是短纸、小纸，"草"就是草书。陆游擅长行草，从现存的陆游手迹看，他的行草疏朗有致，风韵潇洒。这一句实是暗用了张芝的典故。据说，张芝擅长草书，可平时都写楷书。有人问他为什么不用草书？他回答说："匆匆不暇草书。"意思是说，写草书太费时间，所以没工夫写。陆游客居京华，闲极无聊，所以用草书消遣。"分茶"是宋人泡茶的一种方法，即以开水注入茶碗后，用箸搅动茶乳，使水波纹幻变成种种形状。无事而作草书，"晴窗"下品着清茗，表面上看，是极闲适恬静的境界。然而，在这背后，正藏着诗人无限的感慨与牢骚。陆游素来有为国家做一番轰轰烈烈事业的宏愿，而严州知府的职位，本与他的素志不合，何况觐见一次皇帝，不知要在客舍中等待多久。

国家正是多事之秋，而诗人却在以作书分茶消磨时光，实在是无聊而可悲。于是，陆游再也按捺不住心头的怨愤，写下了结尾"素衣莫起风尘叹，犹及清明可到家"这两句。"风尘叹"，原是因风尘而叹息，这里暗指不必担心京城的不良风气会污染自己的品质。尾联不仅道出了羁旅风霜之苦，又寓有京中恶浊、久居为其所化的意思。陆游反用其意，不过是自我解嘲而已。诗人声称清明不远，应早日回家，而不愿在所谓的"人间天堂"的江南临安久留。是因为，京中闲居无聊，志不得伸，故不如回乡躬耕。"犹及清明可到家"一句，实为激楚之言，偌大一个杭州城，竟然容不得诗人有所作为，悲愤之情溢于言外。

诗人的心情虽然如此，但京中尚有老友可以慰藉。第二天，陆游和盘桓在京的老友杨万里、右司员外郎尤袤、左司员外郎周元吉、少卿章德茂等一起，到奉议郎张镃家的园林相聚。张镃是抗金名将张浚的孙子，能诗能词，生活很豪华。他的这座私家园林，名冠江南、风景别致。

杨万里字廷秀，号诚斋，是南宋著名诗人、文学家、政治家，与陆游、尤袤、范成大并称为"中兴四大诗人"。杨万里的诗，于奇、活之间，又自然流露出幽默、风趣的特点，独树一帜，人称诚斋体，有一代诗宗之美誉。杨万里比陆游小两岁，也是主战派。这一点，杨万里和陆游有着相通性，因而两个人走得比较近，关系匪浅。

由于尤袤留下来的诗作并不多，因此，在"中兴四大诗人"当中，还是陆游、范成大、杨万里三人各有千秋，自成一家。当时，陆游借临安候召之机，几个人聚到一起，无异于当时的一次文学盛会。大家到了张镃家的园林，先去北园赏海棠，饮酒赋诗。陆游在《饮张功父园戏题扇上》写道：

> 寒食清明数日中，西园春事又匆匆。
> 梅花自避新桃李，不为高楼一笛风。

赏完花，几个人又泛舟南湖，长歌短吟。

之后几天，陆游和几位朋友共游西湖。他们上天竺山，登灵隐寺，攀飞来峰，心情坦然而闲适。对于这次相逢，陆游在《简杨廷秀》这首诗中写道：

> 衮衮过白日，悠悠良自欺。
> 未成千古事，易满百年期。
> 黄卷闲多味，红尘老不宜。
> 相逢又轻别，此恨定谁知？

杨廷秀就是杨万里。诗中，表达了诗人对此次重逢的无限欣喜，以及即将离别的留恋和惆怅。杨万里和了一首《和陆务观惠五言》：

> 官缚春无分，髯疏雪更欺。
> 云间随词客，事外得心期。
> 我老诗全退，君才句总宜。
> 一生非浪苦，酱瓿会相知。

陆游回到山阴，直到宋孝宗淳熙十三年六月底，才带着妾杨氏和七子子聿启程赶赴严州担任新职。

02 德惟善政，虔诚劝民

　　陆游对严州（今浙江省钱塘江流域）有种莫名的亲切感，因为他的高祖陆轸就曾经在严州做官，爱民如子，颇有政声。如今，陆游踏着先人的足迹而来，他期待自己也能和高祖一样，为官一任，造福一方。

　　宋孝宗淳熙十三年（1186 年）七月初三，陆游风尘仆仆地到达了严州任上，便马上进入角色。他先写好了《严州到任谢表》：

　　穿延和之细仗，面咫尺天；佩新定之左符，秩二千石。叨尘过分，感惧交怀。臣闻明主恩深，书生命薄。唐帝之知李白，一官不及于生前；汉皇之念相如，遗稿徒求于身后。况如臣辈，莫望昔人。猥粉一技之卑，尝缀百僚之末。虽簪笏久违于听谒，乃姓名犹在于渊衷。乘传来归，两奉召还之旨；怀章欲上，亟蒙趣对之荣。亲降玉音，俯怜雪鬓。劳其久别，盖宠嘉近侍之所宜；勉以属文，实临遣守臣之未有。兹盖伏遇皇帝陛下，睿谟冠古，英断如神。肆笔成书，千载独高于圣学；刺经作制，诸儒绝企于清光。以臣凤被化于明时，怜臣未废书于晚岁，将激昂其素志，故阔略于往愆。臣敢不戴使愚使过之恩，念有社有民之寄。憩棠阴而听讼，期无坠于家声；及瓜成而代归，尚少酬于君赐。

严州位于浙江西部山区，山清水秀，风景宜人。北宋末年，方腊起义的大本营就曾设在严州。虽然民性很强悍，但民风非常淳朴。严州古称睦州、新安郡。宋徽宗宣和三年，朝廷镇压方腊的起义军后，改称严州。

陆游到职后的第一年，正赶上夏季大旱。面对灾情，他以《尚书·大禹谟》中"德惟善政，政在养民"之句为执政操守。为此，他双管齐下，一边领导地方政府制定和实施一些廉政举措，起用贤能之士，放宽政令期限，简化办案程序，力戒兴建公房，节制宴饮游乐；一边积极为民请命，火速把灾情具文呈报朝廷，请求准予免除严州灾民的租税徭役，发放州县义仓粮食救济灾民。

淳熙十三年腊月年底，尽管因为闹饥荒商品短缺，但民心安定，社会稳定。虽然陆游是州太守，可他的餐桌上与百姓一样，也是索然无荤腥。他在《岁晚盘尊索然戏书》一诗中写道：

> 经年薄宦客桐庐，市邑萧然一物无。
> 名酒不来惟饮湿，长鱼难觅且焚枯。
> 支离鹤骨寒添瘦，宛转龟肠夜自呼。
> 更与儿曹同一笑，灯前短褐拆天吴。

陆游为解民忧，解民困顿，几次设坛，祈天求雨，盼望百姓风调雨顺，五谷丰登。他甚至遍谒诸庙，向神明发誓。对于严州的百姓而言，陆游的确是一位不可多得的好官。

第二年春耕之前，他怀着虔诚的赤子之心，把父老乡亲召集在一起，大力宣传发展农业生产、夺取粮食丰收的重要意义，研究布置农业生产问题。他在《丁未严州劝农文》中写道：

盖闻农为四民之本，食居八政之先，丰歉无常，当有储蓄。吾民生逢圣世，百谷顺成，仰事俯育，各遂其性。太守幸得以礼逊相与从事于此，故延见高年，劳问劝课，致诚意以感众心，非特应法令，为文具而已。今兹土膏方动，东作维时，汝其语子若孙，无事末作，无好终讼，深础广耨，力耕疾耘，安丰年而忧歉岁。太守亦当宽期会，简追胥，戒兴作，节燕游，与吾民共享无事之乐，而为后日之备，岂不美哉。

陆游一边要求人们不要耽误农时，争取当年的五谷丰登；一边又向人们表示，作为太守的为政之道，"当宽期会，简追胥，戒兴作，节燕游"，与民同乐，为民勤政。随后，陆游又写了一篇《戊申严州劝农文》：

盖闻为政之术，务农为先。使衣食之粗充，则刑辟之自省。当职自蒙朝命，来剖郡符，虽诚心未格于丰穰，然拙政每存于抚字。觞酒豆肉，曷尝妄蠹于邦财。铢漆寸丝，不敢辄营于私利。所冀追胥弗扰，垦辟以时，春耕夏耘，仰事俯育。服劳南亩，各终蘦菜之功。无犯有司，共乐舒长之日。今者土膏既动，稼事将兴，敢延见于耆年，用布宣于圣泽。清心省事，固守令之当为。旷土游民，亦父兄之可耻。归相告戒，恪务遵承。上以宽当宁之深忧，下以成提封之美俗。

这样的劝农文，简直就是廉政的宣言，有自律、有劝告，言辞恳切，让百姓对生产生活充满希望。

守土尽责，为政有绩。公事之余，陆游将喜怒留于笔端，成败展于纸上，吟咏不绝。陆游恪尽职守，但总觉得自己年岁渐高，而孝宗皇帝还没有具体的光复中原、收复河山的政治方略，担心自己会徒留一身惆怅。他在《初寒在告有感》中写道：

横林吹叶水生洲，身落穷山古睦州。
到枕雨声酣旅梦，背窗灯影动清愁。
气冲星斗有孤剑，力挽栋梁无万牛。
未灭匈奴身已老，此生虚负幄中筹。

正因为有这样的惆怅，陆游的情绪一直都不高，但这并没影响他的爱国热情。他在《纵笔》一诗中写道：

行省当年驻陇头，腐儒随牒亦西游。

千艘冲雪鱼关晓，万灶连云骆谷秋。

天道难知胡更炽，神州未复士堪羞。

会须沥血书封事，请报天家九世雠。

在严州，陆游一边用这种自我调侃的方式安慰自己，一边魂系塞北。有一天，大雪弥漫，陆游不由得萌发出投笔从戎、杀敌报国的豪兴，写下了绝句《雪中忽起从戎之兴戏作（四首）》：

其一

狐裘卧载锦驼车，酒醒冰髭结乱珠；

三尺马鞭装白玉，雪中画字草军书。

其二

铁马渡河风破肉，云梯攻垒雪平壕。

兽奔鸟散何劳逐，直斩单于衅宝刀。

其三

十万貔貅出羽林，横空杀气结层阴。

桑乾沙土初飞雪，未到幽州一丈深。

其四

群胡束手伏天亡，弃甲纵横满战场。

雪上急追奔马迹，官军夜半入辽阳。

第一首诗，写雪中行军的艰苦生活。"狐裘"，指狐皮大衣。"锦驼车"，指装饰着锦幔的驼车。在这冰天雪地，穿着狐裘，卧在锦驼车中，因酣饮而沉醉，但一觉醒来，只见胡须上结着一串串如珠的冰块，三尺马鞭上也裹满了雪。诗人倚马而立，扬眉舒腕，盾上草军书，好一派豪壮气概。

第二首诗，想象渡河攻城的战斗情景。"铁马"，指精壮的骑兵。"云梯"，指攻城的工具。"单于"，匈奴最高首领的称号，这里指金兵首领。"衅"，指用鲜血来祭自己初用之刀。这首诗的大致意思是，大雪之夜，铁马渡河，云梯攻垒，势如破竹，敌军士兵望风披靡，如鸟兽散，何劳追逐，还是直斩单于，祭我宝刀吧！

第三首诗，是写大军出征的威武场面。"貔""貅"，古籍所载的猛兽名，常用来比喻勇猛的军队。"羽林"，汉、唐皇帝的禁卫军。"桑干"，古县名，位于现在的河北省蔚县东北。"幽州"，历朝州治和所辖范围有所不同，大致包括如今的河北北部和辽宁一大部分。前一首描绘攻占场面，诗情激烈动荡。这一首写大军出征，诗情威武雄壮，并有暇整气象，其风格与高适的《燕歌行》相似。

第四首诗，写想象中消灭金国的胜利结局。"群胡"，指金人。"仗天亡"，是个典故，出自《史记》所载的项羽"此天亡我"之语。诗人在这里的意思是说，天亡金国，宋军大获全胜。天亡之语，陆游在这里的意思追亡逐北，夜半入辽阳，终于一战成功，天下一统。"辽阳"，府名，治所在如今的辽宁辽阳，辽、金时期均曾在此设东京。

这四首诗，虽然都是独立成章，但前后贯穿，组成了一个整体。就内容而言，它们基本上一致；从情节上来说，它们互相联系。第一首写行军，第二首写一次战斗，第三首写更大的出征，第四首写最后胜利，四首环环相扣，步步向前。这些场面，都是诗人一时豪兴所至的想象之辞。但是，如果结合陆游的生平，结合他的其他许多作品来看，可知这四首诗绝非"戏作"，而是集中反映了他的平生壮志，既是诗人的回忆，又是诗人的理想。这些事对于诗人来说，是太熟悉了，太向往了，脑中时时会泛起。值此大雪之夜，诗思忽然涌出，于是提笔狂书，作成了这四首"戏作"。

这四首诗，气势壮阔，笔力劲健，饱含一股积极乐观的情调，创造出一个雄奇豪迈的意境，直追盛唐高适、岑参等人的边塞之作，不愧"小太白"之称。

只是因为年龄关系，以及这次出仕的心情，陆游已经没有了亲上前线的念头了。为此，他在《严州大阅》中写道：

> 铁骑森森帕首红，角声旗影夕阳中。
>
> 虽惭江左繁雄郡，且看人间夔铄翁。
>
> 清渭十年真昨梦，玉关万里又秋风。
>
> 凭鞍撩动功名意，未恨猿惊蕙帐空。

陆游的这首《严州大阅》，与他之前的《蜀州大阅》《嘉州大阅》《成都大阅》相比，已经没有了那种慷慨激昂和坚定信心。

在严州的这几年，陆游天天忙于政事，很少时间坐下来静静地读书。这年除夕，陆游休假两天，闭门读书。由此，他作了一首《假中闭户终日偶得绝句》：

> 官身常欠读书债，禄米不供沽酒资。
> 剩喜今朝寂无事，焚香闲看玉溪诗。

在这首诗中，陆游披露了自己的心境。他在门人郑师尹的帮助下，开始整理、归类自己的诗稿，准备结集成《剑南诗稿》。对于自己的作品，陆游要求甚严，执意按照新的认识删除定稿。他反复推敲，从 2500 多首中，先删除了十分之九。之后，陆游又做了精细的整理，从留下的诗稿中仅仅选取了 98 首，最终正式定稿、刊刻。他在《感兴》中表达了自己对诗的观点：

> 文章天所秘，赋予均功名。
> 吾尝考在昔，颇见造物情。
> 离堆太史公，青莲老先生，
> 悲鸣伏枥骥，蹭蹬失水鲸；
> 饱以五车读，劳以万里行，
> 险艰外備尝，愤郁中不平。
> 山川与风俗，杂错而交并，
> 邦家志忠孝，人鬼参幽明，
> 感慨发奇节，涵养出正声，
> 故其所述作，浩浩河流倾，
> 岂惟配诗书，自足齐韺莖。
> 我衰敢议此，长歌涕纵横！

此外，陆游还在《夜坐示桑甥十韵》中写道：

> 好诗如灵丹，不杂膻荤肠；
> 子诚欲得之，洁斋袯不祥。

食饮屑白玉，沐浴春兰芳。

蛟龙起久蛰，鸿鹄参高翔。

纵横开武库，浩荡发太仓。

大巧谢雕琢，至刚反摧藏。

一技均道妙，佻心讵能当。

结缨与易箦，至死犹自强。

东山七月篇，万古真文章。

天下有精识，吾言岂荒唐？

这首五言古诗，陆游进一步表明了自己的诗学主张，提出了"好诗"的标准，以及如何达到的途径。桑甥名世昌，是陆游的女婿。这首诗，不难看出诗人对于诗的认识，审慎而庄重；对于人生的态度，坚定而执着。63 岁，那时已经是一个高龄老人了。可诗人却背井离乡，僻居在地瘠民贫的严州，眼看着中原沦陷，统治者昏庸腐朽，自己空有满身抱负，却无用武之地，其内心的痛苦不言而喻。他在《初冬风雨骤寒作短歌》一诗中，就表达了这样的情感：

东园日淡云容薄，纶巾朝暮阑干角。

北风动地万木号，不料一寒如此恶。

岂惟半夜雨打窗，便恐明朝雪平壑。

绿酒虽漓亦复醉，皁貂已弊犹堪著。

所嗟此身老益穷，蹭蹬无功上麟阁。

久从渔艇寄江湖，坐看胡尘暗幽朔。

万鞭枯骴愤未平，蠹下老蚩何足缚。

要及今年堕指寒，夜拥雕戈度穷漠。

陆游渐渐厌倦了严州的生活。宋孝宗淳熙十五年（1188 年）四月，陆游即将三年任满，故而上书孝宗皇帝说："年龄衰迈，气血凋耗，夏秋之际，痼疾多作，欲望钧慈特赐矜怜，许令复就玉局微禄，养病故山，及天气尚凉，早得就道。"陆游强烈请求离职还乡，授予道观祠俸。他的请求得到孝宗皇帝的批准后，便带着家人启程返乡。

03 转任行在，再起微澜

宋孝宗淳熙十五年（1188 年）七月十日，陆游回到家乡山阴。他先去了"三山别业"，然后又去了会稽石帆别业。从严州回来，陆游的整个诗观发生了变化，心态也同样发生了变化。他在《晓兴》中写道：

乱蝉嘈新秋，老木立清晓。
我亦岸纶巾，寄傲万物表。
大千藏粒粟，浩劫过飞鸟。
痴子居其间，利欲自缠绕。
可怜荣进意，未向盖棺了。
浮名更吓鬼，白垩写丹旐。
我於斯世事，看破自少小；
老矣更何求，归哉憩林沼。

这首诗中的"我亦岸纶巾，寄傲万物表"两句，正是陆游心态的真实写照，诗人已经是"悟浮生。厌浮名"，也一如他在《长相思（五之五）》中所写的那样：

> 悟浮生。厌浮名。回视千钟一发轻。从今心太平。
> 爱松声。爱泉声。写向孤桐谁解听。空江秋月明。

在这种心境之下，陆游"上书乞祠，辄述鄙怀"。陆游之所以请求祠俸，是打算不再出任任何职位的行政官员。可这一举动，并不是说陆游厌倦了官场，而是他越发迫切地感到，在行政官员的位置上要实现自己的愿望，根本就是痴人说梦，因此，他不得不无奈地选择退职。他在《秋夜有感》中写道：

> 候虫何唧唧，岁晚声出壁，
> 不惟嫩妇惊，感此白头客。
> 壮年事征戍，万里不得息，
> 扬帆凌秋涛，策马赴山驿。
> 日照蛟鼍涎，雪印豺虎迹，
> 谁知七尺躯，幸脱九死厄。
> 前年补畿郡，入对瞻玉色，
> 报恩无死所，再拜衰泪滴。
> 即今故山归，愈叹老境逼。
> 不眠中夜起，仰视星历历。
> 中原何时定？铜驼卧荆棘。
> 灭胡恨无人，有复不易识。

可诗人骨子里抗金恢复的主导思想，使他辗转反侧，夜不成寐。他煎熬着、痛苦着，可这些并没有摧毁他的意志，他的心在《北望》中呐喊：

> 北望中原泪满巾，黄旗空想渡河津。
> 丈夫穷死由来事，要是江南有此人！

这首诗，感情真挚自然，感人至深。诗题为《北望》，又从"北望"的北方领土这个细小的动作写起，进而发端，想到失陷于异族、理应收复的北方领土，一层一层地进行抒写。全诗除了首句叙事，其余的都是议论。首句中的"泪"、第二句中的"空想"，把诗人自己的满腔悲愤、一肚愁肠，写得至透至尽。而第三句转写"丈夫穷死由来事"，也与诗人要表达的主题紧密相关。第四句点明诗人的心意在于"有此人"。

诗人笔下的"北望"，看似在北望中原领土，可实际上，是诗人北望能够"有此人"，一个能收复中原的人。通观全诗，有叙事有议论，一层近似一层，意境深远，耐人寻味。

其实，陆游始终在等。他在等一个对外作战的机会，一个一展抱负的机会。而此时，孝宗皇帝也在想方设法地起用陆游。淳熙十五年十月二十六日，孝宗皇帝给一向被他视为肱股之臣的贤相周必大下了一道手谕，打算任命陆游为郎中官，可他又担心此举会遭到主和派们的议论，就打算先让陆游担任少监。

周必大是陆游的好朋友，但今非昔比，如今贵为丞相，可谓一人之下万人之上。考虑的事情多，办事也就越来越圆滑、周全。周必大在回奏中说，他也曾经和两位参政知事商议过，陆游自严州期满回到山阴，也有一些日子了，但不知道皇上有何安排。现在，臣知道皇上非常赏识陆游的才干，按照一般的惯例，给他一个闲官，就足见皇上爱才之意了。外面会有怎样的议论，现在还无法揣测，但为了避免闲言碎语，现在给他外任，也无可厚非。假若皇上有意让他做少监，也恰好有个机会，军器少监李翔正在请求外放，不妨就让陆游担任该职。

周必大说得很婉转，既全了皇上的心思，又把老友留在了京城，更把自己置身于舆论之外。不久，陆游便接任了军器少监一职。

军器少监一职负责掌管军工生产，也就是负责武器装备的生产、调配和修缮，下辖着火药作、猛火油作、青窑作等十一个大作坊，责任重大，是国家的军事命脉所在。陆游已经没有亲上战场的可能了，这个职务对于他来说，无疑是和他的梦想靠得很近的官职，因此，陆游白首归来，立志多做强军之事。

陆游这次进京为官，距离他第一次在京为官已经整整过去 27 年了。他刚到临安（今浙江省杭州市）时，便写了一首《初到行在》：

六十之年又四年，也骑瘦马趁朝天。

首阳柱下孰工拙，从事督邮俱圣贤。

笔墨有时闲作戏，功名到底是无缘。

都城处处园林好，不许山翁醉放颠。

在临安，陆游住在砖街巷。对于行在，陆游熟悉又陌生，好在有老友旧知诗词唱和，日子过得平淡而快乐。

宋孝宗淳熙十六年（1189 年）二月，63 岁的孝宗皇帝厌倦了朝廷的政治生活，把皇位传给了 43 岁的儿子赵惇，也就是光宗皇帝，孝宗赵昚做了太上皇。尽管孝宗皇帝最初有心对外作战，可由于高宗赵构的掣肘及其他一些客观原因，并没有坚定下来，但在对外关系的改善上，还是有所作为的。和孝宗皇帝相比，光宗赵惇的能力就差了一些，孝宗皇帝还时常指导光宗皇帝怎样打理朝政。

光宗赵惇继位后，陆游就上了札子。第一道札子是提醒光宗皇帝，现在有太上皇，做事要慎重；第二道札子是规劝光宗皇帝不要有偏好；第三道札子是叮嘱、告诫光宗皇帝要兢兢业业。

淳熙十六年四月十二日，陆游又上了《上殿札子》，也就是第四道札子，痛陈南方人民负担过重的根源，以及这种现象对国家的危害。他写道：

……臣伏观今日之患，莫大于民贫，救民之贫，莫先于轻赋。若赋不加轻，别求他术，则用力虽多，终必无益，立法虽备，终必不行。以臣愚计之，朝廷若未有深入远讨，犁庭扫穴之意，能于用度之间，事事裁损，陛下又躬节俭以励风俗，则赋于民者，必有可轻之理。缓急之备，固不可无，姑以岁月徐为之也……臣昧死欲望圣慈恢大度，明远略，诏辅臣计司，博尽论议，量入而用，量用而取，可蠲者蠲，可省者省。富藏于民，何异府库，果有非常，敦不乐输以报君父沦肌浃髓之恩哉？若有事之时，既竭其财矣，幸而无事。又曰"储积以为他日之备也"，虽恢复中原，又将曰"边境日广矣，屯戍日众矣"，则斯民困毙，何时而已耶！

淳熙十六年四月二十六日，陆游又改任礼部郎中、兼膳部监察。可怎奈庙堂风云变化莫测，到了五月，心胸狭窄的何澹做了右谏大夫，因何澹两年没有得到升迁，上任伊始便对周必大恩将仇报，弹劾了周必大。结果，周必大被罢了官，陆游也失去了政治上的依靠。

宋光宗赵惇要修撰《高宗实录》，陆游以第一名入选。淳熙十六年七月，陆游以礼部郎中兼实录院检讨官的身份，参与修撰《高宗实录》。

对于修撰工作，陆游是认真负责的，他在《明州阿育王山买田记》中写道：

> 咨尔学者，安食其间，明己大事，传佛大法，报上大恩，将必有在。不然，不耕而食，既饱而嬉，厉民以自养，岂不甚可愧哉？

陆游尽心工作，有畅快，也有郁闷。到了十二月，何澹以"嘲讽风月"的罪名弹劾陆游。结果，宋光宗赵惇下诏，罢免了陆游的官职。

被罢免后，陆游用安贫乐道来宽慰自己，告诉自己徜徉山水，啸傲林泉，讽诵诗书，长养子孙等都是愉悦之事。在诗人内心深处，私事可以不顾惜，国事不能忘怀。写于同年冬天的一首《枕上偶成》，正是诗人这种生活和心态的写照：

> 放臣不复望修门，身寄江头黄叶村。
> 酒渴喜闻疏雨滴，梦回愁对一灯昏。
> 河潼形胜宁终弃？周汉规模要细论。
> 自恨不如云际雁，南来犹得过中原。

这首诗首联的"放臣不复望修门，身寄江头黄叶村"两句，首句即给人突兀之感，读来一股愤然不平之气扑面而来。"放臣"，是放逐之臣，这里指诗人自己；"修门"，原指楚国郢都城门，这里借指南宋都城临安，亦暗藏着诗人以屈原自况之意。实际上，对陆游来说，这是蓄之也久，其发也烈。当年，他离开临安时，就已经痛下了这个决心，他在《赠洞微山人》中就写道："束书出东门，挥手谢国人。笑指身上衣，不复染京尘。"既然诗人要"不复望修门"，那么此身何寄呢？这不寻常的起句，犹如高山落石，势不可遏。第二句"身寄江头黄叶村"顺着第一句之势顶了上来：那江畔遍地黄叶的村庄，便是我的托身之所。"黄叶村"，既点出寄身之处，也于景色之中暗示了季节，并为尾联埋下了伏笔。

颔联中，第三句的"酒渴"，指长时间没有酒喝，如渴之思水一样。"疏雨"声声，听上去就像把壶沥酒一样，焉能不"喜闻"这样的声音。陆游的这句诗，远比杜甫"酒渴爱江清"一句写得更有情致。第四局"梦回愁对一灯昏"是说，尽管白昼沉沉，没酒销愁，睡梦中还是尽可驰骋奇想的，但一梦醒来，依旧是昏灯一盏，满怀愁绪。那么，这挥之不去的愁情究竟是什么呢？

颈联的"河潼形胜宁终弃？周汉规模要细论"两句，则给出了颔联的答案：像黄河、潼关那样形胜之地，难道就忍心这么永远地放弃了吗！周、汉两代可都是以河潼为根基，逐鹿中原，之后统一海内的。朝廷对周、汉立国的规模难道不应该细加思索吗？前句用反诘提问，后句引古喻今，论证了"会看金鼓从天下，却用关中作本根"的思想。十四个字，高屋建瓴，委婉而又恳切地击中时弊，正显示出诗人精于历史、谙熟国事，以及驾驭语言的功力。

尾联"自恨不如云际雁，南来犹得过中原"两句，诗人宕开一笔，不说朝政，转而说自己；不再议论，转而即景抒情。然而，万变又不离其宗，秋冬之际，北雁南飞，遥相呼应首联的"黄叶村"，且行云流水，意境和谐。而"自恨"，也正是出于对恢复中原的关切之情。似断实续，血脉相连，如此结尾，不仅完满地收束全诗，更把诗人报效无门的悲怆展现得悠悠难尽，扣人心弦。

04 闲愁如雪，杯酒成诗

陆游对于右谏大夫何澹施加给他的"嘲咏风月"的罪名，一直嗤之以鼻。他回到山阴后，索性将自己的小轩命名为"风月轩"，并作了两首《予十年间两坐斥罪虽擢发莫数而诗为首谓之嘲》：

予十年间两坐斥罪，虽擢发莫数而诗为首，谓之"嘲咏风月"。既还山，遂以"风月"名小轩，且作绝句。

其一

扁舟又向镜中行，小草清诗取次成。
放逐尚非余子比，清风明月入台评！

其二

绿蔬丹果荐瓢尊，身寄城南禹会村。
连坐频年到风月，固应无客叩吾门。

在陆游看来，"嘲咏风月"这个罪名，只不过是投降派容不下他的一个冠冕堂皇的借口而已，欲加之罪，何患无辞。

陆游在行在的一年间，除了希望孝宗皇帝坚持抗战、收复失地、完成统一大业外，还以百姓为念，寄望朝廷关爱百姓。而自己勤于政事之余，又有了及早返乡的念头。他在《行在春晚有怀故隐》一诗中写道：

> 老辱明时乞一官，逢春惆怅独无欢。
> 旧人零落北音少，市肆萧疏民力殚。
> 归计已栽千个竹，残年合挂两梁冠。
> 石帆山路频回首，箭笴蓴丝正满盘。

此外，陆游在《观潮》这首诗中，也流露出这样的想法：

> 江平无风面如镜，日午楼船帆影正。
> 忽看千尺涌涛头，颇动老子乘桴兴。
> 涛头汹汹雷山倾，江流却作镜面平。
> 向来壮观虽一快，不如帆映青山行。
> 嗟余往来不知数，惯见买符官发渡。
> 云根小筑幸可归，勿为浮名老行路。

山阴远离庙堂，虽不是世外桃源，但也自有一种田园之乐。读书之余，交会朋友，饮酒作诗，每每都是酒逢知己千杯少。自古以来，诗人多爱酒，苏东坡"把酒问青天"，以酒"酹江月"，表现了一位哲士在醉意的昂奋中，对人生与时空茫茫的追问与大彻大悟的旷达。酒对诗而言，就是发酵剂，有着无穷的妙用和效果。然而，就饮酒诗的数量和丰富性来说，陆游远胜于苏东坡。对于酒，陆游有着超乎寻常的喜爱。他在《晨起看山饮酒》中写道：

> 爱山入骨髓，嗜酒在膏肓。
> 跌宕风烟外，歌呼麴蘖傍。
> 虚窗天柱晓，小瓮蘘泉香。
> 垂老叨微禄，无忙。

有时，陆游对着梅花也会大醉。他的一首《村居日饮酒对梅花醉则拥纸衾熟睡甚自适也》是这样写的：

> 江村岁晚掩柴荆，地僻久无车马声。
> 孤寂惟寻麴道士，一寒仍赖楮先生。
> 醉头珠滴愁先破，帐底春回梦易成。
> 莫笑衰翁杀风景，小瓶梅蕊解卿卿。

有时，半夜起来，陆游也会饮酒。他在《八月五日夜半起饮酒作草书数纸》一诗中记载道：

> 有漏神仙有发僧，碧㼽欹枕对秋灯。
> 忽然起索三升酒，飒飒蛟龙入剡藤。

陆游爱饮酒，“但令闲一日，便拟醉千场”，而且酒越多越好，“倾家酿酒犹嫌少，入海求诗未见深”。甚至到了老年，还是“老与酒不疏”。直到高龄，体弱多病，“酒量愁翻减，诗声老转低”，也只是“偶向东园把一杯，不辞团坐扫苍苔”。陆游爱酒，更喜欢把酒写入诗中，自言“酒惟诗里见”，诗得饮酒助，“衣上尘埃真一洗，酒边怀抱得频开”。他在《酒熟喜书》中这样写道：

> 小槽春夜压春醪，天与龟堂慰作劳。
> 喜似系囚闻纵释，快如苛痒得爬搔。
> 未陈尊杓心先醉，傍睨江山气已豪。
> 久厌膻荤愁下筯，眼明湖上得双螯。

这首诗，活灵活现地勾勒出诗人盼酒时的心态与感受，酒还未好，他的心已经醉了，睥睨江山，豪气顿生。

酒在陆游的一生中，忧愁要它，欢乐也要它；孤独要它，朋友相聚也要它；天气好了要它，风霜雨雪也要它；爱情要它，失恋也要它。但无论是哪个时期，哪种滋味的酒，何种滋味的诗，都是陆游真实心态的反映。他在《对酒·闲愁如飞雪》中写道：

> 闲愁如飞雪，入酒即消融。
> 好花如故人，一笑杯自空。
> 流莺有情亦念我，柳边尽日啼春风。
> 长安不到十四载，酒徒往往成衰翁。
> 九环宝带光照地，不如留君双颊红。

陆游醉酒而作的这首诗，开头奇突豪放，中间细致优美，结尾以壮气表沉痛，笔调灵活多变，跌宕起伏中，不失豪壮洒脱。

开头四句为第一层，诗人运用了大量的比喻，写饮酒的作用和兴致，是"对酒"的经验和感受。"酒能消愁"，是诗人们不知道说过多少遍的话。陆游借助于"飞雪"进入热酒即被消融作为比喻，新奇、别致。以愁比雪，文不多见；飞雪入酒，事亦少有。诗人通过雪，把"愁"与"酒"密切地联系在一起，似如神思飞来之感。对着"好花"可助饮兴，这很平常，可把花比作"故人"，便平添了助饮之力。对着好友，容易敞怀畅饮的事情，是人们所熟悉的。诗人又通过"故人"，把"好花"与"空杯"联系起来，更平增了饮酒的兴趣。透过这两个新鲜、贴切而又曲折的比喻，不难看出诗人极丰富的想象力和生活经验，以及极高的艺术创造力。这也使得诗篇从一开始，就被赋予了新奇、突兀而又真切动人的气概。

"流莺有情亦念我，柳边尽日啼春风"两句为第二层，补足上文，描述自然景物是"对酒"的催化剂，并为下层铺垫。"流莺有情"，在"柳边"的"春风"中啼叫，承接上文的"好花"，显示花红柳绿、风暖莺歌的大好春光。春光愈好，愈有酒兴，写景完全是围绕"对酒"这一主题。这一层，写景细腻、秀丽，笔调又有变化。

结尾四句为第三层，从人物方面抒写"对酒"想饮之故。第一句写自己的一段经历，慨叹年华飞逝。第二句不怀念首都的权贵，只怀念失意纵饮的"酒徒"，这也使得诗人眼中的人物立分高下。这些酒徒，其中也包括一些"故人"，身离首都，转眼就成为"衰翁"。诚然诗人身体的变化也会大体相似，则"衰翁"之叹，又不免包括自己在内。这些"酒徒"中，不乏壮志难酬、身手好的人，可他们成为"衰翁"，不只有个人的身体变化之叹，而且还包含了朝廷不会用人、浪费人才之叹。这句话，内涵深刻，溢满悲剧色彩。诗人先是在闲淡中发出深沉的感慨，接下来两句则在感慨的基础上，发出了激昂的抗议之声。

"九环宝带光照地"一句，写权贵的光辉显耀。而接下来的"不如留君双颊红"一句，用"不如"饮酒来否定它。用"留君双颊红"写饮酒，色彩绚丽，不仅可以夺"九环宝带"之光，还与"衰翁"相照应，既富力量，又富神韵。

全诗抒情明快优雅，节奏自由流畅。起句把愁比作雪，构思新颖巧妙，飞雪入酒，好花赏怀，极富诗意和浪漫色彩。实际上，这种名士风流式的行为本身，就具有强烈的审美效果，而陆游以此入怀，就包含了对"美在生活"的初步认识，赋予诗无尽的历史文化内涵。

一切闲愁，一切不平与愤懑，都将如轻盈的雪花，飘进金樽装着的清酒里，转瞬化作潺潺甘泉。诗人扬眉舒目，一饮而尽，"古今多少事，都付笑谈中"。室内酒酣气热，室外春风流莺，旷达的生活态度中，又流淌着浓浓的诗情画意。诗人的醉酒，是一种酣畅淋漓的解脱，是解脱后的清醒，是清醒后的超凡脱俗。他雄视千古、傲岸王侯的精神品质，以及不计前嫌、渴望进取的生命意志，都在饮酒中得到了充分的张扬。清代学者范大士在《历代诗发》中评价陆游的这首诗时说："始终极颂酒德，亦是放翁寄托之词。"

古代诗人，总爱把酒与愁放在一起。曹孟德有"何以解忧，唯有杜康"；李白有"两人对坐山花开，一杯一杯又一杯""五花马，千金裘，呼儿将出换美酒，与尔同销万古愁"；岑参有"人生大笑能几回，斗酒相逢须醉倒"；杜甫有"主称会面难，一举累十觞。十觞亦不醉，感子故意长"；元稹有"莫怪平生志，图销尽日愁"等等。这些诗句，无一不让人觉得有愁才有酒，有酒才能"古今多少事，都付笑谈中"。对陆游而言，或许酒是"愁"的解药。他在《莫辞酒》中写道：

> 劝君莫辞酒，酒能解君愁；
>
> 劝君勤采药，药可使疾瘳。
>
> 此外莫废书，书亦岂君误？
>
> 古来败人事，正以不学故。

愁去疾亦平，便腹如瓠壶，

努力贮万卷，无此令君愚。

　　陆游满腔热情，满腹才华，坚持抗金收复中原，可一直都是抱负难展，苦闷难以排解。九州之大，却容不了他的愁，也只能以酒杯作舟，驾舟游于河流之上，或赴五城十二楼畅饮，"一醉三千秋"。他在《江楼吹笛饮酒大醉中作》这首诗中写道：

世言九州外，复有大九州。

此言果不虚，仅可容吾愁。

许愁亦当有许酒，吾酒酿尽银河流。

酌之万斛玻璃舟，酣宴五城十二楼。

天为碧罗幕，月作白玉钩；织女织庆云，裁成五色裘。

披裘对酒难为客，长揖北辰相献酬。

一饮五百年，一醉三千秋。

却驾白凤骖斑虬，下与麻姑戏玄洲。

锦江吹笛余一念，再过剑南应小留。

　　开头四句，诗人不说在江楼上吹笛饮酒，而是从远古宇宙的传说道来，凭空而起，作一假设：世界宇宙无边，如此阔大无垠的空间，九州容不了他的愁，唯有大九州，方能稍容得其愁。诗人用水涨船高的衬托法，为下文的游仙先作一笔铺垫。然而，要求得精神上的解脱，唯有举杯消愁，将酒酿作银河奔流而下。

　　"许愁亦当有许酒"一句以下，诗人用了一连串令人惊愕叫绝的夸张，极尽仙游酣饮之乐。

　　诗人要以酒杯作舟，驾舟游于河流之上，或赴五城十二楼畅饮，那是皇帝造的宴仙台。诗人那充斥天地宇宙间的愁气，需要多少酒来"浇"，所以，银河水都被酿尽了。辽阔青天，在这场酣宴中，不过是小如碧色帷幕；皓月高远，不过是悬挂天空的白玉钩。天上的织女星，送来五色云彩织成的裘衣，华美绝伦。诗人深情向北斗作揖。饮它五百年，醉它三千秋。这是夸张仙境时间的永恒，就像李白"百年三万六千口，一日须倾三百杯"一样，诗人驾起仙车，从天而下，在玄洲与麻姑一道游嬉。陆游欲与她同游，希冀像仙人一般长寿。"却驾白凤骖斑虬，下与麻姑戏玄洲"二句，自然令人生"霓为衣兮风为马""虎鼓瑟兮鸾回车"之概。江楼宴乐，仿佛变成了仙乐，而充塞天地的愁还没有消失。诗人仍留恋人间，留恋他生活过的剑南："再过剑南应小留。"值得留恋的美好依然存在，这里不再是李白的放诞天真，而似屈原的"忽临睨夫旧乡"，表露出他欲出世而终不能忘情现实的矛盾心态。这一曲醉酒诗，飘飘然有仙气，构设了神奇变幻的世界，色彩缤纷斑斓，意境阔大恢宏，充分地体现诗人"小李白"的情怀。

几次宦海沉浮，"百岁光阴半归酒，一生事业略存诗"的陆游，用《诗酒》一诗为自己的一生做了注释：

> 我生寓诗酒，本以全吾真。
>
> 酒既工作病，诗亦能穷人。
>
> 每欲两忘之，永为耕樵民；
>
> 周旋日已久，弃去终无因。
>
> 齿发益衰谢，肝胆犹轮囷，
>
> 吟哦撼四壁，嵬峨颓乌巾。
>
> 江上处处好，风月年年新。
>
> 正尔岂不乐，浩歌终此身。

其实，陆游最大的愁苦，是平生以志气自许，却不能为国立功，落宕潦倒的生涯，与他的心志形成极大的反差。似乎唯有醉酒之中，他才恢复了本真的自我，豪迈潇洒的个性，才能得到尽情的发挥。正如他在《西村醉归》中所写的那样：

> 侠气峥嵘盖九州，一生常耻为身谋。
>
> 酒宁剩欠寻常债，剑不虚施细碎雠。
>
> 歧路凋零白羽箭，风霜破弊黑貂裘。
>
> 阳狂自是英豪事，村市归来醉跨牛。

本是一个侠气如山般峥嵘、不为身谋的壮士，却在现实中沦落为徘徊歧路、衣衫褴褛的可怜僚吏，唯在饮酒一醉中，他才佯狂为跨牛征战的英豪，手中的剑才不至于虚施无用。这才是陆游企望的本来的他，即侠气峥嵘、以九州一统为己任的自我。陆游还在《江楼醉中作》一诗中写道：

> 淋漓百榼宴江楼，秉烛挥毫气尚遒。
>
> 天上但闻星主酒，人间宁有地埋忧。
>
> 生希李广名飞将，死慕刘伶赠醉侯。
>
> 戏语佳人频一笑，锦城已是六年留。

在江楼一饮百榼，又是喝得兴会飚举，然后挥笔作诗，意气豪放。天上有酒星，人间却无埋忧处，可见此忧愁之广。诗人的志向，是成为李广那样驱逐匈奴的英雄，可却不能上前线，反而滞留锦城六年。饮酒消忧，死也要死得像刘伶那般为酒而死，博得一个"醉侯"的称号。

05 爱茶嗜茶，淡品人生

陆游除了喜欢酒，还喜欢茶。酒能解他的愁，茶却给了他一份闲适。他在《题庵壁》中写道：

竹间仅有屋三楹，虽号吾庐实客亭。

已断雨声重点滴，欲残灯影更晶荧。

酒惟排闷难中圣，茶却名家可作经。

头眩减来还病寋，何时彻底得康宁？

山阴（今浙江省绍兴市境内）自古就是茶产地，山阴的日铸茶，是宋代新制的茶，名闻天下，风靡一时，陆游十分喜爱这种茶。他在《试茶》中这样写道：

苍爪初惊鹰脱韝，得汤已见玉花浮。

睡魔何止避三舍，欢伯直知输一筹。

日铸焙香怀旧隐，谷帘试水忆西游。

银瓶铜碾俱官样，恨欠纤纤为捧瓯。

陆游生于茶乡，当过茶官，晚年又归于茶乡，对茶有一种特殊的情愫，甚至去下棋的时候，都得带着茶炉。他在《幽栖》中写道：

何处是幽栖？城南路少西。

杨花穿户入，燕子避帘低。

棋局聊相对，茶炉亦自携。

溪头云易合，晚雨又成泥。

陆游爱茶，每次睡起几乎都要喝茶。他在《睡起试茶》中写道：

笛材细织含风漪，蝉翼新裁云碧帷。

端溪砚璞斲作枕，素屏画出月堕空江时。

朱栏碧甃玉色井，自候银瓶试蒙顶。

门前剥啄不嫌渠，但恨此味无人领。

即便是小憩，茶也是陆游的心头之好。他的一首《慈云院东阁小憩》是这样写的：

横阁院东偏，脩然拂榻眠。

香浓烟穗直，茶嫩乳花圆。

岩倚团团桂，筒分细细泉。

凭谁为题版，牓作小壶天。

午间坐坐，陆游也离不开茶。他在《午坐》中写道：

茶杯凝细孔，香岫起微云。

树影窗间见，禽声屋角闻。

流年易抛掷，旧学失锄耘。

师友今零落，何人为运斤？

生病了，陆游在很长一段时间不能喝酒的情况下，却一直喝着茶。他在一首《病中久止酒有怀成都海棠之胜》中写道：

碧鸡坊里海棠时，弥月兼旬醉不知。
马上难寻前梦境，樽前谁记旧歌辞？
目穷落日横千嶂，肠断春风把一枝。
说与故人应不信，茶烟禅榻鬓成丝。

陆游还在《病中杂咏十首（之一）》中这样写道：

身似头陀不出家，杜陵归老有桑麻。
茶煎小鼎初翻浪，灯映寒窗自结花。
残药渐离愁境界，乱书重理淡生涯。
等闲一事还超俗，断纸题诗字乱斜。

天冷了，陆游更离不开茶了。他在《成都岁暮始微寒小酌遣兴》中写道：

革带频移纱帽宽，茶铛欲熟篆香残。
疏梅已报先春信，小雨初成十月寒。
身似野僧犹有发，门如村舍强名官。
鼠肝虫臂元无择，遇酒犹能罄一欢。

陆游爱茶，特别喜欢蒙顶茶。他在《卜居》中是这样记载的：

南浮七泽吊沉湘，西沂三巴掠夜郎。
自信前缘与人薄，每求宽地寄吾狂。
雪山水作中泠味，蒙顶茶如正焙香。
傥有把茅端可老，不须辛苦念还乡。

喝着蒙顶茶，就这样老去，也不用那么辛苦地想着回家乡。尽管陆游喜欢喝蒙顶茶，但蒙顶茶却不是他的最爱，他对建茶堪称是情有独钟。

宋代是建茶的鼎盛期。建茶的官、私茶厂众多,超过千家,而建茶恰恰是朝廷贡茶。建安(今福建省建瓯市)制造贡茶的官焙有 32 所,其中北苑贡茶尤为上品,品种多达 51 个。陆游出任福建常平茶事,走进了建茶,目睹制茶的每一个过程,对建茶有了全面的认知,将自己的情感揉碾入诗,他在《试茶》中写道:

> 北窗高卧鼾如雷,谁遣香茶挽梦回?
> 绿地毫瓯雪花乳,不妨也道入闽来。

这首诗,是写陆游正在熟睡,打着鼾声,茶事司的吏役煎好了茶,正准备请他试茶,结果,袅袅的茶香,直接把陆游从梦中熏醒。

当他收到朱熹的赠茶后,急忙用珍贵的红丝碾碎,到竹林里烹茶。他在《喜得建茶》中记载道:

> 玉食何由到草莱,重奁初喜坼封开。
> 雪霏庾岭红丝磑,乳泛闽溪绿地材。
> 舌本常留甘尽日,鼻端无复鼾如雷。
> 故应不负朋游意,手挈风炉竹下来。

陆游端起茶杯,轻抿一口,顿时唇齿留香,回味无穷,他连觉都不想睡了,足见他对建茶喜爱之深。对于建茶的破睡功,陆游在《昼卧闻碾茶》写得活灵活现:

> 小醉初消日未晡,幽窗催破紫云腴。
> 玉川七碗何须尔,铜碾声中睡已无。

陆游闻到碾茶时茶叶散发出的香味,顿时振奋起来,睡意全无。陆游这样的诗,还有一首《老学庵北窗杂书》:

> 小龙团与长鹰爪,桑苎玉川俱未知。
> 自置风炉北窗下,勒回睡思赋新诗。

品着香茗，陆游随口吟出了一首《登北榭》：

> 绕城山作翠涛倾，底事文书日有程？
> 无涠我为挥吏散，独登楼去看云生。
> 香浮鼻观煎茶熟，喜动眉间炼句成。
> 莫笑衰翁淡生活，它年犹得配玄英。

陆游不仅爱喝茶，分茶也颇有心得。在宋代，斗茶成风，从而也衍生出一种"分茶"的游艺。分茶游艺也称"茶百戏"，风靡于达官显贵、文人雅士、僧侣羽道间。分茶手运用团饼茶末，用沸水充点搅动，使茶乳变幻出各种花鸟虫鱼的图纹，技高者甚至能幻显出文字。陆游在建安就曾学过"分茶"，其在《临安春雨初霁》一诗中就写有"矮纸斜行闲作草，晴窗细乳戏分茶"。

后来，陆游辞官在家，对建茶仍是念念不忘。那时，建安茶司有个规定，凡在北苑当过茶官，之后离任的官员，例送贡余茶三年。陆游在《初夏》一诗中，就描述了自己接到茶时的心情：

> 淡霭轻飔入夏初，一窗新绿鸟相呼。
> 出门易倦常归卧，著句难工但自娱。
> 花径蝶闲无堕蕊，酒楼人散有空垆。
> 闽川茶笼犹沾及，肺渴朝来顿欲苏。

他还在《十一月十八日蒙恩再领冲佑邻里来贺谢以长句》一诗中写道：

> 绿章封事彻虚皇，黄纸除书降野堂。
> 海上春常探先到，壶中日已不胜长。
> 冰衔再署仙班贵，鹤料重支玉粒香。
> 便挂朝冠亦良易，金铜茶笼本相忘。

在这首诗的下面，陆游还做了注解：

往昔尝使闽者例馈茶三年，今不讲已久，余盖未沾及也。

陆游早年嗜酒，"惟是诗囊与酒壶"，可自从做了茶官，"宁可舍酒取茶"，直到晚年，也是"毕生长物扫除尽，犹带笔床茶灶来"，以"饭软茶甘"为满足，达到了"难从陆羽会茶论，宁和陶潜止酒诗"的境界，酒可止，茶不能缺。

唐代茶圣陆羽不仅是陆游的偶像，更是陆游自认的本家，并以此而自豪，说要发挥桑苎的家风。陆羽自称桑苎翁，曾隐居东苕溪，写下《茶经》。陆游也以"桑苎翁"自比，在《杞菊赋》中就写有"我是江南桑苎家，汲泉闲品故园茶"的诗句。在《安国院煎茶》中，陆游亦写下了"卧石听松风，萧然老桑苎"的诗句。陆游甚至把自己看成是陆羽转世，在《戏书燕几》中写下了"水品茶经常在手，前身疑是竟陵翁"的诗句。

陆游在《八十三吟》这首诗中，充分表明了晚年栖泊身心，向往茶神的心志：

> 石帆山下白头人，八十三回见早春。
> 自爱安闲忘寂寞，天将强健报清贫。
> 枯桐已爨宁求识？弊帚当捐却自珍。
> 桑苎家风君勿笑，它年犹得作茶神。

陆游爱茶嗜茶，熟谙烹茶之道。虽然没有来得及补写《茶经》，但写茶的诗，多达200多首，是历代诗人之冠。他诗词中所包含的茶文化，以及记述的名茶，堪称一部新的《茶经》。透过这些诗，使得人们在走进宋人生活时，可以了解到当时更多的茶文化。

陆游与茶有如此深的缘分，不仅与当时的文化氛围有关，也与政坛倾轧变幻、志士遭弃不无关系。在当时的文人墨客心中，茶绝非仅是解渴的饮品，它犹如有志之士，有高尚的情操、宽厚的情怀，值得敬重与爱戴。特别是当陆游报国无门、请缨无路之时，品茶不仅仅只是一种行为、一种消遣，更多地代表着情感的寄托和对理想的追求。这一如晚年的陆游在《幽居初夏》中所写的那样：

湖山胜处放翁家，槐柳阴中野径斜。

水满有时观下鹭，草深无处不鸣蛙。

箨龙已过头番笋，木笔犹开第一花。

叹息老来交旧尽，睡来谁共午瓯茶。

陆游的《幽居初夏》七律一共四首，这是其中的第一首。尽管诗中着意写幽居初夏的景色，并且充满了恬静的气氛，可诗人的心情并不平静。

全诗共八句，前六句都是写景，紧紧围绕"幽居初夏"四字展开，四字中又着重写一个"幽"字。诗的最后两句结情，景是幽景，情亦幽情，但幽情中自有暗恨。

首联首句"湖山胜处放翁家"中的"湖山"二字，总冒全篇，勾勒环境，笔力开张，起句便在山关水色中透着一个"幽"字。次句"槐柳阴中野径斜"，写到居室周围，笔意微阖。乡间小路横斜，周围绿荫环绕，有屋于此，确不失为幽居；槐树成荫，又确乎是"绕屋树扶疏"的初夏景象。这一句暗笔点题。

颔联两句紧承首联展开铺写。水满、草深、鹭下、蛙鸣，无一不是典型的初夏景色。可是，诗人却用一个"观"字，在上句写自己所见，而在下句则用"蛙鸣"，暗写所闻，使得明、暗、见、闻参差变化。且上句从横的方面，来写湖水初平，入眼一片澄碧，使人视野开阔。白鹭不时自蓝天缓缓下翔，落到湖边觅食，人的视线又随着鹭飞从上至下，视野深远，这是从纵的方面来写。而白鹭悠然，安详不惊，又衬出了环境的清幽，顿使这幅纵横开阔的画面，充满了宁静的气氛。诗句中的一"观"字，显得诗人静观自得，心境闲适。景之清幽，物之安详，人之闲适，三者交融，构成了恬静深远的意境。从"草深无处不鸣蛙"一句看，绿草丛中，蛙鸟处处，一片热闹喧腾，表面上似与上句清幽景色相对立，其实是以有声衬无声，是渲染幽静的侧笔。而且蛙鸟声中，也折射出一派勃勃生机，于潜移默化中，又暗暗地过渡到了颈联。

颈联"箨龙已过头番笋，木笔犹开第一花"两句，"箨龙""木笔"着意表现自然界的蓬勃生机，细针密线，不露丝毫痕迹。"箨龙"，是笋。"木笔"，又名辛夷花，两者都是初夏常见之物。"箨龙"，已经过去"头番笋"，那么，林中定然留有许多还没有完全张开的嫩竹；"木笔"才开放"第一花"，枝上必然留有不少待放的花苞。诗人展示出来的是静止的竹和花，可唤起人们想象的，却是时时在生长变化之中的动态景物。

从章法看，前六句纯然写景，但承转开阖，井然有序。颔联"水满""草深"，是水滨景色，承前写"湖"；颈联"头番笋""第一花"，则是山地风光，承前写"山"。首句概言"湖山胜处"，两联分承敷衍，章法十分严谨。但颔联写湖，是远处宽处景色；颈联写庭院周围，是近处紧处的风光。

诗的前六句，极写幽静的景色之美，显示诗人怡然自得之乐。读诗至此，让人以为诗人完全寄情物外，安于终老家乡了。但尾联"叹息老来交旧尽，睡来谁共午瓯茶"两句陡然一转，长叹声中，大书一个"老"字，顿兴"万物得时，吾生行休"之叹，古井中漾起微澜，结出诗情荡漾。原来，尽管万物欣然，诗人却心情衰减，老而易倦，倦而欲睡，睡醒则思茶。而一杯在手，忽然想到昔日旧交竟零落殆尽，无人共品茗谈心，享湖山之乐，于是，一种寂寞之感，袭上心头。四顾惘然，无人可诉说。志士空老，报国无成，言念至此，只能惆怅，诗在幽情中亦有了暗恨。

陆游晚年的村居诗作，被周必大评为"疏淡"，被刘熙载称为"浅中有深，平中有奇"。这类诗的渊源所自，历来论者无不指为"学陶""学白"。从诗人大量写农村风光的诗来看，特别是从这首《幽居初夏》来看，固然有陶渊明的恬静，白居易的明浅，但此外还有陶、白所不曾有的一种境界。诗人的心总是热的，诗情总是不平静的。即使所写景物十分幽静，总不免一语荡起微澜，在"一路坦易中，忽然触着"。清朝学者梁清远在《雕丘杂录》中指出："陆放翁诗，山居景况，一一写尽，可为村史。但时有抑郁不平之气。"这是陆游一生忧国忧民，热爱生活，积极用世，坚韧执着的个性的闪现。

除了陆游的情怀，茶诗中也有诗人的恬淡。他在《雪后煎茶》中写道：

雪液清甘涨井泉，自携茶灶就烹煎。
一毫无复关心事，不枉人间住百年。

这首诗，表现了诗人淡定的人生境界。

他在《龙钟》中写道：

龙钟一老寄荒村，鼎食山栖久已分。

平日气吞云梦泽，暮年缘在武夷君。

抢榆敢羡垂天翼，倚市从嗤刺绣文。

幸有笔床茶灶在，孤舟更入剡溪云。

这首诗，流露的是诗人的闲适心情。

他在《饭昭觉寺低暮乃归》中写道：

身堕黄尘每慨然，携儿萧散亦前缘。

聊凭方外巾盂净，一洗人间匕箸膻。

静院春风传浴鼓，画廊晚雨湿茶烟。

潜光寮里明窗下，借我逍遥过十年。

这首诗，表达的是诗人放达乐观之意。

可以说，正是茶，帮助陆游消愁解闷，排遣一腔的抑郁之情，从而从痛苦含恨的旧事中挣扎出来，使精神得到宁静和解脱。

06 三入行在，修史著书

爱茶嗜茶，虽然带给了陆游无尽的欢愉和轻松，却难偿他祖国统一的心愿。为此，他常常心潮起伏，无法入睡。

宋光宗绍熙三年（1192 年）冬，有一天风雨大作，镜湖内波翻浪涌。夜色将尽时，陆游才朦朦胧胧入睡。梦中，陆游再次回到了南郑火热的战斗生活中。醒来后，他便写下了《十一月四日风雨大作（二首）》：

其一：

> 风卷江湖雨暗村，四山声作海涛翻。
> 溪柴火软蛮毡暖，我与狸奴不出门。

其二

> 僵卧孤村不自哀，尚思为国戍轮台。
> 夜阑卧听风吹雨，铁马冰河入梦来。

想起国家支离破碎，自己报国无门，在"风雨大作"的深夜，陆游忧念成诗，托身梦中，一展收复疆土、戍守边疆的抱负。"僵卧孤村"与"铁马冰河"两相照应，震慑人心，足见他的爱国之心已成"顽疾"，生命不息，"顽疾"不止。但诗人并没有沉湎于虚幻的梦境里逃避现实，他在《稽山农》这首诗中写道：

> 华胥氏之国，可以卜吾居，无怀氏之民，可以为吾友。
> 眼如岩电不看人，腹似鸱夷惟贮酒。
> 周公礼乐寂不传，司马兵法亡亦久。
> 赖有神农之学存至今，扶犁近可师野叟。
> 粗缯大布以御冬，黄粱黑黍身自春，园畦蔫韭胜肉美，社瓮拨醅如粥酽。
> 安得天下常年丰，老死不见传边烽；利名画断莫挂口，子孙世作稽山农。

从这首诗看，陆游似乎安于现实，醉心田园。自从被罢官以后，陆游做了一名提举宫官的祠官，幽居在山阴，更贴近了农村的自然景色。因此，他的诗也随着环境的变化而变化，田园风顿显。他的《镜湖（功名莫苦怨天悭）》是这样写的：

> 功名莫苦怨天悭，一棹归来到死闲。
> 傍水无家无好竹，卷帘是处是青山。
> 满篮箭竹瑶簪白，压担棱梅鹤顶殷。
> 野兴尽时尤可乐，小江烟雨趁潮还。

他的《故山》这首诗也有这种田园的质朴：

> 禹祠行乐盛年年，绣毂争先毷画船。
> 十里烟波明月夜，万人歌吹早莺天。
> 花如上苑常成市，酒似新丰不直钱。
> 老子未须悲白发，黄公垆下且闲眠。

可陆游真的安于现实吗？在这个现实的世界里，逃避现实是不可能的，可现实又无可安，那么，陆游的唯一出路，就是改造现实，而这也是陆游的现实主义精神之所在。他在《冬夜有感（其二）》中写道：

> 胸中十万宿貔貅，皂纛黄旗志未酬。
> 莫笑蓬窗白头客，时来谈笑取幽州。

陆游从来就不是一个逃避现实的战士。他在山阴期间，有关国事的各种消息，通过不同的渠道传到山阴，可他能做到的，只是自行其是，把自己的愁苦，寄寓到诗词中。他在《寓叹》中这样写道：

> 裘薄便冬暖，箪空畏午饥。
> 临成乞米帖，看入借车诗。
> 学古心犹壮，忧时语自悲。
> 公卿阙自重，社稷欲谁期？

73 岁的陆游，在《陇头水》一诗中发出了"报国欲死无战场"的悲喊：

> 陇头十月天雨霜，壮士夜挽绿沉枪，
> 卧闻陇水思故乡，三更起坐泪数行。
> 我语壮士勉自疆，男儿堕地志四方，
> 裹尸马革固其常，岂若妇女不下堂？
> 生逢和亲最可伤，岁辇金絮输胡羌。
> 夜视太白收光芒，报国欲死无战场！

这首诗，看似写陇上的壮士，实际上，陆游也写出了自己。就在陆游写下这首诗的第二年，也就是宋宁宗庆元三年（1197 年）五月，陆游的妻子王氏走完了她的生命历程。

陆游完全称得上是一个高产诗人，可他流传下来的诗作中，提到王氏的只有《自伤》这首哀悼诗：

> 朝雨暮雨梅子黄，东家西家蠼兰香。
> 白头老鲧哭空堂，不独悼死亦自伤。

齿如败屐鬓如霜，计此光景岂久长？

扶杖欲起辄仆床，去死近如不隔墙。

世间万事俱茫茫，唯有进德当自强。

往从二士饿首阳，千载骨朽犹芬芳。

这首诗的意思是：黄梅时节雨丝纷纷，东家西家幼小的兰花泛着幽香。白头的孤寡老人（也就是诗人自己）号哭着空荡厅堂，不只悼念死去的也独自悲伤。牙齿就如坏了的木屐，鬓也花白，打量这番时日，岂能够久长。刚拄着杖想要起来，转头却又扑倒在床，想我已经离死不远了啊！世间茫茫多少事，只有增益道德当作自强。过往的伯夷、叔齐两位贤人饿死在了首阳山上，千年以后，骨虽腐朽却仍自芬芳。

令人感到奇怪的是，这首总计 84 个字的七言古体诗，陆游未有一字言及王氏的贤德以及夫妻情感，反而主要写了自己年迈多病，决心隐居老死的"自伤"之情。要说没有一点哀悼，也不全对，其中的"白头老鳏哭空堂，不独悼死亦自伤"两句，就写出了陆游对王氏的哀悼之情。就陆游写唐婉的大量诗词来看，对王氏实在有些薄情。或许，这就是包办婚姻的后遗症吧！

"往从二士饿首阳"一句，典出《史记·伯夷列传》之中："天下宗周，而伯夷、叔齐耻属之，义不食周粟，隐于首阳山，采薇而食之，终身不出仕，最后皆饿死于首阳山上。"后来，多指有气节者所不能接受的新朝的俸禄。

更值得一提的是，陆游为王氏所作的《令人王氏圹记》这篇墓志铭，既没有写出王氏的名字以及出生年月日，也没有一字表彰其德才，更没有一字流露出陆游的哀伤和深情，与他代为他人妻室写作的墓志铭比较，极为逊色。不知道王氏泉下有知，是否也暗自伤感呢？这样的陆游，是否有些无情呢？

呜呼！令人王氏之墓。中大夫山阴陆某妻、蜀郡王氏，享年七十有一。封令人，以宋庆元町死岁五月甲戌卒，七月乙酉丧。祔付君舅少傅，君姑鲁国夫人墓之南冈。有子子虚，乌程丞。子龙，武康尉。子悇炎、子坦、子布、子聿。孙元礼、元敏、元简、元用、元雅。曾孙阿喜，幼未名。

陆游和王氏虽无爱情，但相濡以沫五十载，早已把王氏当作了自己的亲人。王氏故去，陆游的痛苦可想而知。

宋宁宗庆元元年（1195 年），朝廷党禁开始了，陆游虽然不在党禁之中，可他的知己好友都在其中。尽管陆游认为党争无异于内讧，消耗国力，他也得取舍自己的站队问题。

自从罢官以后，陆游连续四年担任祠官，可谓是"日绝丝毫事，年请百万钱"。从制度上说，陆游拿这些钱，合情合理，他自己也没觉得有什么不妥。但后来，涉及了站队问题，他选择了祠俸即将期满时，不再申请连任，从而和权贵划清界限。

因为陆游不再申请祠俸，宋宁宗庆元五年（1199 年）五月七日，一纸诏书下来，准予陆游致仕，当朝统治者根本就没有迁就陆游。所谓致仕，就是把陆游从现任官吏的名册中销号了，就连祠官也一并删除了。虽然"年请百万钱"没有了，生活窘迫起来，但陆游却觉得恬适浩然。由此，他在《致仕后述怀（其三）》中这样写道：

> 常辞问字酒，屡却作碑钱。
> 宁有骆堪騣，尚无车可悬。
> 小须梅雨霁，散发醉江天。

致仕以后，陆游更加坚定了安居农村的想法。宋宁宗庆元六年（1200 年），宁宗赵扩顾念这位老臣，把他的官衔提升为直华文阁，赏赐紫金鱼袋。虽然这是空衔，但对于陆游来说，也是一个极大的安慰。为此，他作了《恩赐龟紫》七绝两首：

其一

> 忆昔青衫上赤墀，颔间未有一茎丝。
> 岂知晚拜金龟赐，却是霜髯雪鬓时。

其二

> 已挂朝衣神武门，暂纡紫绶拜君恩。
> 儿孙贺罢还无事，雨笠烟蓑自灌园。

庆元六年三月初九，71 岁的朱熹在血雨腥风的"庆元党禁"运动中去世。朱熹死后，韩侂胄和他的左右把追悼列为禁条，不许任何人悼念。但陆游还是逆行而上，为朱熹写了悼文：

> 某有捐百身起九原之心，有倾长河注东海之泪，路修齿耄，神往形留，公没不亡，尚其来飨。

陆游的这篇悼文虽然只有 35 个字，却高度概括了朱熹的一生，同时，坚定地表明了自己的立场。

几个月后，韩侂胄因杨万里拒绝为他新建的南园作记，只好来找陆游。陆游念在他是宋代功臣韩琦的曾孙，同时，他还坚定不移地支持北伐，便答应了他，为他写了《南园记》。在陆游看来，作记远没有抗金的事大。可这一事件，却成了陆游日后被诟病的原因。

两年后，陆游带着儿孙又修了一条通往北山脚的路，路旁的空地上，用竹子做了篱笆，种上了四季花木，空地很快就变成了青枝绿叶，鸟语花香。陆游给这片花园取了一个诗情画意的名字——东篱。

只是让陆游没想到的是，宋宁宗嘉泰二年（1202 年），已经 78 岁高龄的陆游，又迎来了一纸诏书，获任中大夫、直华文阁，提举佑神观，兼实录院同修撰、兼同修国史。看似五个头衔，实际上只是最前面的那两项才是官阶，中间的那一项是俸禄所在，最后两项是实际职务和工作职责：修史，修孝宗、光宗史和本朝圣政录。让陆游感到欣慰的是，宁宗皇帝欣赏他的文才，虽然自己已经老迈，但还老有所用。尤其宁宗皇帝念在他年事已高，还给了他一项额外的恩准，特许他免朝贺。

在当时的文人中，陆游和杨万里无疑是佼佼者。就诗而言，两人势均力敌，各有所长。但在史才方面，陆游要略胜一筹。他的《南唐书》言简意赅，是一部非常有名的著作，这也是他 78 岁获得这份差事的主要原因。

嘉泰二年六月十四日，陆游在小儿子子聿的陪伴下，在盛夏酷暑之时来到了临安，住在了西湖畔官舍六舍。陆游计划在九个月内，做出一些成就来。

第二天，陆游按照礼制上札谢恩，表示自己会忠于职守，不负圣恩："臣乞身累年，忽蒙圣恩，起之山泽之间，使与闻大典，既不累以他职，又特宽其朝谒，责委之意，可谓重矣。"陆游还在《开局》这首诗中写道：

> 八十年光敢自期，镜中久已发成丝。
> 谁令归蹋京塵路，又见新开史局时。
> 旧吏仅存多不识，残编重对只成悲。
> 免朝愈觉君恩厚，闲看中庭木影移。

此外，陆游还写有一首《史院书怀》：

> 后死与斯文，犹能读典坟。
> 虽惭千载事，要是一生勤。
> 石磴霏霏雪，铜炉袅袅云。
> 扶衰又秋晚，何以报吾君？

陆游这次进京任职，已是三朝老臣。京城还是原来的京城，西湖依然是原来的西湖，只是物是人非，已经不见曾经的老臣故友。孝宗皇帝死了，光宗皇帝非但没能沿袭其父孝宗的垂孝典范，还懦弱无能，受制于李皇后，最后变成了精神病人。而挚友周必大、范成大、朱熹也已经先后谢世，陆游心中无限悲戚。

修史期间，陆游勤勤恳恳，尽职尽责。他在《九月初作》中写道：

> 九月都门凛欲霜，羸躯恩免立鹓行。
> 细书付吏誊初稿，和药呼儿对古方。
> 陋巷闭门常谢客，高斋扫地独焚香。
> 此生自计终何取？似有山林一日长。

陆游还在《今日史课偶少暇戏作五字》中写道：

> 仲夏入都门，堂瓦忽已霜。
> 史馆方抡才，我亦厕其傍。
> 三日败一笔，手胝视芒芒，

吏来督日程，炙冷不及尝。

今辰偶少静，扫地欲焚香，

市声塞我门，驺呼过我墙。

鄙性不耐喧，恍悦意欲狂。

天生两穷耳，只堪听啼蝅。

　　忙碌之余，陆游偶尔和史官们三五出游，游天竺寺，拜访灵隐寺，生活还是很愉快的。这年冬天，陆游正式出任提举佑神观，不久，陆游又被增加了秘书监的任务。他心存感激，便作了一首《馆中书怀》：

流落逢明主，恩光集晚途。

题名惊手战，拜阁藉人扶。

枉辱三华组，终归一腐儒。

库书时取读，犹足补东隅。

　　诗中所说的"三华组"，是指国史馆、实录院和秘书监。

　　宋宁宗嘉泰三年（1203年）正月，《孝宗实录》五百卷、《光宗实录》一百卷已经完成。皇恩有加，陆游受封为宝谟阁待制，官衔上升一级，从四品。但此时，陆游在临安的时间，已经超过了事先说好的九个月期限。陆游思乡之情愈加强烈，便呈请还乡。他在《纵笔》这首诗中写道：

小儿读书耕且养，老夫入朝仕易农。

明春史成许归去，父子相逐歌年丰。

　　陆游请求还乡，主要有两个方面的原因，一是他年届八十，人老了眷念故土；二是他做的是史官，壮志难酬，心气自然不高。他在《杂兴十首以贫坚志士节病长高人情为韵》中写道：

君子尚大节，又甚恶不情，

鲁连故可人，用意终近名。

千载高夷齐，采薇忘其生，

周公述易象，所以贵幽贞。

去圣虽已远，江左见渊明；

我读饮酒诗，朱弦有遗声。

杂兴又此身漂荡等流槎，

陋巷无心长草莱，柴门偶自不曾开。

余龄渐迫诸孙长，徂岁将穷积雪来。

旦欲燎衣无宿烬，暮思赪颊但空罍。

孰知自有忘忧处，绕坐新书正作堆。

　　这首诗中，诗人从"大节"入手，将陶渊明与鲁仲连作对比，希望自己尚"大节"而归隐。由此，诗人心情惨淡，勉强修史之情表露无遗。

　　建泰三年四月，韩侂胄邀请陆游游园。当游览到阅古泉时，只见水清如镜，深不见底。就在大家啧啧称奇时，韩侂胄看着陆游，希望他能作一篇《阅古泉记》，陆游欣然接受，写道：

　　太师、平原王韩公府之西，缭山而上，五步一磴，十步一壑。崖如伏鼋，径如惊蛇。大石，或如地踊以立，或如翔空而下，或翙如将奋，或森如欲搏。名荎硕果，更出互见；寿藤怪蔓，罗络蒙密。地多桂竹，秋而华敷，夏而箨解，至者应接不暇。及左顾而右盼，则呀然而江横陈，豁然而湖自献。天造地设，非人力所能为者。其尤胜绝之地曰阅古泉，在溜玉泉之西，缭以翠麓，覆以美荫。又以其东向，故浴海之日，既望之月，泉辄先得之。衮三尺，深不知其几也。霖雨不溢，久旱不涸。其甘饴蜜，其寒冰雪，其泓止明静，可鉴须发。至游尘堕叶，常若有神物呵护屏除者，朝暮雨，无时不镜如也。泉上有小亭，亭中置瓢，可饮可濯，尤于烹茗酿酒为宜。他名泉俱莫逮。公尝与客相羊泉上，酌以饮客。游年最老，独尽一瓢。公顾而喜曰："君为我记此泉，使后世知吾辈之游，亦一胜也。"游按泉之石壁有唐开成五年道士诸葛鉴元八分书题名，盖此泉潜伏弗耀者几四百年，公乃复发之。而阅古盖先忠献王以名堂者，则泉可谓遇矣。游起于告老之后，视道士为有愧，其视泉尤可愧也。幸旦暮得复归故山，幅巾袒褐，从公一酌此泉，而行尚能赋之。嘉泰三年四月乙巳山阴陆游记。

从这篇记里，不难看出陆游已经提出了还乡的请求。

陆游的还乡呈请被批准后，于嘉泰三年（1203 年）五月十四日离开京城临安，启程回乡。为此，他兴奋地写下了一首《乍自京塵中得归故山作五字识喜》：

> 门巷如秋爽，轩窗抵海宽。
> 初还缓若若，已觉面团团。
> 引睡拈书卷，偷闲把钓竿。
> 人生快意事，五月出长安。

第九章

王师北定中原日
家祭无忘告乃翁

01 结交稼轩，志同道合

　　宋宁宗嘉泰三年（1203 年）五月，陆游在完成了修史著书的任务后，回到山阴。他先是住进了会稽石帆别业，然后时常出游。在七子子聿的陪伴下，陆游南边抵新昌，北边达海上，许多地方都留下了父子俩的足迹。

　　岁月匆匆，一晃之间春去夏来，诗人再次出游。陆游到了平水（今浙江省绍兴市境内）后，不胜感慨。于是，他便写下了一首《初夏行平水道中》：

　　　　老去人间乐事稀，一年容易又春归。
　　　　市桥压担莼丝滑，村店堆盘豆荚肥。
　　　　傍水风林莺语语，满原烟草蝶飞飞。
　　　　郊行已觉侵微暑，小立桐阴换夹衣。

　　首联"老去人间乐事稀，一年容易又春归"这两句，诗人便以抒发感慨的议论提起：人老了，感到生活中乐事不多。时间一年年地过去，眼下春天又要过去了。这两句，从陆游的经历来看，不应视作叹老嗟卑的陈词。诗人有志难伸，被迫赋闲，光阴空逝，欲挽无由。当此之际，诗人不会没有"战马死糟枥，公卿守和约"的激愤，只是这首诗，没有触着这方面的话题，因而显得出语平和。不过，"容易"和"又"两个词语，还是约略透出了一丝感慨之情。诗的中间两联承接"春归"二字落笔，具体展示了初夏时分，平水道上的景象。

颔联"市桥压担莼丝滑，村店堆盘豆荚肥"两句，则写了集市风光，桥上莼丝担，路旁小酒店。"莼丝"就是莼菜，一种水生草本植物。春天时，嫩叶便可以食用，到了夏季，就会大量繁衍。莼菜的形状和口感都很特殊，它的叶背和嫩茎处都是胶状透明的，如果切丝作羹，滑腻可口。陆游生于江南，对于其味深有体会，一个"滑"字，最能表现莼菜特色。桥头是过往行人必经之路，莼丝担停在桥头，可谓善于选择地址。从"压"字可见，担中莼丝数量不少。在这桥畔村头，酒店自然是少不了的。初夏时，豌豆、黄豆相继饱满，人们习惯带夹水煮，用以佐酒。村店中，常可以看到店家用粗瓷碟子堆起几盘，以招徕顾客。这两句，不仅尽现了时令特点，还写出了江南水乡的地方特色。

颈联"傍水风林莺语语，满园烟草蝶飞飞"两句，转而写初夏自然风光。傍水林中，随风传来声声莺语。市上人家的园内，碧草如烟，蝴蝶翩翩起舞。诗人没有直接说"莺语""蝶飞"，而是将动词叠用，说成"莺语语""蝶飞飞"，使情景更为热闹，读来给人以亲切之感，也表达了诗人的愉悦心情。

尾联"郊行已觉侵微暑，小立桐阴换夹衣"两句是说，初夏时节，在郊外稍微走得时间长点，就会感到暑气袭人。于是，诗人取出单衣，在梧桐树荫下站立片刻落落汗，便换下了夹衣。"小立桐阴换夹衣"，是这首诗的点睛之笔，最为动人。诗人描绘了这一生活琐事，而换衣之处，是历来以喻清节的梧桐之阴，就更增添了几分雅致。

纵观全诗，尽管诗中没有一个"喜""乐"等字眼，可诗人的欣喜之情，却漫溢于画面之中，让人读之心醉神怡。同时，也诠释了陆游诗极富生活情趣的一面。

没多久，陆游的小儿子子聿以致仕恩补官，因此忙碌了起来。陆游回归田园，终日婆娑于老学庵，沉浸在读书、作诗之中。偶尔倦怠了，便挂着拐杖到小园中小憩。他的《书室明暖终日婆娑其间倦则扶杖至小园戏作长两首》是这样写的：

其一

> 放翁老手竟超然，俗子何由与作缘？
> 百榼旧曾夸席地，一窗今复幻壶天。
> 梦回橙在屏风曲，雨霁梅迎拄杖前。
> 吾忧吾庐得安卧，笑人思颍忆平泉。

其二

> 美睡宜人胜按摩，江南十月气犹和。
> 重帘不卷留香久，古砚微凹聚墨多。
> 月上忽看梅影出，风高时送雁声过。
> 一杯太淡君休笑，牛背吾方扣角歌。

这首诗，主要写诗人在书室和小园之间的活动情况，把生活细节和片段感想贯穿起来，反映出诗人老年好学不倦的精神。

第一首诗的首联，概述兼作小帽，自表老年闲居的"超然"脱俗。"老手"，老年身手，犹老身。

颔联出句忆旧，写壮年时自己饮量大，能"席地"而坐，喝它"百榼"。在诗人回忆南郑的诗篇中，就有"雪中痛饮百榼空"的诗句。对句写当今，切题目的"明"字，写书室阳光明亮，窗边景色旖旎，不异"壶中"天地。"壶天"，本指神仙境界，这里的意思是书室虽小陋，亦足徜徉自适。这联今昔对照，豪情消减、投老湖村的感慨见于言外。

颈联出句，写梦醒之后看见曲折的屏风边放着一些橙子，引起了诗人对旧日爱情的回忆。橙子与诗人的前妻唐婉有关，他在《悲秋》中写下"梦回有恨无人会，枕畔橙香似昔年"，在《十一月四日夜半枕上口占》中写下"檐间雨滴愁偏觉，枕畔橙香梦亦闻"等等，都能证明这一点。也只有明白橙子的这个关联，才能体味这句诗的命意所在。对句写"雨霁""拄杖"出游，迎面见着早梅的情景。诗人炼字的功夫极深，"迎"字之传神，可通过《探梅》一诗的"欲寻梅花作一笑，数枝忽到拄杖边"两句略见一二。

尾联写平屋小斋，亦自可爱，不必求田问舍，经营阔气的园林别墅。"吾忧吾庐"，出自陶渊明的《读山海经》中的"吾亦爱吾庐"之句。"思颍"，是个地名。指宋代欧阳修知思颍后，喜欢思颍风物，在那买田筑室。"平泉"，指唐朝李德裕在洛阳的平泉别墅，饶园林之胜。

这首诗中，陆游自己也做了注释："李卫公忆平泉山居，欧阳公思颍诗，皆数十首。"

第二首诗的首联，写江南十月天气温和、"美睡宜人"，切题中的"暖"字。颔联细致地刻画了室中帘不卷而"留香久"，砚微凹而"聚墨多"，是陆游的经典名句。这两联，写的都是白天，而颈联则转写晚上。出句写"月"映"梅影"的幽细；对句写"风高"传送"雁声"的凄清。尾联引用了春秋齐桓公的卿相宁戚没出仕前为人挽车，在车前"扣牛角而歌"的典故，写喝淡酒亦可酣歌，除了自表颓放，兼有感叹壮志未伸之意，含义隐微。

这两首诗，虽然都是诗人怀旧写今，描景抒情，但描写细致、布局精巧、错落有致，思议古人、解嘲自适、壮气难回、旧恨萦心均随手拈来。伤感的、慷慨的、凄恻的、疏淡的、豪放的、朴素的等各种情感，不拘泥于一定的线索和集中的题材，统统归于闲适清淡的风格以及安贫乐道的意境里。

初秋的天气，清凉宜人，小园里的乌桕、微丹、菊花渐开。陆游徜徉其中，兴致勃勃地作了一首《秋思》：

乌桕微丹菊渐开，天高风送雁声哀。

诗情也似并刀快，翦得秋光入卷来。

这时，忽然有人喊道："辛知府到！"陆游不觉一愣："辛知府？"随后，他马上顿悟过来，没来得及整理衣服便迎了出去。这时，就听来人说道："放翁兄，一向可好？"声到人到，陆游抬步往外走时，辛弃疾已经来到了陆游面前。

辛弃疾别号稼轩，是南宋词坛豪放派的代表人物。他是山东济南人，文武兼备，能攻善战，一生志在恢复。可他和陆游一样，壮志难酬，只能把满腔激情和对国家兴亡、民族命运的关切、忧虑，统统寄寓到词作之中。

辛弃疾词的艺术风格多样，沉雄豪放之中，不乏细腻柔美，而且题材广泛，善于引经据典，对后世有着深远影响。

辛弃疾比陆游小 15 岁。但从两人神交算起，已经有 40 多个年头。宋高宗绍兴三十二年（1162 年），22 岁的辛弃疾组织 2000 多人，在济南山区起义，投入耿京领导的义军抗金。他自限三天，追捕逃走的叛徒异端。他带领50 名士兵，长驱直入，冒险闯入敌营，抓回叛将张安国，又连夜狂奔千里，将其押解到临安（今浙江省杭州市）正法。辛弃疾带着巨大的胜利果实回到南宋，不但不被重用，还被当成奸细一样防范。当时，陆游正在行在枢密院任编修官，少年英雄的形象，从此烙印在了陆游的脑海里。陆游时常和儿子们讲起辛弃疾，在孩子们的心目中，辛弃疾就是一个大英雄。

宋孝宗赵昚即位后，陆游意气风发地帮着张浚策划北伐。当他得知辛弃疾并没有被重用后，大胆向朝廷提议，要求重用流亡江南的北方英贤。陆游的这个建议不但没有被采纳，随后还遭到罢免。因此，陆游和辛弃疾只能默默地关注着彼此，惺惺相惜，却无缘得见。

韩侂胄扯起抗金收复中原的大旗，聚拢那些身负盛名、力主抗金的人士，壮大声势。陆游 78 岁应诏出仕，去当编撰官，本是怀着北伐收复中原的愿望，可却受到与韩侂胄政见不合者的非议。此时，6 年多没有音信往来的好友杨万里，特意寄了一封信，述说问候和思念的同时，大有责备之意。当看到韩侂胄北上抗金的准备工作华而不实后，陆游深感无奈和忧虑。可当时他仅仅是个史官，无权参与和过问北伐大计，他的希望再次落空，因此修完史后，匆忙返乡养老。

陆游回到山阴还不到一个月，辛弃疾就被任命为绍兴知府兼浙东安抚使，来到了绍兴。如此机缘巧合，两位爱国文人才有了这次历史性的相见。

一到绍兴，辛弃疾便马不停蹄地前来拜会陆游。终于，神交已久的两位老人，双手紧紧地握在了一起，久久不肯放开，各自都激动得热泪盈眶。此时，陆游 79 岁，辛弃疾 64 岁。

随从下去后，两个人聊了起来。毫无疑问，两个人有着太多的共同点。早前，两人都曾过着颠沛流离的生活，都有爱国爱家的赤胆忠心，而且性格奔放豪迈，都视恢复中原为己任。陆游有过一段火热的军旅生涯，辛弃疾更是有过千军万马中取敌将首级的英雄壮举；陆游文采飞扬，是豪放诗派的领军人物，辛弃疾才情出众，是南宋豪放词派的宗师。仕途上，两人都被排斥，被冷落，空有满腔抱负，却都无处施展。辛弃疾到绍兴任职前，被罢免了 8 年，而陆游被罢免了 12 年。他们从南北大势，谈到朝廷，又论诗词歌赋。先是茶，后是酒，剪烛夜话，千杯不醉，万余嫌少，不知不觉中，东方已经发白。

辛弃疾虽然公务繁忙，但不时来山阴三山探访陆游。

期间，辛弃疾见陆游的草堂冬不挡风，夏不遮雨，几次三番地要为陆游重新翻建，但陆游连连婉拒说："不可！不可！我儿子已在外为官，略有薄俸，吾不孤也。卿后必担大任，所用之处多矣！若有所余，可庇寒士，济人才，则我心足矣！"为此，陆游在《草堂》这首诗中写道：

> 幸有湖边旧草堂，敢烦地主筑林塘。
>
> 漉残醅瓮葛巾湿，插遍野梅纱帽香。
>
> 风紧春寒那可敌，身闲书漏不胜长。
>
> 浩歌陌上君无怪，世谱推原自楚狂。

陆游和辛弃疾相处半年后，韩侂胄招辛弃疾去临安商讨北伐之事。听到这个好消息，辛弃疾第一时间告诉了陆游，陆游心情矛盾而又复杂。如今，二人已经结下深厚的友谊，陆游有些依依不舍。但北伐是民族大义，辛弃疾又是所有爱国人士寄予厚望的人，陆游对他也寄予了很大的期望。在辛弃疾临行时，陆游连夜赶写了《送辛幼安殿撰造朝》这首长诗，为他饯行：

> 稼轩落笔凌鲍谢，退避声名称学稼。
>
> 十年高卧不出门，参透南宗牧牛话。
>
> 功名固是券内事，且葺园庐了婚嫁。
>
> 千篇昌谷诗满囊，万卷邺侯书插架。
>
> 忽然起冠东诸侯，黄旗皂纛从天下。
>
> 圣朝仄席意未快，尺一东来烦促驾。
>
> 大材小用古所叹，管仲萧何实流亚。
>
> 天山挂旆或少须，先挽银河洗嵩华。
>
> 中原麟凤争自奋，残虏犬羊何足吓。
>
> 但令小试出绪余，青史英豪可雄跨。
>
> 古来立事戒轻发，往往逡夫出乘罅。
>
> 深仇积愤在逆胡，不用追思灞亭夜。

在这首送别诗里，陆游再次提出团结对外的要求，希望辛弃疾摈弃所有的个人恩怨。诗中，陆游倾注了全部的热情和期望，毫不吝惜笔墨，全方位地赞扬了辛弃疾，盼望他大展宏图，一雪金人带来的耻辱。

辛弃疾走时，陆游追出很远，一再叮嘱他要奏明圣上，北伐必行，须从长计议，筹谋全局而后动，万不可轻易发兵。两个人都不知道，这一次的分别，竟是两人的诀别。

辛弃疾满怀热望地到了临安，坚定"金兵必败"，内心对南宋的国内形势有些认识不足。宋宁宗赵扩召见辛弃疾时，多次说起"金兵乱必亡"之理。但是，宁宗皇帝没有和他探讨北伐之事，而是谈盐政的得失和管理，并派他出任镇江知府。陆游和辛弃疾的热望再一次落空，两人空欢喜了一场。

陆游无数次呆呆地站在园中，张望着辛弃疾每次来时的路，不断重复着"时移世易，物是人非"。

中原的消息不断传来，女真内部动荡不安，国库空虚，似乎即将面临一场惨败。陆游时刻关注着局势，便在《壮士吟次唐人韵》这首诗中写道：

> 士厌贫贱思起家，富贵何在发已华。
> 不如为国戍万里，大寒破肉风卷沙。
> 誓捐一死报天子，兜鍪如箕铠如水。
> 男儿堕地射四方，安能山栖效园绮！
> 塞云漠漠黄河深，凉州新城高十寻。
> 风餐露宿宁非苦，且试平生铁石心。

战事还没发动，陆游就开始期待胜利的消息。他在《书事》这一绝句中写道：

> 闻道舆图次第还，黄河依旧抱潼关。
> 会当小驻平戎帐，饶益南亭看华山。

这是陆游四首绝句中的一首。在诗人丰富的想象中，胜利得以实现。不过，这也只是诗人的想象罢了。

02 重访沈园，思念唐婉

　　到了晚年，陆游总是感慨自身的遭遇。除了壮志难酬，还有他心底深处的那个人——唐婉。宋宁宗开禧元年（1205 年），已经 81 岁的陆游做了一个梦：梦中，他走在通往城南沈园的道路上。越往前走，他就越不敢放开步子。沈园，那是他最后一次看见唐婉的地方，幽静的小径上，唐婉踽踽而行，两人不期而遇。每念及脑海中那惊鸿一瞥的一幕，都让他痛彻心扉。可似乎也唯有在沈园，才能慰藉他的思念。如今，50 年过去了，自己再走进沈园，梅花芬芳依旧，游客的衣袖上还常挂着梅花，别致的小桥，依然静静地泡在绿水中，仿佛当年的模样，只是人已经不在了。他走到当年题诗的那面墙壁前，上面落满灰尘，《钗头凤·红酥手》的墨迹，都快被灰尘遮盖住了。

　　陆游醒来后，意味悠长地写下了《十二月二日夜梦游沈氏园亭（二首）》：

其一

　　　　路近城南已怕行，沈家园里更伤情。

　　　　香穿客袖梅花在，绿蘸寺桥春水生。

其二

城南小陌又逢春，只见梅花不见人。

玉骨久沉泉下士，墨痕犹锁壁间尘。

几十年的风雨生涯，唐婉早已香消玉殒，但她依然活在陆游的心中。陆游始终无法排遣心中的那份眷恋，数次到沈园，抚今追昔。

宋光宗绍熙三年（1192 年），当时 68 岁的陆游一直闲居在家，便到禹迹寺走走。他经过一座园林的小门时，无意间才发现竟是沈园。陆游进入园中，发现景物已有了很大的变化。他走过唐婉走过的小径，寻找着昔日曾经的倩影。秋风拂过，树叶沙沙作响，把陆游从久远的回忆中拉回到现实。他落寞地来到园内自己当年题词的墙壁前，上面已经落满灰尘，将字迹覆盖上了。陆游诵读遗篇，触目惊心，往事分明，触绪生悲，老泪纵横。他呆呆地坐在那，直到夕阳西下，才蓦然惊觉，忙起身离开小园。

出来的时候，陆游和路边卖酒的老翁打听，这才知道沈园已经三易其主了。回去后，陆游无限感慨地写下了一首《禹迹寺南》，以抒长恨：

枫叶初丹槲叶黄，河阳愁鬓怯新霜。

林亭感旧空回首，泉路凭谁说断肠！

坏壁醉题尘漠漠，断云幽梦事茫茫。

年来妄念消除尽，回向禅龛一炷香！

这首诗，原题目是《禹迹寺南，有沈氏小园。四十年前，尝题小词一阕壁间。偶复一到，而园已三易主，读之怅然》。

第三句中的"空"字，是这首诗的"诗眼"。诗人落笔，即于首联写空冷之景。玉露流空，秋山正寂，枫树初丹，槲叶已黄。当此之时，唯有一幡然老翁，愁对新霜。"枫叶初丹槲叶黄，河阳愁鬓怯新霜"这二句，通过枫"丹"槲"黄"霜"白"等一系列的色彩描绘，渲染了深秋的景象。

颔联写空寞之感。秋色满眼，愁绪萦怀，而林间小亭，尤惹人旧情。昔日佳人于此殷勤致意，如今唯有诗人抚迹伤心。园林萧瑟，人去台空，回首往事，空生怅惘。然幽明路隔，重见无期，青鸟难觅，衷肠谁诉？

颈联写空虚之情。生者肠已断，死者阒无闻。但那残破的墙壁上，当年的题诗还在，只是尘渍苔侵，依稀能辨。而昔日欢爱，已如巫山云散，高唐梦醒，事已杳杳，情犹绵绵。

中间的颔、颈两联，与苏轼词《江城子·乙卯正月二十日夜记梦》中的"十年生死两茫茫，不思量，自难忘。千里孤坟，无处话凄凉"两句情意相似。只是苏轼直抒情怀，而陆游则寓情于景。苏词真率，如江河直下；陆诗委婉，似溪流百折。此情此景中，导致了诗人的空无之念。既然世事已如空花，空门也就成了唯一可以安慰心灵之处。

诗的最后一联，诗人说自己近年已消尽一切非分的欲念，虔心顿首在佛龛之前。可这又怎么能平息那难愈的悲愤？事实上，诗人对唐婉一往情深，始终不能自已。在这似乎已经看穿一切的言辞背后，正是诗人永远不能忘怀的长恨。

墨痕掩不住泪痕和血痕。从字面来看，此诗似以"空"字贯穿始终，但在那空冷之景中跳动的，却是诗人那颗灼热的心。诗人的空寞之感，起于对幸福生活的无限向往。而若没有那难以忘却的旧情，也就不会产生眼下的空虚之感。至于空无之念，更是创巨痛深之后的愤激之言。否则，诗人决不会如此情深意切，诗也绝不可能具有这么巨大的感人力量。云空实未空，这是打开此诗的一把钥匙。

都说爱一个人而爱上一座城，陆游又何尝不是呢？陆游被誉为"亘古男儿一放翁"，也曾自称"老夫壮气横九州"，渴望"上马击狂胡，下马草军书"，是一个豪气冲天的大丈夫，更是写下了大量天风海雨般的作品。可是，这只是诗人诗风的主导一面，他还有另一面，即个人家庭的悲欢离合、儿女情长的缠绵悱恻。诗人抒发这类感情的作品，哀婉动人，这和他与结发妻子唐婉的爱情悲剧不无关系。沈园是他和唐婉离婚后唯一相见之处，也是永诀之所，有他刹那的欢喜，也有他永久的悲伤。沈园对于陆游而言，有着别样的情愫，是他心里永远的春天。在他75岁那年，陆游再次来到沈园，心潮澎湃地作了《沈园二首》：

其一

城上斜阳画角哀，沈园非复旧池台。
伤心桥下春波绿，曾是惊鸿照影来。

其二

> 梦断香消四十年，沈园柳老不吹绵。
>
> 此身行作稽山土，犹吊遗踪一泫然。

陆游与唐婉沈园偶遇后不久，唐婉便郁郁寡欢，抱恨而亡，更加重了陆游的心灵创伤。从此，陆游的悲悼之情始终郁积于怀，50 余年间，陆续写了多首悼亡诗，《沈园二首》便是其中最脍炙人口的两首。

《沈园二首》是诗人触景生情之作。此时，距沈园邂逅唐婉已经过去了 45 年，但缱绻之情非但没有丝毫减少，反而随着岁月之增而加深。

第一首诗是诗人回忆沈园相逢之事，悲伤之情充溢楮墨之间。

作为全诗的背景，"城上斜阳"，不仅点明了时间——傍晚，还渲染出一种悲凉的氛围。"斜阳"惨淡，给沈园涂抹上一层悲凉的感情色彩。于此视觉形象之外，又配以"画角哀"的听觉形象，更增悲哀之感。"画角"，是一种彩绘的管乐器，古时军中用以警昏晓，其声高亢凄厉。而这里的"哀"字，更是诗人悲哀之情的外射，是当时心境的反映。作为沈园的陪衬，这一句营造了有声有色的悲境效果。

次句即引出处于悲哀氛围中的"沈园"。诗人在《禹迹寺南》一诗中，就有"坏壁醉题尘漠漠"之句，可见那时的沈园已经有了很大的变化。而现在，又过去了 7 年，更是面目全非，不仅"三易主"，且池台景物也不复可认。诗人多么渴望旧事重现。尽管那是悲剧，但毕竟能够一睹唐婉芳姿，可以慰藉诗人的思念之情。当然，这是幻想不得已而求其次。陆游又希望沈园此时的一池一台，都能保持当年与唐婉相遇时的情景，以便旧梦重温，借以自慰。可现实太残酷，如今不仅心上人早已作古，连景物也非复旧观。此刻，诗人心境之寥落可想而知。

但是，诗人并不就此作罢，他仍竭力寻找可以引起回忆的景物，于是看到了"桥下春波绿"一如往日，犹如见到故人一样。只是此景引起的不是喜悦，而是"伤心"的回忆："曾是惊鸿照影来。"44 年前，唐婉恰如曹植《洛神赋》中所描写的"翩若惊鸿"的仙子，飘然降临于春波之上。她是那么婉娈温柔，又是那么凄楚欲绝。离异之后的不期而遇，所引起的只是无限"伤心"。诗人赋《钗头凤·红酥手》，抒写出"东风恶，欢情薄"的愤懑、"泪痕红浥鲛绡透"的悲哀、"错！错！错！"的悔恨。唐婉的和词，亦发出"世情薄，人情恶"的控诉、"今非昨，病魂常似秋千索"的哀怨。虽然已过了四十多个春秋，可诗人的"一怀愁绪"，仍然绵绵不绝，只是遗憾的是，"玉骨久成泉下土"，一切早已无法挽回，那照影惊鸿已一去不复返了。然而，只要此心不死，此"影"将永在心中。

第二首诗，写诗人对爱情的坚贞不渝。

首句感叹唐婉溘然长逝已四十年了。自古以来，常常以"香消玉殒"来比喻女子之亡，"梦断香消"即指唐婉之死。陆游在 84 岁时，也就是临终的那一年，还写下悼念唐婉诗《春游》，他其中写道："也信美人终作土，不堪幽梦太匆匆。"此时，唐婉已经故去 44 年，这里的"四十年"是取其整数。而这一句充满了刻骨铭心之真情。

次句写诗人看到的沈园景色：柳树已老，不再飞绵。这是一种借以自喻的比兴：诗人 68 岁时来沈园，就已经自称"河阳愁鬓怯新霜"，而此时年逾古稀，就像园中的老树，已无所作为，对个人生活更没有什么追求。"此身行作稽山土"，则是对"柳老"内涵的进一步说明。"美人终作土"，自己亦将埋葬于会稽山下而化为黄土。此句目的，是反衬出尾句"犹吊遗踪一泫然"，即对唐婉坚贞不渝之情。一个"犹"字，使诗意得到升华：尽管自己将不久于人世，但对唐婉的眷念之情永不泯灭。尽管个人生活上已无所追求，但对唐婉之爱历久弥新。所以，对沈园遗踪还要凭吊一番而泫然涕下。"泫然"二字，浸透了诗人许多复杂的感情，其中，有爱，有恨，有悔，让人体味无尽。

陆游所作的《沈园二首》，与他慷慨激昂的诗篇风格大不相同。因为感情性质不一样，这两首诗的艺术表现手法自然不同，既深沉哀婉，又含蓄蕴藉，但朴素自然的语言特色一如既往。

嘉定元年戊辰（1208 年）的春天，时年已经八十四岁的陆游身体越来越差了。这天天气晴朗，陆游想到沈园走走，于是儿孙们搀扶着他，于有生之年最后一次来到沈园。

沈园里的绒花开得热烈，一树一树的绒花，妖媚而娇艳。陆游来沈园，欣赏的无非就是那么几处景物，那种执着的爱牵扯着他的脚步。他来到熟悉的葫芦池边，留下了一首《沈园葫芦池诗》：

可怜情种尽相思，千古伤心对此池。

滴下钗头多少泪，沈家园里草犹悲。

一池碧水，怎能载得动诗人的千载爱恋。回到家后，陆游言犹未尽，又提笔写下了一首《春游》：

沈家园里花如锦，半是当年识放翁。

也信美人终作土，不堪幽梦太匆匆。

陆游三访沈园，往昔幽梦如昨，佳人早已不再，空悲切。被强行拆散的恩爱夫妻，使《钗头凤·红酥手》的凄美和叹息，有了落点。晚年的陆游，仍不断地思念着唐婉，一而再再而三地赋诗寄情。如果没有那么伤心、怀念，就不可能有这么多的诗篇。固然，唐婉是不幸的，可从另一种角度来说，她又何等地幸运，能被陆游如此地思念、珍藏，而且是一生一世！

03 言传身教，耕读家风

陆游的一生，把爱情给了唐婉，把亲情给了王氏，把父爱给了孩子。陆游 49 岁时，还纳了一妾，名唤杨氏，给他生了六子子布、七子子聿和小女定娘。可惜的是，这个定娘两岁时就夭折了。为此，有人说陆游的一生把喜欢给了杨氏，也不为过。

在对儿女们的培养教育上，陆游动了许多心思。通过《示儿礼》一诗，他告诫儿女要做好人：

> 燕居侍立出扶行，见汝成童我眼明。
>
> 但使乡间称善士，布衣未必魄公卿。

陆游看到几个儿子一直精心地照顾他，感到由衷地高兴。孩子们都长大了，陆游从他们身上看到了未来和希望。他告诫儿子，如果你们身上有让百姓称道的好品德，即便是个普通百姓，也丝毫不逊色于高官显爵。做人，要做好人，必须做到有错就改，见贤思齐。他在《示儿》一诗中写道：

> 闻义贵能徙，见贤思与齐。
>
> 食尝甘脱粟，起不待鸣鸡。
>
> 萧索园官菜，酸寒太学斋。
>
> 时时语儿子：未用厌锄犁。

这首诗中，陆游谆谆教导儿子，人不可能生来就贤德，重要的是看到贤德的人和事能够自觉地去对照、去学习。

陆游一生经历坎坷，深知仕宦的艰难，尤其做一个忠贞爱国、廉洁自守的好官，更是如同逆水行舟，阻力重重。因此，他不希望自己的儿子去走仕途，而是希望自己的儿子走务农之路。他对儿子们说："我家本是农，再能为农，这是上策；杜门谢客，不应举、不求仕是中策；安于小官，不慕荣达，这是下策。"除此之外，他还告诉儿子们，仕宦变化无常，不去做官而去为农，没什么遗憾的。但孩子又自有自己的理想和抱负，这是作为父亲所无法左右的。

在诗文创作上，陆游取得了辉煌的成就，积累了丰富的经验，可他从不满足。在他看来，他还没有达到最高境界。因此，对于儿子的教育，他始终从实际出发，结合自己学习诗歌创作的亲身经历，语重心长地告诉儿子，诗歌创作决不能耍小聪明、做文字游戏，而是要下苦功夫。他在《示子聿》这首诗中写道：

> 我初学诗日，但欲工藻绘。
>
> 中年始少悟，渐若窥宏大。
>
> 怪奇亦间出，如石漱湍濑。
>
> 数仞李杜墙，常恨欠领会。
>
> 元白才倚门，温李真自郐。
>
> 正令笔扛鼎，亦未造三昧。
>
> 诗为六艺一，岂用资狡狯？
>
> 汝果欲学诗，工夫在诗外。

在诸多孩子中，因为小儿子子聿陪在身边的时候最多，陆游对他的教育更是用心良苦。他通过这首五言诗，告诉子聿诗歌乃"六艺"之一，决不能靠侥幸取巧，唯有功夫深才行。

知书达理，一直是陆游在子女教育上十分注重的一点。他说："古人做学问是很努力的，往往是年轻时候开始努力，到了老年才取得成功。"后来他又说："现在我已老了，可你们正是读书的好时机，要刻苦攻读，莫失良机，希望你们一定牢记我的劝告。"他还说："读书做学问，最重要的是学以致用，身体力行。"陆游不仅要求自己"善言座铭要躬行"，更告诫子孙"学贵身行道""字字微言要力行"。"力行"，就是要学习古人的高风亮节，不媚权贵，不干利禄，不污大节，廉洁自守，处处谨慎，时刻想着报效祖国。他要求儿子们做学问要多实践，不能死啃书本，毕竟书本上得来的东西是别人的经验总结，并不见得适合自己。他在《冬夜读书示子聿》中写道：

> 古人学问无遗力，少壮工夫老始成。
> 纸上得来终觉浅，绝知此事要躬行。

这是一首教子诗。诗人以"古人学问无遗力，少壮工夫老始成"两句作为开篇，先对古人刻苦学习的精神给予了高度赞扬，并讲清了做学问的艰难。诗人告诉自己的儿子，只有在少年时就养成良好的学习习惯，竭尽全力地打好扎实的基础，将来才能成就一番事业。诗人从古人做学问入手娓娓道来，其中"无遗力"三个字，指明了古人做学问时勤奋努力、孜孜不倦的程度，既生动又形象。诗人语重心长地告诫儿子，要趁着青春年少精力旺盛，抓住美好时光，奋力地拼搏，不要让青春年华付诸东流。

"纸上得来终觉浅，绝知此事要躬行"两句，强调了做学问应该如何努力、功夫应该下在哪里的重要性。孜孜不倦、持之以恒地学知识固然很重要，但仅仅这样还远远不够。因为书本上的知识，是前人实践经验的总结，做学问不能纸上谈兵，要"亲身躬行"，善于实践。一个既有书本知识，又有实践经验的人，才是真正有学问的人。书本知识是前人的经验总结，是不是符合此时此地的情况，还有待于通过实践去检验。只有经过亲身实践，才能更好地领悟书本上的知识，并把它变成自己的实际本领。诗人从书本知识和社会实践的关系着笔，强调实践的重要性，凸显了诗人的真知灼见。"要躬行"包含两层意思：一是学习过程中要"躬行"，力求做到口到、手到、心到；二是获取知识后，还要"躬行"，通过亲身实践化为己有，转为己用。诗人的意图非常明显，旨在激励儿子不要片面满足于书本知识，而应在实践中夯实和进一步获得升华。

诗人通过这首教子诗，讲明了实践和书本知识的关系，强调了实践的重要性。人们可以从书本中汲取营养，学习前人的知识和技巧，但也要通过实践，转为己用。只有通过"躬行"，把书本知识变成实际知识，才能用所学知识指导实践，实现知识的转化。诗人通过对儿子子聿的教育，告诉人们做学问要专心致志、持之以恒，既能把书本知识学以致用，又能在实践中发挥、创新。

这首诗写于宋宁宗庆元五年（1199年）的一个晚上。当时陆游见小儿子子聿摇头晃脑地背古书，很是用功，就把书拿过来，问他里面的细枝末节。结果，子聿吞吞吐吐，回答不出来。陆游挥笔写下这首诗，他告诉子聿，要想深入地理解书本上的知识，必须亲身实践才行。

宋宁宗嘉泰二年（1202年），就在二儿子陆子龙赴吉州（今江西省吉安市）出任司理参军一职时，陆游写下了一首《送子龙赴吉州掾》以勉之：

我老汝远行，知汝非得已。

驾言当送汝，挥涕不能止。

人谁乐离别，坐贫至于此。

汝行犯胥涛，次第过彭蠡。

波横吞舟鱼，林啸独脚鬼。

野饭何店炊？孤棹何岸檥？

判司比唐时，犹幸免笞箠；

庭参亦何辱，负职乃可耻。

汝为吉州吏，但饮吉州水；

一钱亦分明，谁能肆谗毁？

聚俸嫁阿惜，择士教元礼。

我食可自营，勿用念甘旨。

衣穿听露肘，履破从见指；

山门虽被嘲，归舍却睡美。

益公名位重，凛若乔岳峙；

汝以通家故，或许望燕几，

得见已足荣，切勿有所启。

又若杨诚斋，清介世莫比，

一闻俗人言，三日归洗耳；

汝但问起居，余事勿挂齿。

希周有世好，敬叔乃乡里，

岂惟能文辞，实亦坚操履；

相从勉讲学，事业在积累。

仁义本何常，蹈之则君子。

汝去三年归，我傥未即死，

江中有鲤鱼，频寄书一纸。

　　诗中，陆游教导儿子要忠于职守，为民做好事。尤其生活上要俭朴、廉洁，这是很有意义的。要尊重当地有名望的人士，千万不要有什么企图，尽量做到和当地的友人共勉仁义，并一再叮嘱儿子要多给家里写信。这首诗，表达了陆游对儿子的热切期望，充分体现了一个正直和善、品德高尚的父亲，对即将为官的儿子的关心和爱护，情深意浓，字字真切。

　　陆游对于儿子们的教育，即便在病中，也从不懈怠。他在《病中示儿辈》中写道：

去去生方远，冥冥死即休。

狂思攘鬼手，危至服丹头。

有剑知谁与？无香可得留。

惟应勤孝谨，事事监恬侯。

　　"丹头"，是中药名。"香"，本是形容词，形容谷物的香，这里引申为香火，指好的名声。"监"，本意是临水照看自己的容颜，是"鉴"的本字。一直折磨诗人的不仅仅是病痛，更是祖国没有统一，人民没有安居乐业，"有剑知谁与？无香可得留"，我空有宝剑，能传给谁去报国呢？陆游把统一祖国的希望寄托在了下一代人身上。接下来的"惟应勤孝谨，事事监恬侯"两句，陆游则通过一个典故，告诉了儿孙们该怎样做。《史记·万石张叔列传》中记载：石庆是西汉有名的万石君石奋的儿子，年轻时便十分谨慎并且忠厚老实，达到"为齐相，举齐国皆慕其家行，不言而齐国大治"的程度。因为有着清白的操守，石庆担任丞相的时候，石家的子孙官至两千石级别的就有十三人。两千石级别相当于今天的地级市。而石庆死后，这些人一个个犯了法而遭到罢免，石家孝敬、严谨的家风也逐渐地衰落了。"惟应勤孝谨，事事监恬侯"两句，陆游的意思是说，我唯一的愿望就是你们要勤奋读书学习，加强自身修养，为人要孝顺、恭谨，事事处处都要以汉武帝时期的恬侯石庆之家为鉴，切不可学石家的子孙，败坏家风。

陆游通过做事对儿子进行训教，一直发扬光大着陆家的家训，也就是陆游的高祖陆轸留下的《修心鉴》。陆游从 44 岁时开始，在先辈言传身教的基础上，经过多次修改，历经 40 余年，写下了一部家训专著——《放翁家训》。《方翁家训》一共 26 条，主要通过五个方面，为陆氏家族的后人制定了规范的行为准则。

陆游除了教儿子为人处世之道外，还尽情地享受着和儿子们在一起的快乐时光。他在《诵书示子聿（易传三圣至仲尼）》中写道：

> 易传三圣至仲尼，炎炎秦火乃见遗。
> 经中独无一字疑，正须虚心以受之。
> 世衰道散吁可悲！我老欲学无硕师。
> 父子共读忘朝饥，此生有尽志不移。

这首诗中，尽现了陆游和儿子子聿一起读书时，竟然忘记了时间的美妙时光。而且，就是在山顶上读书，也是其乐无穷。他在《诵书示子聿（乃翁诵书舍东偏）》中写道：

> 乃翁诵书舍东偏，吾儿相和山之巅。
> 翁老且衰常早眠，儿声夜半方泠然。
> 楚公著书数百编，少师手挍世世传。
> 我生七十有八年，见汝任此宁非天。

陆游还在《朝饥示子聿》中写道：

水云深处小茅茨，雷动空肠惯忍饥。

外物不移方是学，俗人犹爱未为诗。

生逢昭代虽虚过，死见先亲幸有辞。

八十到头终强项，欲将衣钵付吾儿。

即便是早晨饿着肚子，陆游也与子聿一起读书，要将一生所学尽数传给子聿。子聿也确实是没让父亲失望。宋宁宗开禧二年（1206年）秋天，子聿编《剑南诗稿》四十八卷刻版印行。之后，又在他晚年的时候，将父亲陆游一生的心血，汇总成《渭南文集》《续剑南诗稿》刻版印行，使得后人有幸欣赏到陆游的这些诗作。

04 送子伐金，盼复燕赵

陆游教育孩子修身养性，以德立身，更教育孩子以国为命。

宋宁宗开禧元年（1205 年）五月，宁宗皇帝越来越不满金人带给他的屈辱，加封韩侂胄为平章军国事，总揽军政大权。随后，宁宗皇帝下诏北伐，由韩侂胄统兵伐金，"开禧北伐"拉开了序幕。

当时，金主沉湎酒色，朝政荒芜，内讧迭起，国库空虚。韩侂胄觉得有机可乘，于是不顾众人的反对，急于出兵，不宣而战，对金国军队发起攻击。

开战初期，宋军连连告捷，顺利地收复了泗州（今安徽省泗县）等一些地方。年已 82 岁的陆游时刻关注着战事，天天向人打听前线传来的消息。他意气风发地写下一首《老马行》：

老马虺隤依晚照，自计岂堪三品料？
玉鞭金络付梦想，瘦稗枯萁空咀嚼？
中原蝗旱胡运衰，王师北伐方传诏。
一闻战鼓意气生，犹能为国平燕赵。

这首《老马行》，表达了诗人一生渴望万里从戎、以身报国的豪壮理想，以及他壮志难酬、无路请缨的悲愤心情。诗人一直将自己的命运，与衰微的南宋朝廷维系在一起，甚至到了 82 岁时，还把自己喻为一匹老马，等待着祖国的征召。

"一闻战鼓意气生"一句，体现了诗人何等的意气风发，壮怀激烈。同时，也充分表现了诗人气吞山河的英雄气概，以及万死不辞的爱国情操。随后，诗人用"犹能为国平燕赵"一句，将诗情引到高处，升华情感。

可战事却是瞬息万变，战况半点不由人。由于金人事先得到了风声，觉察到南宋兴兵北伐，便早早做好了准备。在遭到宋军的进攻后，立即进行了反击。由于韩侂胄用人不当，中路军统帅之一的黄普斌在率军攻打唐州（今河南省唐河县）时，被金军击溃。接着，黄普斌又在攻打蔡州（今湖北省枣阳市西南）时，在溱水遭到惨败。于是，韩侂胄匆忙换将。北伐主战场两淮统帅邓友龙也因为战败被撤职。而金军一鼓作气，同时在东、中、西三个战场发起进攻，宋军先机尽失，由进攻改为防守。真州（今江苏省仪征市境内）、扬州相继沦陷，西路军事重镇和尚原和蜀川门户大散关被金军占领。

韩侂胄想通过吴曦挽回四川战场的败局，但陕西河东招讨使吴曦却早已同金兵暗通款曲，叛变称王。

韩侂胄不接受金军提出的和议条件，硬着头皮再战。

陆游听说战况对南宋不利后，连饭都吃不下去了，只恨自己不能帮忙出谋划策，急得团团转。大儿子陆子虞非常理解父亲的心情，就对父亲说："您老人家年龄大了，不能再上战场，我还年轻，我替您去吧！"陆游高兴得老泪纵横，连连拍着儿子的肩膀说："难得你有这份心思，为父平时的教导没有白费啊！"

陆游给韩侂胄写了一封信，推荐儿子从军。韩侂胄很快回了信，安排陆子虞负责筹办粮草。为此，陆游在《晚秋》中写道：

> 鸡声喔喔频催晓，木叶飕飕已变秋。
>
> 忧患纵多终强项，饥寒未至且优游。
>
> 老罴尚欲身当道，乳虎何疑气食牛。
>
> 但有一愁消未得，大儿白发戍边头。

另外，陆游还作了一首《秋日村舍》：

> 会稽城南古大泽，霜晴水落烟波迳。
> 寒风萧萧凋榉柳，暖日晖晖秀荞麦。
> 传闻新诏募新军，复道公车纳群策。
> 忠诚所感金石开，勉建功名垂竹帛。

陆子虞出发的那一天，陆游千叮咛万嘱咐，一直把儿子送出很远，直到儿子的身影完全消失，才流着眼泪返回。

其实，陆游舍不得儿子去上前线。他已经老了，也想让儿子们平平安安地围在他身边。但国家大于家庭，他还是主动地把儿子送上了前线。

那是一段非常煎熬的日子。战况吃紧，儿子每天面临着生命危险。可陆游不给儿子写一封信，不给儿子捎一句话，他怕动摇了儿子的战斗决心。无数次，午夜梦回，陆游都从噩梦中醒来。一想到梦中儿子身中毒箭，四肢不全地死在战场，陆游放声大哭，泪水浸透他的枕头。他热切地盼着胜利，盼着儿子凯旋。

宋宁宗开禧三年（1207 年）正月，83 岁的陆游晋封渭南伯，官衔为太中大夫、宝谟阁待制，渭南县开国伯、食邑八百户、赐紫金鱼袋。此时，陆游整修的会稽石帆别业竣工。

宋代的封爵，只是一个虚衔，食邑八百户也不过是个虚称。至于渭南县开国伯，非但没有这一国，而且连伯爵的印也没有。陆游的渭南伯印，还是他自刻的。为此，陆游作了一首《蒙恩封渭南伯因刻渭南伯印》：

> 旋著朝衫拜九天，荣光夜半属星躔。
> 渭南且作诗人伴，敢望移封向酒泉。

此时，朝廷中以礼部侍郎史弥远和杨皇后为首的主和派形成了实力，密谋除掉韩侂胄。懦弱无能的南宋朝廷为了讨好金国，派奸臣将韩侂胄引诱到临安城外的皇家园林玉津园，一举乱棍打死，并将其头颅献给了金国。

韩侂胄死后，主战派的大小官员都遭受了灭顶之灾，杀头的杀头，流放的流放。投降派钱象祖由右丞相改左丞相，史弥远为右丞相。朝廷在此二人的主持下进行了和议，最终以增岁币 30 万，外加犒军费 300 万两和韩侂胄的人头，与金国达成了协议。

开禧三年十二月，宋宁宗赵扩下诏，宣布改明年年号为嘉定元年。

北伐失败后，陆子虞回到家中，朝廷再次向金国称臣。

由此，陆游写下了一首《书文稿后》：

> 上蔡牵黄犬，丹徒作布衣。
>
> 苦言谁解听，临祸始知非。

同卷中，还有陆游的另外一首《雀啄粟》：

> 坡头车败雀啄粟，桑下馌来乌攫肉。
>
> 乘时投隙自谓才，苟得未必为汝福。
>
> 忍饥蓬蒿固亦难，要是少远弹射辱。
>
> 老农辍耒为汝悲，岂信江湖有鸿鹄。

宋宁宗嘉定元年（1208 年）二月，陆游的宝谟阁半俸被剥夺了，宁宗皇帝在制辞中说："深刻大书，固可追于前辈，高风劲节，得无愧于古人。时以是而深讥，朕亦为之慨叹。"又说："大老来归，朕岂忘善养之道。"对此，陆游作了一首《半俸自戊辰二月置不复言作绝句》以记之：

其一

> 力请还山又几年，何功月费水衡钱？
>
> 君思深厚犹惭惧，敢向他人更乞怜！

其二

> 俸券新同废纸收，迎宾仅有一缞裘。
>
> 日锄幽圃君无笑，犹胜墙东学侩牛。

诗中指出，半俸乃出自君恩，现在用不到再向"他人"乞怜了，自己完全可以从农作物中找到生活资料，用不着去做无耻的市侩。这是一个不屈的战士的答复，铿铿有力。的确，自从诗人回到山阴，一直在农村的广阔天地里与农为乐，春耕秋收，清贫而快乐。

宋宁宗嘉定元年秋天，陆游再次去农村出游，路上遇到一农村老汉，二人席地而坐，聊起天来。老汉从庄稼的收成，说到金人的嚣张张狂时，竟为自己的国家感到羞愧，恨不得自己上战场。让陆游没想到的是，一个不享丝毫俸禄的普通老百姓，竟有这样忧国忧民、尽心报国的忠心和襟怀，让自己和那些当官享俸禄的人羞愧不已。回去后，陆游写下了一首《识媿》：

几年羸疾卧家山，牧竖樵夫日往还。

至论本求编简上，忠言乃在里闾间。

私忧骄虏心常折，念报明时涕每潸。

寸禄不沾能及此，细听只益厚吾颜。

题目中"媿"同"愧"。诗人先从日常家居生活写起，说自己近些年来体弱多病，闲居家乡乡间，常常和放牛砍柴的田夫野老来往。因为交往多了，也就从他们身上学到了不少东西。过去，诗人一直认为高言至论都该去书本上寻找，可哪里知道，至诚至善的忠信良言，却都存在于田间里巷、普通百姓家里。"忠言"与"至论"相对、"里闾"与"编简"相对、"乃在"与"本求"相对，非常工整的对仗，形成了鲜明尖锐的比照。然后，诗人以"乃在"作一转折，顿挫有力，精警醒人，突出其出乎诗人往常的认识，也异乎凡庸之见。这一跌宕起伏的手法，使诗拗折而富有内蕴。

"私忧骄虏心常折，念报明时涕每潸"二句，紧承上句而来，是具体承述"里闾"所讲的忠言。"私忧"，是私下里暗自担忧。"骄虏"，指当时气焰日益嚣张的金国侵略者。由于南宋朝廷的妥协投降政策，助长了侵略者的狂妄野心和骄横跋扈的气势。诗人用一个"骄"字，既刻画出敌人的骄妄，也透露出南宋朝廷的昏庸无能。而"虏"字，则流露出闾里百姓对敌人的蔑视。"心常折"，由江淹《别赋》中的"使人意夺神骇，心折骨惊"化出，形容感到羞辱。敌虏狂妄嚣张，可朝廷却无力抵抗，即便是普通百姓，目睹这一情景，也会为这个国家、这个民族感到屈辱，恨不能立刻奔赴战场，尽忠报国、效力朝廷，以至于常常情绪失控，激动得落泪。毫无疑问，这是诗人发自肺腑的"忠言"。

就整首诗而言，感情真挚。虽然没有华丽的语言，但却给人以双重的感动：一个是"牧竖樵夫"那深明大义的忧时报国、为国赴难的赤诚之心，感人肺腑；另一个是诗人那真诚地褒美劳动人民、谦虚地向他们学习、勇于自责的襟怀，也使人们深受感动。

"至论本求编简上，忠言乃在里闾间"一句，揭示了一个平凡而伟大的真理：卑贱者最聪明，劳动人民最高尚、最伟大。人民才是历史的真正主人。他们不仅以一锄一耙的劳动，创造了社会的物质文明，也以血肉生命抗击一切侵略者，捍卫了华夏民族的生存，同样也是他们，用一个个平凡的生命，写下了无书的"至论"。

此外，陆游还写了非常有名的《古意二首》：

其一

千金募战士，万里筑长城。

何时青冢月，却照汉家营？

其二

夜泊武昌城，江流千丈清。

宁为雁奴死，不作鹤媒生。

宋宁宗嘉定元年（1208 年）这一年，陆游总共写下诗篇 593 首，是他一生中作诗最多之年，创下了他的人生之最。

05 诗文璀璨，光耀千秋

宋宁宗嘉定二年（1209 年）春天，陆游被劾落宝谟阁待制。但是，这已经激不起陆游心中的任何波澜了。这时的陆游，已经是一个 85 岁的老人了，身体日渐老迈，病情反反复复，大多时间居住在会稽云帆别业，出游也越来越少。

夏天的时候，陆游病情略有好转，便作了一首《病起杂言》：

国不可以无蓄眚，身不可以无疢疾。
无蓄之国乱或更速，无疾之身死或无日。
昆夷獯狁无害於周之王，辟士富国无救于隋之亡。
壮夫一卧多不起，速死未必皆羸尪。
古来恶疾弃空谷，往往更得度世方。
我年九十理不长，况复三日病在床，
天公念之亦已至，儆戒不使须臾忘。
起居饮食每自省，常若严师畏友在我傍。
跻民仁寿则非职，且为老瘝针膏肓。

陆游的病有了好转后，他自己也格外高兴。七月的时候，为傅崧卿的帖写了《跋傅给事帖》：

绍兴初，某甫成童，亲见当时士大夫相与言及国事，或裂眦嚼齿，或流涕痛哭。人人自期以杀身翊戴王室，虽丑裔方张，视之蔑如也。卒能使虏消沮退缩，自遣行人请盟。

会秦丞相桧用事，掠以为功，变恢复为和戎，非复诸公初意也。志士仁人，抱愤入地者，可胜数哉！　今观傅给事与吕尚书遗帖，死者可作，吾谁与归！

嘉定二年七月癸丑，陆某谨识。

帖中，陆游追慕前贤，悼念忠节，意在激励时人志气，同时也尽现了他对投降派的痛恨之情。

这年晚春，三山别业小园中的牡丹次第开放，姹紫嫣红。陆游观赏着牡丹，不由得感慨万千，写下一首《赏小园牡丹有感》：

> 洛阳牡丹面径尺，鄜畤牡丹高丈余。
> 世间尤物有如此，恨我总角东吴居。
> 俗人用意苦局促，目所未睹辄谓无。
> 周汉故都亦岂远，安得尺箠驱群胡。

写下这首诗的时候，85 岁的陆游，生命无疑进入了倒计时。诗人观赏着小园牡丹，并由此联想到洛阳、长安牡丹的盛况，不禁感叹这两处失地不能收复。

尽管这首诗的题目是"小园牡丹"，但诗人并没有被题目所拘，反而由近及远，从"赏"花"有感"生发开去。诗的前四句都是叙事。"鄜畤"，秦文公祭祀白帝处，在现在的陕西省富平县，汉属左冯翊，归长安"三辅"管辖。这首诗中，借指长安一带的地方。牡丹是我国久负盛名的一种花卉，为历代人士所喜爱。在唐宋时期，更成为一种共同的民族审美风尚，长安、洛阳牡丹极盛。

诗开头的"洛阳牡丹面径尺，鄜畤牡丹高丈余"二句，完全是写实，并不是夸张，但诗人却抓住了要领，突出了特点，使人感到长安、洛阳的可爱。前人写牡丹，语多华美、绚丽；诗人写牡丹，却用粗线条勾勒，只两句就把牡丹写足。陆游诗的老笔劲气，于起处就已经扑面而来。

"世间尤物有如此"一句，承前两句作总评；而"恨我总角东吴居"一句，则以少年居住在江东吴越之地，不能观赏到两地名花为恨作转接，以补足赞叹、向往之情，并落脚到诗人自身，把写花与写诗人的生活和感想联系起来，使诗篇没有成为脱离自身的单纯咏物之作。这两句，以转带结，写得非常遒劲，而且劲气历久而不懈。"尤物"，本指特别出色的人物，这里指牡丹。"总角"，原是古代未成年的男女将头发总聚起来束成两个角，堆于头顶左右两端，后代指孩童时代。

诗的后四句是议论。"俗人用意苦局促，目所未睹辄谓无"两句，是说有些人因为见识的"局促"狭隘，往往对自己眼睛没有见到的就否认其存在的可能，有如《庄子·秋水》所说的"井蛙不可以语于海""夏虫不可以语于冰"。这两句，从赏花的感想引起，从平时生活中得出一条经验，富有哲理意味。一个"苦"字，一个"辄"字，表现出无限的感慨。这样的议论，来自生活实际，从作品形象生发，又渗透作者的深厚感情，既能益人之知，又能动人之情。

结束的"周汉故都亦岂远，安得尺箠驱群胡"两句，以"周汉故都"点明长安、洛阳两地的历史地位，以不能扬鞭执箠驱除敌人，来表明两地还在被占之中。"亦岂远"，愤恨当权派软弱无能、不能收复并不很远的失地。这两句，点明"有感"的中心思想，是又一层的议论，而且这层议论，表现出诗人一贯的理想、愿望，带着他的更深的感慨，为全诗留下最沉痛、最激昂的尾声，又呼应赏花，呼应开头两句。通过这首诗，也可以看出陆游诗的气势虽奔放直下，却又都有回翰之力，雄迈而不嫌直致，倾泻而终趋沉厚。

立秋时，陆游得了膈上病。此时，儿孙们每日守在床榻边，精心伺候。到了寒露时，陆游的病情日渐好转。到了九月，陆游兴致勃勃地坐着家里的小船出游。十月的一天，天刚亮，陆游就早早起床，进城纳税。对此，他在《租税》中描述道：

> 占星起饭犊，待月出输租。
>
> 遇崄频呼侣，扶辕数戒奴。

畏饥怀饼饵，愁雪备薪樗。

意象今谁识？当年赋两都。

可到了十月底的时候，陆游再一次病倒。此时，他的枕边仍然放着《论语》《诗经》《楚辞》，以及范成大的诗，他每日都要翻阅。六子子布、七子子聿以及孙子们守候在床边，陆游几乎不动笔了。

这一天，连日的阴雨忽然放晴，阳光透过窗子，筛进屋里，撒落床上。陆游心情大好，便吟诵起岳飞的《满江红·登黄鹤楼有感》来。儿孙们深知其意，小曾孙阿喜说道："岳飞精忠报国，太爷爷报国尽忠，我等自当从头收拾旧山河，朝天阙！"陆游笑了，说道："男儿当有志，志在兴国，中国必兴！"

对于未来，陆游总是怀着无限的期盼。他坚信，国家一定能够统一，而这也是支撑陆游的精神动力。就在病榻之上，陆游还心系国家，关注战事以及失地是否收复。他一生最大的遗憾，就是收复失地、实现统一的理想没能实现，因而"有负圣时"。他在《衰疾》一诗中写道：

衰疾支离负圣时，犹能采菊傍东篱。

捉襟见肘贫无敌，耸膊成山瘦可知。

百岁光阴半归酒，一生事业略存诗。

不妨举世无同志，会有方来可与期。

从这首诗中可以看出，陆游一直坚信"会有方来可与期"。

进入腊月，天气反常，奇冷无比，甚至几日连阴，天昏地暗。这天，忽然冬雷阵阵，屋瓦震动，让人汗毛直立，一道闪电，如同一把利剑划破天际，之后又是无边的黑暗，雪纷纷扬扬地飘落下来。

子布见陆游似要起身，忙上前问道："父执可有心事？"陆游抬起手臂，指了指桌上的纸笔。子布、子聿会意。子布忙去研墨、润笔、铺纸。子聿扶陆游坐了起来，并给他穿上鞋子，半搀半抱到书案边。陆游写下"示儿"两字后，略作停顿，接着写下了：

死去元知万事空，但悲不见九州同。

王师北定中原日，家祭无忘告乃翁。

作为一首绝笔，《示儿》无愧于诗人创作的一生。诗人留传下来的诗篇有9000多首，其作品之多，在古代诗人中是极其少见的。生命的最后，以这样一首篇幅短小、分量却十分沉重的压卷之作，来结束他漫长的创作生涯，这在古代诗人中，绝对是凤毛麟角的。

作为一篇遗嘱，《示儿》无愧于诗人爱国的一生。一个人在病榻弥留之际，回首平生，百感交集，环顾家人，儿女情深，要抒发的感慨、要留下的语言，是千头万绪的。就连一代英杰的曹操，在辞世前还不免以分香卖履为嘱，而诗人却以"北定中原"，来表达自己生命中的最后意愿，以"无忘告乃翁"，作为对亲人的最后嘱咐，这是极其难能可贵的。在这一点上，古往今来，又有几个人能与他相比？

陆游生于北宋覆亡前夕，身历神州陆沉之恨，深以南宋偏安一隅、屈膝乞和为耻，念念不忘收复中原。他不但从未得到重用，而且多次遭到罢职闲居，平生志业，百无一酬，最后回到故乡山阴的农村，清贫自守，赍志而殁。他的一生是失意的一生，而他的爱国热情始终没有减退，恢复信念始终没有动摇。其可贵之处，正在于他的爱是如此强烈，如此执着，这从他的大量诗篇中也可以看得出来。尤其这首《示儿》，他对国家民族一往情深、九死不悔的精神力透纸背，穿越历史的烟云，强烈地感染着每一位读者。

南宋初年屡挫金兵的政治家、军事家宗泽，在临终时也念念不忘恢复大业，曾连呼三声"渡河！"。明代学者徐伯龄在《蟫精隽》中，是这样评价陆游的《示儿》的："较之宗泽三呼渡河之心，何以异哉！"这一评语，使人看到了这首诗中蕴藏的悲中见壮的色彩。诗人在他的有生之年内，时时刻刻都以收复中原为念，到他写下这首诗时，他知道自己再也不能实现这一愿望了。这不能不使他心怀沉痛之情，发出悲怆之音。但在同时，他又满怀信心，坚信最后一定有"北定中原"之一日。因此，这首诗，值得重视的一个特色是寓壮怀于悲痛之中，但基调仍然昂扬，并不低沉。

从语言看，这首诗的另一特色，是不假雕饰，直抒胸臆。这首诗里，诗人表达的是他一生的心愿，倾注的是他满腔的悲慨。诗中所蕴含和蓄积的感情，是相当浓厚强烈的，但却出之以极其朴素、平淡的语言，从而自然地达到真切动人的艺术效果。明朝学者贺贻孙在《诗筏》中，就说这首诗是"率意直书，悲壮沉痛，可泣鬼神"。这足说明，凡真情流露之作，本来是用不着借助于文字渲染的，越朴素、越平淡，反而更能示其感情的真挚。

写完这首诗，陆游微微合眼，两行热泪潸然而下。

子布、子聿相互对视，流着泪把陆游搀回床上。生命弥留之际，陆游还念念不忘祖国的统一，绝命诗《示儿》，是他人生的最后一首诗，悲壮沉痛；是他一生孜孜不倦的追求；更是他最后要告诉儿孙们的一句话：爱国。一直陪在陆游身边的儿孙传读《示儿》，不一会儿，便人人可诵。

陆游的这首诗，也深深地影响了他的儿孙们。60 多年后，他的曾孙，也就是他的六子子布的孙子陆秀夫，成为中国历史上唯一一位背着皇帝以身殉职的爱国丞相。陆秀夫是南宋抗元名臣，与文天祥、张世杰并称为"宋末三杰"。宋帝昺祥兴二年（1279 年）二月，元军大举进犯南宋时，辅弼南宋幼主赵昺驻军崖山抗元的左丞相陆秀夫，在宋军大败后，把妻儿共计 16 口人全部赶入大海，并怀揣玉玺，背着小皇帝赵昺一起投入大海，死时年仅 44 岁。南宋文学家文天祥在《陆枢密秀夫第五十二》这首吊唁诗中写道：

文采珊瑚钩，淑气含公鼎。

炯炯一心在，天水相与永。

写完《示儿》的那天傍晚，雪霁云散，山野如同披上了一件白纱，园中的梅花傲雪而立，疏影孤寂。陆游环视着儿孙，渐渐闭上眼睛。儿孙们见老人进入弥留之际，个个悲痛不已。

宋宁宗嘉定二年腊月廿九（1210 年 1 月 26 日），陆游在无限的遗憾中溘然长逝，享年 85 岁。乡人闻听噩耗，皆掩面痛哭，不动声响，不闻丝竹之声。

六子子布、七子子聿在悲痛之中料理父亲的后事。当他们在外为官的大哥子虞、二哥子龙、三哥子修、四哥子坦"丁忧"告假回到家里时，他们已把诸事处理妥当。陆游的五个孙子元礼、元敏、元简、元用、元雅，曾孙传义等，同父辈或者祖辈一起守灵。

送葬那天，清雪疏落，冷风凄凄。一路上，不停地有乡民加入送葬队伍，掩面哭泣。

从此，陆游长眠在了会稽山下的镜湖水畔，万古长青。

纵观陆游的一生，"六十年间万首诗"，古往今来，无人能出其右。他的诗，是中国史诗上的一座里程碑，同时代的文学家尤袤、朱熹、杨万里、范成大等人，都对陆游给予了很高的评价。朱熹在答友人书中说："放翁之诗，读之爽然，近代唯此人为有诗人风致。"

陆游一生笔耕不辍，不仅在诗的领域大放异彩，词与散文也不可小觑，宋人刘克庄评价陆游的词时说："激昂慷慨者，稼轩不能过。"另外，陆游的书法遒劲奔放，存世的《苦寒帖》更是非同凡响。

陆游虽然取得了伟大的文学成就，却一生心怀遗憾。他终生志在社稷，怀抱苍生，渴望"上马击狂胡，下马草军书"，以天下为己任，可壮志难酬。他的风格，早已融入诗里，超越了文字本身，其强烈的爱国热情在岁月的长河中，历久弥新，激励着一代又一代人。

清代著名文学家、诗人、评论家赵翼，在评论陆游的诗作时说："宋诗以苏、陆为两大家，后人震于东坡之名，往往为苏胜于陆，而不知陆实胜苏也。"又说："朝廷之上，无不以划疆守盟、息事宁人为上策，而放翁独以复仇雪耻，长篇短吟，寓其悲愤。"这不仅是对陆游文学成就的肯定，更是对其人格的高度赞扬。

近代政治家、史学家、文学家、评论家梁启超，曾这样评价陆游和陆游的诗："诗界千年靡靡风，兵魂销尽国魂空。集中什九从军乐，亘古男儿一放翁。"

当代中国古典文学专家朱润东说："像陆游这样几乎无时无日不沉浸在爱国主义海洋之中的作家，我们很难举出第二个了。"当代作家苏雪林说："这样的爱国诗人，在中国史诗里，恐怕再也找不出第二位了。"

"王师北定中原日，家祭无忘告乃翁""未卑未敢忘忧国""夜阑卧听风吹雨，铁马冰河入梦来"，这是陆游以其全部的生命和热情，为自己的祖国放歌、抒怀，也是他诗篇的生命力之所在。他的诗篇，是实现国家统一的高歌，更是人类文明史的一面镜子。

伟大的爱国主义诗人陆游千古！

附

陆游年谱

宋徽宗宣和七年乙巳（1125 年），1 岁

十月十七日，出生于父亲陆宰上任京西路转运副使途中，排行第三。

宋钦宗靖康元年丙午（1126 年），2 岁

随父亲由荥阳南迁寿春。

宋高宗建炎元年丁未（1127 年），3 岁

随父母居住在寿春。

宋高宗建炎二年戊申（1128 年），4 岁

随父母回到家乡山阴。在会稽斜川桥的中正坊，度过两年时光。

宋高宗建炎四年庚戌（1130 年），6 岁

随全家到东阳躲避战祸。陆游的姑母唐夫人带着女儿唐婉，随陆宰到山阴避难，唐婉年龄与陆游相仿。

宋高宗绍兴元年辛亥（1131 年），7 岁

随父母居住在东阳，才情初露。

宋高宗绍兴二年壬子（1132 年），8 岁

随父母寓居东阳。

宋高宗绍兴三年癸丑（1133 年），9 岁

随父母从东阳回到城区中正坊，就读于会稽云门。

宋高宗绍兴四年甲寅（1134 年），10 岁

进入云门乡校，命就读之所为云门草堂。

宋高宗绍兴五年乙卯（1135 年），11 岁

在云门就读。

宋高宗绍兴六年丙辰（1136 年），12 岁

在云门就读。展露才华，以门荫补登仕郎。尝随母赴杭，拜见秦鲁国大

长公主。

宋高宗绍兴七年丁巳（1137 年），13 岁

在云门就读。有时住在父亲陆宰那栋位于城西南的隐山别业。

宋高宗绍兴八年戊午（1138 年），14 岁

在云门就读，勤奋、刻苦。开始游览家乡名胜。

宋高宗绍兴九年己未（1139 年），15 岁

在云门就读，常回城区。

宋高宗绍兴十年庚申（1140 年），16 岁

在云门就读。以荫补登仕郎赴临安参加"铨试"失败。

宋高宗绍兴十一年辛酉（1141 年），17 岁

在云门就读。爱上王维的诗。

宋高宗绍兴十二年壬戌（1142 年），18 岁

在云门就读，拜曾几为师，学诗。

宋高宗绍兴十三年癸亥（1143 年），19 岁

与唐婉结婚。秋，赴临安应进士试。

宋高宗绍兴十四年甲子（1144 年），20 岁

参加礼部考试，名落孙山。

宋高宗绍兴十五年乙丑（1145 年），21 岁

与友交游。

宋高宗绍兴十六年丙寅（1146 年），22 岁

被迫与唐婉离婚。

宋高宗绍兴十七年丁卯（1147 年），23 岁

奉母命，与王氏结婚。唐婉改嫁赵士程。

宋高宗绍兴十八年戊辰（1148 年），24 岁

父亲陆宰病逝绍兴城区，长子子虞出生。

宋高宗绍兴十九年己巳（1149 年），25 岁

在绍兴城区。与王链及其子廉清、明清有交往

宋高宗绍兴二十年庚午（1150 年），26 岁

在绍兴城区。仲子子龙出生。

宋高宗绍兴二十一年辛未（1151 年），27 岁

在绍兴城区。春上，在沈园偶遇前妻唐婉，作《钗头凤》词。十月，三

子子修出生。

宋高宗绍兴二十二年壬申（1152年），28岁

在绍兴城区。作《送仲高兄宫学秩满赴行在》，劝以"道义无今古，功名有是非"。

宋高宗绍兴二十三年癸酉（1153年），29岁

在绍兴城区。秋，到行在应锁厅试，排名第一，触怒秦桧。

宋高宗绍兴二十四年甲戌（1154年），30岁

参加礼部考试被黜落，返回绍兴，生活在云门。

宋高宗绍兴二十五年乙亥（1155年），31岁

夏，作诗《寄酬曾学士》。冬，作诗《夜读兵书》。

宋高宗绍兴二十六年丙子（1156年），32岁

在云门。四月，作诗《送曾学士赴行在》。四子子坦出生。冬，上任瑞安主簿任。

宋高宗绍兴二十七年丁丑（1157年），33岁

在瑞安主簿任上。

宋高宗绍兴二十八年戊寅（1158年），34岁

任福建宁德县主簿。

宋高宗绍兴二十九年己卯（1159年），35岁

在宁德主簿任上。秋，任福州决曹。

宋高宗绍兴三十年庚辰（1160年），36岁

到行在任敕令所删定官，住在百官宅，结识周必大。

宋高宗绍兴三十一年辛巳（1161年），37岁

七月，升任大理司直兼宗正簿。九月，任枢密院编修官，入对时，请求北征。后以论事不合为由，被罢官。回山阴后，住在梅山本觉寺。十一月，入都为史官。

宋高宗绍兴三十二年壬午（1162年），38岁

春，把一家老小接到了行在。上《条对状》论七事。孝宗即位，召见，赐进士出身，任编类圣政所检讨官。

宋孝宗隆兴元年癸未（1163年），39岁

正月，为二府起草《与夏国主书》。二月，又为二府撰《蜡弹省札》。代张浚撰写《乞分兵取山东札子》。因不满龙大渊、曾觌结党营私，被贬镇江

通判。秋，与曾几去云门，曾几写下诗作——《题陆务观草堂》。

宋孝宗隆兴二年甲申（1164 年），40 岁

二月，上任镇江判任。三月，张浚督师过京口，顾遇甚厚。十月，受知镇江府事方滋邀请，游多景楼，赋《水调歌头·多景楼》，张孝祥和之。闰十一月，与韩元吉踏雪登焦山，写下《焦山题名》。

宋孝宗乾道元年乙酉（1165 年），41 岁

春，与韩元吉游金山，赋词后，又作《浣沙溪·和无咎韵》。与韩元吉唱和之作为《京口唱和集》。七月，平调隆兴，任通判。中途经过建康，游览定林寺。

宋孝宗乾道二年丙戌（1166 年），42 岁

在隆兴通判任上，第五子子约出生。被罢免后，于四月回到山阴，住在"三山别业"。

宋孝宗乾道三年丁亥（1167 年），43 岁

在"三山别业"，时常出游，留下千古绝唱《游山西村》。

宋孝宗乾道四年戊子（1168 年），44 岁

在"三山别业"。

宋孝宗乾道五年己丑（1169 年），45 岁

十二月六日收到任命书，以左奉议郎差通判夔州军州事。

宋孝宗乾道六年庚寅（1170 年），46 岁

闰五月十八日，陆游和王氏带着儿女启程。九月九日，忆起唐婉，写下《重阳》一诗。十月二十七日到达夔州，完成《入蜀记》。

宋孝宗乾道七年辛卯（1171 年），47 岁

夔州任上，主管学事兼内劝农事。到访杜甫故居，作《东屯高斋记》。后作为州监考官进入试院，到五月中旬"拆号"，一个多月，作诗十七首。

宋孝宗乾道八年壬辰（1172 年），48 岁

二月，只身前往南郑任宣抚使干办公事，兼检法官，襄助军事、政务。途径万州、梁山、广安、利州。三月，到达南郑。与同人巡边，参与遭遇战。十月，自阆中回到南郑。十一月，从南郑出发到成都，途中作《剑南道中遇微雨》诗，年底的时候，到达成都。

宋孝宗乾道九年癸巳（1173 年），49 岁

正月，感慨赋词《汉宫春·初自南郑来成都作》《夜游宫·宫词》。不

久，结识歌妓杨氏，并纳为妾。春，权通判蜀州。夏，摄知嘉州事。途经眉山，结识隐士师浑甫。八月，检阅军队。

宋孝宗淳熙元年甲午（1174 年），50 岁

二月，离开嘉州返回蜀州，就任通判摄州事，游览了西湖。六月，去了一次成都。八月，检阅军队。冬，摄知荣州事。母唐夫人约于该年故世。六子子布出生，为杨氏所生。除夕，收到制置檄文，除成都府路安抚使司参议官兼四川制置使司参议官。

宋孝宗淳熙二年乙未（1175 年），51 岁，

正月初十，告别荣州去成都，住花行。六月，范成大到了任上，参与成都大阅兵。两人以文字倾心，不拘泥于繁文缛节。

宋孝宗淳熙三年丙申（1176 年），52 岁

与范成大游宴酬唱。三月，被罢官。六月，得领祠禄，主管台州崇道观。九月，自号放翁。

宋孝宗淳熙四年丁酉（1177 年），53 岁

在成都领祠禄，与范成大游宴酬唱。六月，范成大还朝，送行至眉州。八月，游邛州。九月，游汉中。冬，收到差知叙州的书报，没有到任。

宋孝宗淳熙五年戊戌（1178 年），54 岁

孝宗下诏召回。二月，把子布留在了华阳，带着王氏及五子、杨氏离开成都，沿江而下。秋，到达行在，孝宗召见。八月中旬，被除去提举福建路常平茶事。回归故里，把杨氏安置在云门后，回到"三山别业"。十月，离开山阴，取道诸暨、衢州、江山，十一月抵达建安。杨氏生下他的第七个儿子子聿。

宋孝宗淳熙六年己亥（1179 年），55 岁

春、夏在建安。秋，奉诏离开建安任上。除提举江南西路常平茶盐公事。十二月，到抚州任所。

宋孝宗淳熙七年庚子（1180 年），56 岁

七月，大旱，作诗《寄奉新高令》诗。十一月，被命诣行在所。被赵汝愚弹劾，奉祠回归故里。

宋孝宗淳熙八年辛丑（1181 年），57 岁

回到山阴后，在"三山别业"住了一段时间，之后去了云门。

宋孝宗淳熙九年壬寅（1182 年），58 岁

时而在"三山别业"，时而去云门。五月，除朝奉大夫、主管成都府玉局观。九月，把读书室命名为"书巢"，写了《书巢记》。

宋孝宗淳熙十年癸卯（1183 年），59 岁

闲居在家，领祠禄，时而出游。

宋孝宗淳熙十一年甲辰（1184 年），60 岁

闲居在家，领祠禄。

宋孝宗淳熙十二年乙巳（1185 年），61 岁

闲居在家，领祠禄。春，在石帆山村营建会稽石帆别业。

宋孝宗淳熙十三年丙午（1186 年），62 岁

二月，除朝请大夫、知严州军州事，到行在陛辞。三月回乡，闲散中出游。六月底，杨氏和七子子聿陪同，去严州任上。七月，到达严州。八月，和杨氏的女儿闰娘出生，后改名为定娘。这一年，写下《书愤》等诗。

宋孝宗淳熙十四年丁未（1187 年），63 岁

在严州任上。正月，乡邦筑陆轸祠。秋，举行军事检阅。冬，刻成《剑南诗稿》二十卷。小女夭折。

宋孝宗淳熙十五年戊申（1188 年），64 岁

在严州勤于政事，作《戊申严州劝农文》《严州广济庙祈雨祝文》《严州谢雨祝文》《严州戊申谢蚕麦祝文》等。任期满后，于七月十日返回山阴。作《塞上曲》等诗，《长相思》等词。冬，除军器少监。来到京都，居住在砖街巷。

宋孝宗淳熙十六年己酉（1189 年），65 岁

七月，兼实录院检讨官，参与编修《高宗实录》。十二月，遭何澹弹劾，罢官后返回山阴。

宋光宗绍熙元年庚戌（1190 年），66 岁

在家闲置期间，编辑残稿。冬，除中奉大夫，提举建宁府武夷山冲祐观。

宋光宗绍熙二年辛亥（1191 年），67 岁

闲居家中，领祠禄。把书斋命名为"老学庵"。

宋光宗绍熙三年壬子（1192 年），68 岁

重到沈园，留下诗篇《禹迹寺南·有沈氏小园》。九月，上书请再任冲祐观。冬，作诗《十一月四日风雨大作》。五子子约过世，作《祭十郎文》。

宋光宗绍熙四年癸丑（1193年），69岁

时而在三山，时而在石帆。

宋光宗绍熙五年甲寅（1194年），70岁

冬，被任命再领冲祐观。

宋宁宗庆元元年乙卯（1195年），71岁

闲居山阴，领祠禄。不时往来于三山、石帆之间。冬，作《读杜诗》，以杜甫比喻自己当时的情况。

宋宁宗庆元二年丙辰（1196年），72岁

往来于三山和石帆之间。冬，被命三领冲祐观祠禄。将书室命名为龟堂。

宋宁宗庆元三年丁巳（1197年），73岁

五月，王氏过世。次子子龙出任武康（今浙江省德清县）尉。作《南园记》。

宋宁宗庆元四年戊午（1198年），74岁

在家领祠禄。生活在石帆别业居多。冬，奉祠岁满，不复请。

宋宁宗庆元五年己未（1199年），75岁

春，杨氏生病。恰唐婉故世四十周年之际，陆游重访沈园，写下《沈园》两首诗。

宋宁宗庆元六年庚申（1120年），76岁

闲居家中。

宋宁宗嘉泰元年辛酉（1201年），77岁

在家赋闲。五子子布回来，去柯桥远迎。秋，往来湖山间，作诗不断。

宋宁宗嘉泰二年壬戌（1202年），78岁

在家赋闲。五月，诏修国史。六月十四日去了行在，住在六官宅。十二月，除秘书监。

宋宁宗嘉泰三年癸亥（1203年），79岁

正月，除宝谟阁待制。五月十四日，离开行在返回家乡。先到了会稽石帆别业。子聿以致仕恩补官。

宋宁宗嘉泰四年甲子（1204年），80岁

春，四子子坦出仕临安。王氏所生的五个儿子，除了五子子约27岁英年早逝外，其余四个儿子虞、子龙、子修、子坦都出仕。七月，三子子修入闽，七子子聿赴临安。

宋宁宗开禧元年乙丑（1205 年），81 岁

在家乡，追忆往昔，愈思念唐婉，作《十二月二日夜，梦游沈氏园亭》诗。

宋宁宗开禧二年丙寅（1206 年），82 岁

春天，钟情山水，写下《村市醉归》《梨花》《泛湖》等游览之作。夏，作诗关念北伐，作《老马行》等诗。秋，陆子聿编《剑南诗稿》四十八卷。冬，出游不忘关念国事，写了《书几试笔》《闻西师复华州》等诗篇。

宋宁宗开禧三年丁卯（1207 年），83 岁

正月，晋封渭南伯。会稽石帆别业整修完毕，此后大多居住于此。

宋宁宗嘉定元年戊辰（1208 年），84 岁

赋闲于石帆别业。二月，被取消宝谟阁待制半俸的待遇。春天游沈园，作《春游》诗。这一年，诗人常常出游排解郁闷的心情。生活困窘，与农民交往更多，创作出五百九十三首诗，是诗人一生作诗最多的年份。《识媿》《古意》《示子聿》诗，"汝果欲学诗，工夫在诗外"为诗歌创作之圭臬。

宋宁宗嘉定二年己巳（1209 年），85 岁

居会稽石帆别业，常来往于"三山别业"。春被劾落宝谟阁待制。春天，登上城区卧龙山。入秋后生病。腊月，赋《示儿》诗，尽现坚守一生的爱国情怀。腊月廿九（1210 年 1 月 26 日），诗人走完他的一生，溘然长逝于会稽石帆别业。

附

陆游足迹

1. 河南荥阳，2 岁前与母亲暂居于此。

2. 浙江绍兴，陆游的家乡，也是晚年隐居的地方，2 岁时和父母逃难于此。

3. 浙江东阳，5 岁时跟着父母逃难来此，一直生活到 8 岁时离开。

4. 浙江杭州，先后 4 次在此做官。

5. 浙江温州，陆游出仕做主簿。

6. 福建宁德，陆游在此做官。

7. 福州，陆游在此做决曹。

8. 江苏镇江，39 岁时在此做通判。

9. 江西南昌，41 岁时在此做通判，经历人生首次被罢官。

10. 江苏南京，45 岁时入川做官途经此地，与秦桧之孙不期而遇。

11. 湖北武汉，入川路过此地，短暂停留，看水军演练。

12. 重庆奉节，在此做通判。

13. 陕西南郑，47 岁时在此参军入伍，给四川宣抚使王炎做幕僚，期间学习骑射，射杀老虎。

14. 四川崇州，离开南郑来到此地做通判。

15. 四川乐山，48 岁时在此做代理知州。

16. 四川荣县，49 岁时在此做代理知州。

17. 四川成都，50 时在此做成都府安抚司参议官，兼四川制置司参议官。

18. 福建建瓯，53 时在此任提举福建常平茶盐公事。

19. 江西抚州，54 岁时在此任江西常平茶盐公事，救民水火，为茶农鸣冤。

20. 浙江严州，陆游在此做知州。

主要参考书目

[1] 邹志方 . 陆游研究 [M].1. 北京：人民出版社，2008.

[2] 朱东润 . 陆游传 [M].1. 北京：新世界出版社，2016.

[3] 严修 . 陆游诗集导读 [M].1. 成都：巴蜀书社，1996.

[4] 钱仲联，马亚中 . 陆游全集校注 [M].1. 杭州：浙江教育出版社，2011.